はじめて学ぶ
政治学

古典・名著への誘い

岡﨑晴輝・木村俊道 編

SEIKI OKAZAKI
TOSHIMICHI KIMURA

ミネルヴァ書房

はじめに

　政治学は，遠く古代ギリシアに遡る最古の学問分野の一つである。過去から現在に至るまで，人々は，その長い歴史と伝統を築いてきた数々の古典や名著から「善き生」を営むための知恵や教訓を学んできた。たとえば，「近代」政治学の祖とされるマキァヴェッリもまた，毎晩，身なりを整えてからギリシア・ローマの古典を紐解いていたという。このエピソード（本書Ⅴ-3を参照）は，古代以来の政治学が再解釈され，過去が未来へと紡がれる，そうした歴史の歩みを鮮やかに示していよう。

　もっとも，現在では「科学」的な政治学が主流になりつつあり，その精緻化や体系化が進みつつある。他方でまた，昨今の世相においては，すぐに役立つテクニカルな知識が偏重される傾向にある。しかしながら，私たち編者は，古典や名著をじっくりと地道に読み進めていく作業は，決して時代錯誤なものではない，それどころか，いま最も必要とされている「知の方法」ではないか，と考えている。たしかに，現実政治の動態を把握するためには，数量的なデータを分析する作業も欠かせない。日々の生活には実用的なマニュアルも重要である。しかしそれだけでは，政治という人間の営為を，その「深み」において理解し，実践することはできないであろう。

　プラトンの『国家』やアリストテレスの『政治学』をはじめ，現代に至る政治学の古典や名著は，それぞれの時代が直面してきた危機や難問と知的に格闘し，新しい政治や学問の地平を切り拓いてきた。そして，21世紀のグローバル化時代に生きる市民には，未知の世界と対峙するために，これらの原典に改めて立ち戻り，古典的教養に支えられたタフな思考力を鍛えることが，何よりもまず，必要とされているのではないか（このような試みの一例として，『名著から探るグローバル化時代の市民像――九州大学公開講座講義録』九州大学政治哲学リサーチコア編，花書院，2007年）。

　「稽古」という言葉には「古を考えて今に生かす」という意味がある。古典や名著との対話は，私たちを，歴史や学問が生まれた現場へと連れ戻す。このよ

うな経験は，混迷する現代社会と切り結び，そこで生きるための「力」や「わざ」を鍛えるだけでなく，新たな未来の「かたち」を構築するための，またとない「稽古」の機会を与えてくれるだろう。

とはいえ，時の試練を経てきた古典や名著を紐解く作業は，じつは，決して容易ではない。さらにいえば，その読み方や解釈は，時代や場所や人によってさまざまに変化してきた。本書は，したがって，政治学をはじめて学ぶ人たちに向けて，そうした古典や名著の複雑に入り組んだ世界に踏み込むための入門書として（具体的には，大学１，２年生で履修する政治学入門や政治学原論の副読本として）企画された。

本書の構成にあたっては，それぞれのテクストを読み解くための一定の視点を設けるとともに，各章における道案内を通じて，おのずと政治学の基礎知識や方向感覚が身につくような工夫を凝らした。各章のタイトルが政治学の基礎概念やテーマ，サブタイトルが著者名・作品名になっているのは，そのためである。テクストの選択に際しては，とくに現代の政治学や自由民主主義の理論的な基礎となる名著や，現代政治の諸問題をラディカルに問い直す可能性を秘めた古典を中心に取り上げた（それゆえ，現時点では邦訳のないテクストもあえて紹介している）。本書ではまた，原典引用の欄を設けることによって，古典や名著の世界を肌で感じる機会を少しでも増やそうと試みた。

本書の構成を概観しておきたい。まず第Ⅰ部では，政治，国家，権力，公共性といった，政治の根本に関わる基礎概念について考える。続く第Ⅱ部では，自由，デモクラシー，平等，ナショナリズムといった主題を取り上げて，現代の支配的イデオロギーとなった自由民主主義の理念を検討したい。第Ⅲ部では，自由民主主義の理念を機能させる制度や政策について考察する。そこでは，立憲主義，代議制，政党，官僚制，政策形成について考えることになるだろう。第Ⅳ部では，近代的・啓蒙的理性，フェミニズム，多文化主義，エコロジー，戦争と平和，市民教育といった，現代政治が直面している諸問題を取り上げたい。そして第Ⅴ部では，現代の自由民主主義において所与の前提となっている理念や制度，あるいは政治それ自体を根本から問い直す，そうしたポテンシャルを秘めた古典が読み直される。

はじめに

　いうまでもなく，政治学の古典や名著は，本書で取り上げた作品に限定されない。また，それらに含まれる豊かな内容は，本書が設定した単一の視点からだけでは決して汲み尽くせるものでもない。古典や名著が長く読み継がれてきた理由は，その深く鋭い洞察が時代や場所を超え，さまざまな読者の切実な問題を広く受け止めてきたことにある。むろん，これらのテクストに簡単な「答え」が用意されている訳ではない。古典や名著はむしろ，多くの問題を，常に，それを問いかける側に強く投げ返してきた。本書を道案内としてテクストの森の中を歩んでいけば，このような，時代の精神を鍛える古典や名著の力を誰しも実感するはずである。そして，本書の小さな政治学入門書としての役割は，この時点においてはじめて果たされることになろう。

　本書の成立にあたっては，編者の勤務校（九州大学）における1年生向け演習が大きな機縁になった。私たち若輩の編者が僭越にも本書の作成を試みた理由は，学習意欲に満ち溢れた新入生にたいする古典・名著案内の必要に気づいたことにあった。したがって，まずは，半期のゼミに積極的に参加してくれた学生たち，そして，編者の一人を出版社に推薦していただいた村松茂美先生（熊本学園大学），企画段階で数多くの助言をいただいた小田川大典さん（岡山大学）に感謝申し上げたい。また，本書の執筆者は，政治学，とくに政治思想や政治理論を専門にする30代前後の若手研究者を中心に構成されている。本書が入門書でありながらも，じつは，最新の研究成果が随所に織り込まれた高レベルの内容になっているとしたら，このような新進気鋭の執筆陣のおかげにほかならない。最後に，学問の貧困化が強く憂慮されるなかで，このような若手研究者による古典・名著案内という，天佑ともいうべきシリーズ企画を立ち上げたミネルヴァ書房出版企画部の戸田隆之氏に改めて，深く，御礼申し上げたい。

　2008年2月6日

岡﨑晴輝
木村俊道

目次

はじめに

I 政治学の基礎概念

1 政治（Politics）I　シュミット『政治的なものの概念』　3

政治の二側面　シュミットとその時代　性悪説的人間観　友敵理論　敵概念　決断力なき国民　宿命としての政治

2 政治（Politics）II　アーレント『人間の条件』　13

「政治とは何か」という問い　時代背景——全体主義と大衆社会　「活動的生活」(vita activa)——労働，仕事，活動　「公的領域」と「私的領域」——古代ギリシアにおける「政治」　「政治」における「自由」の可能性　「政治」の不確実性とその救済——「約束」と「許し」の力　現代社会における「政治」——『人間の条件』を今日どう読むのか

3 国家と社会（State and Society）ホッブズ『リヴァイアサン』／ロック『統治論』　24

政治学と国家の概念　国家の普遍的基礎づけという課題＝ホッブズ　ホッブズの自然状態　ホッブズにおける政治社会の創造　絶対権力の抑制という課題＝ロック　ロックの自然状態　ロックにおける政治社会の創造　「統治」対「社会」の構図　人間の自覚的営みとしての政治社会

4 権力（Power）　フーコー『監獄の誕生』　38

政治学と権力論　『監獄の誕生』の位置づけ　フーコーの問い　身体と精神　権力／知　規律・訓練　パノプティコン　規律・訓練社会　フーコー批判と権力論への寄与

5 公共性（Publicness）　ハーバーマス『公共性の構造転換』　50

政治と公共性　ハーバーマスの履歴　市民的公共性の自由主義的要素と福祉国家的転形　市民的公共性の成立　市民的公共性の崩壊　意義——公共性の歴史的・理論的考察　難点——市民的公共性の自文化中心主義　展望——官治型公共から自治型公共へ

目　次

II　自由民主主義の理念

1　自由（Liberty／Freedom）　バーリン『自由論』　65
自由——その多様な伝統　消極的自由　積極的自由(i)——政治参加　積極的自由(ii)——自己実現　積極的自由(iii)——経済的自由　思考の自由

2　デモクラシー（Democracy）I　ルソー『社会契約論』　76
デモクラシーという価値　ルソーの生涯　文明社会の批判として　『政治制度論』の構想　社会契約説　全面譲渡　一般意志と主権論　自己統治としての自由　理念から現実へ——立法者，政府の形態，市民宗教　残された課題——国際平和の可能性？　今日的意義——なぜ，デモクラシーか？

3　デモクラシー（Democracy）II
シュンペーター『資本主義・社会主義・民主主義』　87
民主主義の現在　シュンペーターの生涯　『資本主義・社会主義・民主主義』第四部の問題設定　「古典的民主主義学説」　「いまーつの民主主義理論」　エリート民主主義理論　意義——市民の政治的負担の軽減　難点——民主主義の形骸化　『資本主義・社会主義・民主主義』と現代日本政治

4　平等（Equality）
ロールズ『正義論』／ドゥオーキン『平等とは何か』　98
リベラリズムと平等　『正義論』の射程　善にたいする正の優先　原初状態からの正義の原理の導出　正義の二原理と『正義論』における平等主義　ドゥオーキン『平等とは何か』　資源の平等　ロールズとドゥオーキンの差異　課題

5　ナショナリズム（Nationalism）
ミラー『ナショナリティについて』　110
政治学とナショナリズム　歴史学的・社会学的研究　規範的研究の必要性——リベラル・ナショナリズム論　著者デイヴィッド・ミラーについて　ネイションの規定，およびナショナル・アイデンティティの性質　リベラル・デモクラシーの前提条件としてのネイション　多元的社会とナショナリティの役割　ネイションの自決，および他のネイションにたいする義務　グローバル化とナショナリティ　ミラーの議論の意義，および代表的な批判の論点

III 自由民主主義の制度・政策

1 立憲主義（Constitutionalism）
ハミルトン，ジェイ，マディソン『ザ・フェデラリスト』　　125

政治の中の立憲主義　近代立憲主義　『ザ・フェデラリスト』の背景　『ザ・フェデラリスト』の執筆者たち　連邦国家創設の必要性　国家権力と人民　国家権力の制限による自由の保障　多様性による自由の保障　制度の設計者　意義と批判

2 代議制（Representative Government）
ジョン・ステュアート・ミル『代議制論』　　136

政治的代表とは何か　委任説と独立説　代表についてのウィッグ説――エドマンド・バーク「ブリストル演説」　功利主義の代議制論――ジェイムズ・ミル「政府論」　進歩のための代議制――ジョン・ステュアート・ミル『代議制論』　比例代表制と複数投票制――「教育ある」代議士への期待

3 政党（Political Party）　デュベルジェ『政党社会学』　　148

政治学と政党　現代政党学における『政党社会学』の位置　政党組織論――幹部政党と大衆政党　政党システム論――一党制，二党制，多党制　政党システム論の展開――サルトーリ　政党組織論の展開――パーネビアンコ　現代日本政治と現代政党学

4 官僚制（Bureaucracy）　ウェーバー『支配の社会学』　　160

ウェーバーの時代と官僚制　ミヘルス『政党の社会学』　近代・ザッハリッヒカイト・単一支配　官僚制化と政治の貧困化　官僚制と文化，あるいはウェーバーの儒教論　ジレンマの政治思想

5 政策形成（Policy-Making）
リンドブロム，ウッドハウス『政策形成の過程』　　171

政策形成の表層的・一面的理解を超えて　著者について　『政策形成の過程』について　分析の限界　戦略的分析（漸進主義）と政治的相互交流　漸進主義批判とリンドブロムの見解　公共問題の解決はなぜ効果的に進まないのか――第2

版での変化　構造改革のための処方箋——第3版の特徴　ガヴァナンスの政治学としての魅力

現代政治の諸問題

1　近代・啓蒙・理性（Modernity, Enlightenment and Reason）
ホルクハイマー，アドルノ『啓蒙の弁証法』　　　*185*

啓蒙と政治　『啓蒙の弁証法』の登場　二つのテーゼ　神話と啓蒙　道徳と啓蒙　啓蒙の自己欺瞞——文化産業　啓蒙の限界——反ユダヤ主義　現代の黙示録

2　フェミニズム（Feminism）　ペイトマン『秩序を乱す女たち』　　*196*

政治学とフェミニズム　キャロル・ペイトマンについて　政治理論の家父長制的な性格　「公」と「私」の区分をめぐって　福祉国家とフェミニズム　フェミニズムの隘路

3　多文化主義（Multiculturalism）
レイプハルト『多元社会のデモクラシー』／キムリッカ『多文化時代の市民権』　*206*

多文化時代の政治理論　英米型デモクラシーと大陸型デモクラシー　多極共存型デモクラシーの四原則　エリートの役割　異文化交流の否定　多極共存型デモクラシーの問題点　キムリッカ『多文化時代の市民権』　集団別権利　多文化主義と自由主義　自由と文化　対内的制約と対外的防御　多文化主義の問題点

4　エコロジー（Ecology）　ドブソン『緑の政治思想』　　*218*

政治学とエコロジー　『緑の政治思想』の視角——政治イデオロギーとしてのエコロジズム　環境主義とエコロジズム　永続（持続）可能な社会　緑の変革への戦略　環境主義とエコロジズムの新たな関係　ドブソンのエコロジズム論の問題点　エコロジズムの問いかけ

5　戦争と平和（War and Peace）　ウォルツァー『正戦と非正戦』　*229*

政治の対象としての戦争　戦争観の変遷　道徳的議論と現実主義　道徳的現実　戦争のジレンマ　極度の緊急事態　政治における責任　正戦論の現在

vii

6　市民教育（Citizenship Education）　『クリック・レポート』　*240*

政治学と市民教育　『クリック・レポート』の政治的背景　実践する政治理論家バーナード・クリック　クリックの「政治」観　『クリック・レポート』の構成　「シティズンシップ」とは何か？　市民教育の目標　義務教育という手段の正当性　『クリック・レポート』の意義と限界　『クリック・レポート』のもう一つの含意──政治学の映し鏡としての市民教育

Ⅴ　政治の省察──政治を根本的に問い直すために

1　国制（Polity／Constitution）
アリストテレス『政治学』／モンテスキュー『法の精神』　*253*

政治と制度　『政治学』の著者　師プラトン　法や制度の重要性　「正しく制定された法」　国制の比較・分類　民主制の功罪　民主制と寡頭制の混合　中間層と中庸　モンテスキュー『法の精神』　国制研究の受容

2　宗教（Religion）　アウグスティヌス『神の国』　*265*

宗教とは何か　人間の共同世界　ローマ帝国と『神の国』　「神の国」と「地の国」　秩序と国家　戦争と平和　キリスト教と政治

3　統治（Government）　マキァヴェッリ『君主論』　*276*

政治学と統治論　『君主論』とその時代　政治的リアリズムとマキャベリズム　ルネサンスと人文主義　『君主論』の構造と方法　新しい君主国　力量と運命　軍事　政治における演技

4　人間（Human Being／Human Nature）　モンテーニュ『エセー』　*287*

政治学と人間　人文主義と人間性の追究　『エセー』とその時代　『エセー』のテクストと政治的言及　ク・セ・ジュ？　法と正義　政治と道徳　良心の法廷と日常の秩序　善き生への問い

5 歴史（History／Historiography）
　ヒューム『道徳政治文芸論集』／バーク『フランス革命の省察』*299*

歴史とは何か　　過去としての歴史と政治　　歴史解釈と政治　　歴史の発展法則と政治　　政治学の歴史と政治学

6 文明（Civilization）　　福沢諭吉『文明論之概略』　　　　*311*

西洋の衝撃——「文明開化」と福沢諭吉　　福沢諭吉の「一身二生」経験　　「文明」という言葉　　「文明」と政治　　「文明」と「進歩」——「後進国」としての日本　　「文明の外形」と「文明の精神」　　「文明」の特徴①——文明的な「自由」と「自由独立の気風」　　「文明」の特徴②——「智徳の進歩」と「衆論」の形成　　「文明」の特徴③——「国民」の形成　　日本文明の批判——「権力の偏重」　　日本文明と西洋文明の接合　　「文明の太平」と「文明」の現状——「自国の独立」のために　　『文明論之概略』後の日本の進路——「文明」論の限界と意義

人物索引／キーワード索引

政治学の基礎概念

1	政治 I		シュミット 『政治的なものの概念』
2	政治 II		アーレント 『人間の条件』
3	国家と社会		ホッブズ 『リヴァイアサン』 ロック 『統治論』
4	権力		フーコー 『監獄の誕生』
5	公共性		ハーバーマス 『公共性の構造転換』

第Ⅰ部では「政治とは何か」という根本的な問題を考える。20世紀前半の激動の時代を生きたシュミットの『政治的なものの概念』は，敵と味方を峻別する権力闘争としての政治が，悪しき人間の宿命であることを冷徹に指摘する（Ⅰ-1）。アーレント『人間の条件』は逆に，古代ギリシアのポリスをモデルとしつつ，言語を用いて他者へと働きかける，公的領域における自由な活動として政治を賛美した（Ⅰ-2）。もっとも，近代ヨーロッパにおいては，ポリスとは異なる主権国家（ステイト）が出現し，政治の条件は変容する。ホッブズ『リヴァイアサン』とロック『統治論』は，人間による作為の所産として近代国家や政治社会を捉え直した（Ⅰ-3）。同様にして，権力や公共性の位相も変化する。フーコー『監獄の誕生』は，近代の権力が，知の支配や規律・訓練によって人間を内在的に管理するミクロな権力に転化していることを明らかにする（Ⅰ-4）。また，ハーバーマス『公共性の構造転換』は，国家から自律した市民的公共性の成立を歴史的・理論的に考察しながら，20世紀の福祉国家と大衆社会におけるその崩壊を描き出す（Ⅰ-5）。

I-1
政治 (Politics) I

シュミット
『政治的なものの概念』

Carl Schmitt, *Der Begriff des Politischen* (1932)

❖政治の二側面

　「政治」とは何か。政治という言葉で人が思い浮かべるイメージは，大体においてあまりよくない。どこかうさんくさい，汚れた人間がやる仕事であり，たとえそうでなくても，政治に関わってしまうとずる賢い人間になってしまう。政治は，こうしたマイナスのイメージを持たれがちである。実際，政治と呼ばれる場面では，たとえば選挙で激しい議席の奪い合いが起きたり，国会議員の不正を追及したり，戦争やテロが起きたりする。政治には，人間同士が相争うという要素が含まれており，他人を攻撃して権力の座から引きずり降ろすようなことがしばしば起こる。それは，政治というものの不可欠な一部をなしている。

　こうした現象は，一言でいえば「権力闘争」として表すことができるだろう。それは，互いの政党や政治家の欠点をあげつらって，その人気や良いイメージを貶めて権力から遠ざけ，逆に自分たちの方に何とか権力を引きつけようとする営みである。そのため政治とは何かと問われたとき，その一つの有力な答えとして，政治とは権力の獲得とその維持に関わる現象であるという解答がありうるのである。

　とはいえ政治は，必ずしもこうした血で血を洗う権力闘争ばかりを行っているわけではない。たしかにそれは政治の一部ではあるが，全部ではない。政治には，たとえば社会全体をより良くするために法律を作成したり，政策を実行

I 政治学の基礎概念

したり，制度を整備したりといった大切な役割もある。

したがって政治は，二つの軸に沿って見ることができる。一つは権力闘争という側面であり，もう一つは権力行使による公共性の実現という側面である。政治には，権力をめぐって争うだけでなく，獲得した権力を用いて一定の領域に公共的な秩序や繁栄をもたらそうとさまざまな政策を実施する，という面も含まれているのである。

ところがこうした政治の二つの側面は，簡単に切り分けることができるものではない。まず権力闘争にしても公共性の実現にしても，Ⅰ-2で詳しく見るように「言葉」を介して「他者」に働きかけるという点が共通している。それだけでなく，たとえば景気対策にしても，国民の支持を得て自分たちが再び選挙で当選したいからそれを行っているのか，それとも国民全体の生活を改善しようとする真摯な取り組みとして行われているものなのか，このどちらなのかを明確に判別するのは難しい。このように，政治の二つの側面は分かち難く結びついているものなのである。

しかしそれでも，政治は「権力闘争」と「公共性の実現」という相異なる二つの要素から成り立っていることを，まずは知る必要がある。というのも，どちらの側面が主たる争点になっているのかによって，状況の見方が大きく変わってくるからだ。権力闘争が問題になっているとき，私たちが注目すべきは，誰がそれによって地位を上昇させ，逆に誰が失脚したのかといったような，人や集団のあり方の変化である。それに対して公共性の実現が問題になっているときは，どういう制度が定められ運用されるのか，またそのためにどのような新しい決まりが定められ，それによって私たちの生活にどのような影響が出るのか，そうした政策問題に注目することが重要になる。その焦点は，制度や法律，そして私たちの今後の生活にあるのだ。

以上のような二つの視点を使い分けることができれば，その時々で話題になっている政治トピックの意味や方向性が，ある程度見えてくることになるだろう。このように，まず分かち難く結びついている異なる二つの要素をいったん区別することは，政治を見る際の基本的な視座なのである。ここでは，こうした政治の二つの側面のうち，権力闘争としての側面を中心に論じていく。以下

では，権力闘争としての政治を理論的に考察したカール・シュミット（1888-1985）の議論に焦点を当てて，政治とは何かについて考えていこう。

❖シュミットとその時代

カール・シュミットは，第二帝政期のドイツ，ワイマール期のドイツ，ナチス期のドイツ，そして第二次世界大戦後の西ドイツというまったく異なる「四つのドイツ」を生きた政治学者である。シュミットが政治を正面から論じたのは，彼が最も華々しく活躍したワイマール期においてであった。

ワイマール期ドイツは，何よりも非常に不安定な体制であったところに最大の特徴がある。ドイツは第一次世界大戦に敗北した。その結果，戦後に多額の賠償金が課せられる。それだけでなく，ルール地帯の占領とそれに続く極度のインフレ，世界恐慌といった不安定要因に常に悩まされ，要人の暗殺，右翼政治家による一揆と，それに対抗する左翼のゼネストなど，社会的騒乱が国内のいたる所で頻発していた。すなわち当時のドイツは，さながらカオスやアナーキーの観を呈していたのである。

こうした状況の中に生きていたシュミットは，危機の時代の政治理論家として現れる。自国がさまざまな脅威に晒され，しかも一時的にではなく恒常的にそれが生じていたとき，自由や友愛といった理想へと拘泥する余裕はない。闘争という要素を強調する彼の政治観の背景には，こうしたワイマール期ドイツの危機的な時代状況があったのである。

❖性悪説的人間観

シュミットの政治に関する考察は，『政治的なものの概念』（1932）という著作で展開されている。本書は，マキャヴェッリの『君主論』と同様，政治や人間に関する徹底したリアリズムに貫かれている。彼によれば，あらゆる政治理論は，意識的であれ無意識的であれ独自の人間観を背景に持っているという。重要なのは，人間はそもそも「善」なるものなのか，それとも「悪」なるものなのか，という道徳的・倫理的な問いを探求することそれ自体ではない。人間というものを問題視するか否か，人間を危険な存在と見なすか無害な存在と見

I 政治学の基礎概念

るか,そのどちらのスタンスに立つのかが重要なのである。

　シュミットによれば,人間を生まれながら善きものであると見なす性善説は,国家を過激に否認する無政府主義や,国家を不信の目で見る自由主義が前提としている人間観である。

> **原典①　自由主義の人間観**
>
> 「自由主義者にとって,人間の善性は,それを援用して国家を「社会」に奉仕させるひとつの論拠にほかならず,したがって……国家とはただ,不信の念をもって規制され,厳密な範囲内に局限されるべき従属物」と見なされる。その結果として自由主義は「「権力」の配分と均衡の理論,すなわち国家の抑制・制御の体系」を作りあげるのである(『政治的なものの概念』C.シュミット,田中浩・原田武雄訳,未來社,1970年,73-74頁。一部改訳)。

　性善説を背景にした無政府主義的あるいは自由主義的理論は,政治理論の名に値しない。なぜならそれらの理論は,国家や政治権力を否定したり,抑止したりするにすぎず,いかにして政治権力を行使し,国家秩序を作り上げるかのプロセスについて何も述べていないからである。そうした問いに正面から向き合うのは,性悪説を前提とした政治理論なのである。

> **原典②　性悪説と政治理論**
>
> 「真の政治理論はすべて,人間を「悪しきもの」と前提する。すなわち人間が決して問題のないものとしてではなく,「危険」でダイナミックな存在として見なすのである……。とりわけ政治的な思想家を見れば,このことは容易に裏づけられる。……これらの政治思想家たちは,人間の本性を問題あるものとして捉えるという点では一致しており,それは彼らが自分をとりわけ政治的な思想家として示す度合いに比例する。ここでは,マキアヴェリ,ホッブズ,ボシュエ,フィヒテ……,ド・メーストル,ドノソ・コルテス,H.テーヌの名を挙げるだけで十分だろう」(74-75頁。一部改訳)。

ここでシュミットは，事実として人間が生来悪だと断じているのではない。政治を考える際には，人間を「悪しきもの」あるいは「問題あるもの」と見なすこと，言い換えるならば，それはありうべき敵の具体的存在を常に念頭に置くことが重要だというのである。ここに至ってシュミットは，周知の友敵理論へと議論を展開することになる。

❖友敵理論

　政治とは何か。この問いに答えるために，シュミットは，美や経済といった他の専門領域とは異なる政治に固有の指標を探し出そうとする。

> **原典 3　友と敵の区別**
>
> 　「政治的なものの概念規定は，政治に特有のカテゴリーを見い出し，確定することによってのみ獲得することができる。つまり政治的なものにはそれ固有の標識があり，その標識は，人間の思想と行動の相対的に独立した様々な専門領域に対して，特に道徳的なもの，美的なもの，経済的なものといった専門領域に対して，独自の仕方で作用する。したがって政治的なものは，特有の意味での政治的な行動すべてがそこへと帰着しうるような，政治に固有の究極的区別の中に存在していなければならない。道徳的なものの領域における究極の区別は善と悪であり，美的な領域では美と醜，経済の領域では利と害，すなわち利益を得るか損をするかである。……［それに対して］政治的な行動や動機がそこへと還元される政治に特有の区別とは，友と敵の区別である」（14-15頁。一部改訳。［　］は引用者）。

　敵と味方の区別は，むろん政治的なものを余すところなく定義する概念規定ではない。だが善と悪の対立が，そのまま美と醜の対立や利と害の対立と同じではないのと同様に，友と敵の対立は，そうした他の専門領域の識別基準に還元しえない相対的に独立した政治固有の識別基準なのである。

I 政治学の基礎概念

❖敵 概 念

　シュミットによれば，政治的な対立は最も極端な対立であり，「友と敵の区別は，結合ないし分離，連合ないし離反の，もっとも強固な場合をあらわす」という（15頁）。敵は，実存的・存在論的な意味において解釈されるべきであり，「敵とは，他者・異質者にほかならず，その本質は，とくに強い意味で，実存的な他者・異質者」なのである（16頁）。

　単なる経済的な競争相手や議論における論争相手は「敵」ではないし，また個人的に恨んだり反感を抱いている相手も「敵」ではない。つまり敵とは，自分の存在のあり方を否定するものを指し，逆に自分の存在に応じた生活様式を守るために，敵に抵抗して共に戦うものが友なのである。「いかなる具体的な対立も，それが極点としての友と敵の区別に近づけばそれだけ，ますます政治的なものとなる」（20頁）。こうしてシュミットは，政治特有の基準を敵対性の「強度」に求めるのである。

　それでは，政治とは戦争のことなのであろうか。シュミットは，必ずしも政治が，人間の物理的な殺戮を伴う戦争と同一であるとは述べていない。「戦争は決して，政治の目標・目的ではなく，ましてやその内容ではない」（27頁）。戦争とは，他者の存在様式を否定する敵対関係がエスカレートした結果として生じる政治の一形態にすぎないという。

> 原 典 4　闘争の現実的可能性
>
> 　「政治的なものは，闘争自体にあるのではない。闘争はそれ自体独自の技術的・心理的・軍事的な法則を持っている。政治的なものは，……［闘争の］現実的可能性によって規定された行動に，またそれによって規定された自己の状況の明瞭な認識に，さらには，友と敵を正しく区別するという課題にあるのである」（33-34頁。一部改訳。［　］は引用者）。

　政治とは，戦争という物理的殺戮の現実的可能性を前提とした営みではあっ

ても、戦争そのものではない。敵対しているからといって、必ず戦争をするわけではないし、政治の中には、戦争を回避しようとする行動——外交交渉、取引、圧力、妥協——も含まれているのである。

そして政治的な対立は、政治家だけが引き起こすわけでもない。むしろ対立の源泉は、政治以外の他の領域からしばしばもたらされる。すなわち、もともとは宗教、道徳、経済などの領域における対立が次第にエスカレートし、その結果として互いの存在様式を否定するに至ると、それは友と敵という政治的な対立へと転化するのである。

> 原典 5　政治的対立への転化
>
> 「いかなる宗教的・道徳的・経済的・人種的その他の対立も、それが実際上、人間を友と敵の両グループに分けてしまうほどに強力である場合には、政治的対立に転化してしまう」(33頁。一部改訳)。
>
> 「政治的なものは、人間生活の実にさまざまな分野から、つまり宗教的・経済的・道徳的その他の諸対立から、その力を受けとることができる。政治的なものは、何らそれ独自の領域をあらわすものでなく、ただ人間の連合または分離の強度をあらわすにすぎない」(35頁。一部改訳)。

現代政治は、経済、福祉、教育など社会のあらゆる問題に対して不断に構造的に介入する。こうした現代の特徴を、シュミットは**全体国家**という言葉で言い表している。あらゆる対立は、潜在的に政治的な対立である。何らかの具体的対立の強度が相手の存在を否定するほどの強さに至ったとき、それは政治的な対立になるのである。

❖決断力なき国民

シュミットは、自らの友と敵を自分自身で区別する能力を、国民に要請する。彼によれば、国民という政治的な存在の本質はまさにこの点にあり、自らの敵が誰なのかを決定することのできない国民は、他の政治体制に従属させられているのである。

I　政治学の基礎概念

　軍事力を持たず，戦争を放棄すれば，政治的な対立から逃れられるわけではない。シュミットによれば，ある国民が自らの政治的生存を自分で守ろうとしなければ，その国民の防衛を肩代わりする別の国民が現れることになるだろう。そして保護者としての他国民は，その国民を守ると同時に，その国民に対する政治的支配をも引き受けるようになる。「この場合には，保護と服従という永遠の連関によって，保護者が敵を定めることになるのである」(59頁)。

> **原典6　決断力なき国民の行く末**
>
> 「無防備の国民には友しかいないと考えるのは，馬鹿げたことであろうし，無抵抗ということによって敵が心を動かされるかもしれないと考えるのは，ずさんきわまる皮算用であろう。……ある国民があらゆる政治的決定を放棄することによって，人類の純道徳的ないし純経済的な状態を招来することなどありえない。ある国民が政治的なものの領域に踏みとどまる力や意志を失うことによって，政治的なものがこの世から消え失せるわけではない。ただ，非力な一国民がこの世から消え去るだけである」(60-61頁。一部改訳)。

❖宿命としての政治

　権力闘争としての政治は，われわれ人間に取りついて離れることはない。なぜなら，政治はまさに人間が行う営みであり，人間が敵対することを止めることはないからだ。人間は本性上，政治的動物であるといわれるが，それとはまた違った意味でシュミットは，政治が人間にとって逃れられない宿命であると論じている。

　すでに見たように，シュミットは，政治を権力闘争，とりわけ政治的実存の成否を前提とした闘争として捉えている。彼の政治観に対しては，いくら危機の時代を反映していたとはいえ，あまりにも極端な政治概念であるという批判はありえよう。現代の日本で選挙を闘う立候補者たちに，互いの存在様式を否定することを前提とするほど強固な対立があるわけではない。政治を権力闘争として捉えるにしても，シュミットの定義はあまりにも狭すぎるのである。

また彼の政治概念からは，法律を定め，政策を実行し，よりよき秩序を作り上げるというもう一つの大事な政治の側面，すなわち公共性を実現するという側面が丸ごと抜け落ちてもいる。したがって政治には，シュミットが述べるような存在をかけた権力闘争だけでなく，それよりもはるかに広義の意味が含まれているのである。

　だからといって，政治の権力闘争としての側面に，われわれが目を向けなくてもよいということにはならないだろう。政治の中に含まれる交渉，駆引き，妥協や，あるべき秩序を考えることは大切だが，しかし現代のいわゆる**リベラリズム**は，あまりにもそうした方向に傾斜してしまい，権力闘争としての政治をあまり深く考えてこなかったのではないか。主義主張を同じくしながらも，方法論の違いから政治闘争に発展し，その結果，死者まで出したという事態を戦後民主主義下の日本も経験してきている。こうした現実を，安易に忘却すべきではないだろう。

　真に平和な世界に向かうためには，平和的な政治手段や公正なあるべき政治秩序を考えることはもちろん欠かせない要素である。だがそれだけでなく，人間の生死に関わる場合があるからこそ，権力闘争としての側面もまた政治の一部として視野に収め，考え続けることが求められるのではないだろうか。

❖**用語解説**

(1)　**全体国家**［total state］　この言葉は，ムッソリーニによって初めて取り上げられ，シュミットが現代国家の特徴を表すために用いた。ヒトラーのいわゆる「全体主義国家」とは異なる。全体国家には二つの類型があるとされ，さまざまな社会組織によって多元主義的に弱体化され，社会のあらゆる要求に応えようと介入する国家は「弱い量的な全体国家」，現代的な軍事・出版技術を用いて社会のあらゆる領域に権威的に上から介入する国家は「強い質的な全体国家」と呼ばれた。

(2)　**リベラリズム**［liberalism］　極端な貧富の格差や差別・偏見など，個人の社会的自己実現を妨げ，市場における最適化や調整のメカニズムを阻害する要因を積極的に除去することが，「自由」の観点から必要だと主張する立場。自由放任をよしとする「古典的自由主義」とは区別され，それはかえって個人を不自由な状態にすると考える。これにたいして，他者の権利を侵害しない限り個人の自由を最大限尊重すべきだとし

I 政治学の基礎概念

て，徹底的に個人の権利を擁護する立場を「リバータリアニズム」という。

❖より深く学ぶために

〈基本文献〉
『政治的なものの概念』C. シュミット，田中浩・原田武雄訳，未來社，1970年
『パルチザンの理論』カール・シュミット，新田邦夫訳，ちくま学芸文庫，1995年
『カール・シュミット時事論文集——ヴァイマール・ナチズム期の憲法・政治論議』古賀敬太・佐野誠編，風行社，2000年

〈入門・解説書〉
『教会・公法学・国家——初期カール＝シュミットの公法学』和仁陽，東京大学出版会，1990年
『政治的なるものの再興』シャンタル・ムフ，千葉眞ほか訳，日本経済評論社，1998年
『カール・シュミットとカトリシズム——政治的終末論の悲劇』古賀敬太，創文社，1999年
『カール・シュミットの政治——「近代」への反逆』竹島博之，風行社，2002年
『近代啓蒙批判とナチズムの病理——カール・シュミットにおける法・国家・ユダヤ人』佐野誠，創文社，2003年
『カール・シュミットの挑戦』シャンタル・ムフ編，古賀敬太・佐野誠編訳，風行社，2006年
『シュミット・ルネッサンス——カール・シュミットの概念的思考に即して』古賀敬太，風行社，2007年

（竹島博之）

I-2
政治 (Politics) II

アーレント
『人間の条件』

Hannah Arendt, *The Human Condition* (1958)

❖「政治とは何か」という問い

 「政治」という言葉の定義は、政治学者の数だけあるともいわれており、このような定義の多様さは「政治とは何か」という問いに対する回答の仕方が一つではないことを意味している。ハンナ・アーレント (1906-1975) が『人間の条件』(1958) で取り組んでいるのも、この「政治とは何か」という問いにほかならない。同書ではさまざまな議論が展開されているが、「政治とは何か」という問いにおいて重要なのは、大きくいって次の二つのことである。第一に、「政治」とは「言葉」を用いて「他者」へと働きかける言語行為であるということ、第二に、その「他者」が「私」とは異なる存在であり、われわれは誰一人同じ存在ではないということである。

❖時代背景──全体主義と大衆社会

 ハンナ・アーレントは、1906年ドイツのハノーファー郊外においてユダヤ人を両親として生まれた。16歳の頃からすでにイヌマエル・カントやセーレン・キルケゴールなどの哲学書に親しみ、哲学への関心を深めていたといわれている。マールブルク大学ではマルティン・ハイデガーに師事し、その実存主義思想から多大な影響を受けている（一時期、両者が恋人同士であったことが現在確認されている）。その後、ハイデルベルク大学のカール・ヤスパースの下で博士論文（『アウグスティヌスにおける愛の概念』）を著すものの、混迷する社

I 政治学の基礎概念

会状況によりドイツ国内で研究者・教育者となることを断念せざるをえなかった。1933年，国民社会主義ドイツ労働者党（ナチ党）の政権掌握により，ユダヤ人アーレントはドイツを脱出し，フランスでの亡命生活を経て，1941年にアメリカへと渡っている。

アメリカでまったく無名であったアーレントを一躍有名にしたのは，『全体主義の起原』(1951) の成功であった。同書においてアーレントは，ドイツ・ナチズムとソビエト・スターリニズムに内在する「全体主義」(totalitarianism) の論理と心理を明らかにし，それが「専制政治」(tyranny) や「独裁制」(dictatorship) といった既存の政治体制とは根本的に異なる政治現象であると主張した。アーレントが注目したのは，それが，人々の孤立性に特徴づけられる大衆社会において出現した「政治」の新たな病理であるという点であった。『人間の条件』では，そうした『全体主義の起原』で提起された問題を，西洋政治思想史の視点から捉えなおし，20世紀における「政治」のあり方への鋭い問いかけが行われているのである。

❖ 「活動的生活」(vita activa)——労働，仕事，活動

『人間の条件』の冒頭において，アーレントは人間の行為様式（＝**活動的生活** (vita activa)）を，「労働」(labor)，「仕事」(work)，「活動」(action)，の三つに分類し，最後の「活動」のところで「政治」の行為的特性を明らかにしている。「労働」が，生物としてのヒトによる生命維持の行為であり，「仕事」が，モノを作り出すことで身の回りに一定の耐久性を付与する行為であるのにたいして，「活動」は，異なる人間同士を言語によって結びつける（そして対立させる）行為であり，これこそが「政治」にほかならないとアーレントは主張する。アーレントがここで強調しているのは，人間一人ひとりが異なる存在で，誰一人同じ人間は存在しないということ，そしてそれにもかかわらず，その異なる者同士が「言語」によって一緒に行動しているということである。日々の糧を得るために働く「労働」も，椅子や家などのモノを作り出す「仕事」も，厳密にいえば「他者」と「言語」を必要としない（あるいは必要とする場合でも，わずかな情報の交換で事足りる）。これにたいして「活動」は，異なる「他者」

と言葉を通じて何かを共同して行う行為であり、このような「他者」との共同性という点に、アーレントは「政治」の契機を見出しているのである。

> **原典①　「平等」と「差異」という人間の条件**
>
> 「多種多様な人びとがいるという人間の多数性は、活動と言論がともに成り立つ基本的条件であるが、平等と差異という二重の性格をもっている。もし人間が互いに等しいものでなければ、お互い同士を理解できず、自分たちよりも以前にこの世界に生まれた人たちを理解できない。……しかし他方、もし各人が、現在、過去、未来の人びとと互いに異なっていなければ、自分たちを理解させようとして言論を用いたり、活動したりする必要はないだろう。なぜならその場合には、万人に同一の直接的な欲求と欲望を伝達するサインと音がありさえすれば、それで十分だからである」（『人間の条件』ハンナ・アレント、志水速雄訳、ちくま学芸文庫、1994年、286頁）。

このようにアーレントは、「政治」を言語行為として捉えることでその特性を明らかにしているが、この場合における言語行為とは、言葉による情報の伝達以上のことを意味している。私たちは、言葉を通じて「他者」に働きかける際、「他者」からどのように見られ、どのように思われるかを完全にコントロールすることはできない。同じ内容の情報を伝える場合でも、その現れ方——口調、言葉遣い、声色、話の間合い、表情、等々——は人それぞれ千差万別であり、しかもそれは本人自身が把握しえないものである。アーレントはこのように、自らの姿を「他者」の眼差しに晒し、その人が「何者であるか」（who）を顕にすることを、「活動」の重要な要素として捉えている。この点については、actorという言葉自体が、演劇的な意味を孕んでいることが参考になるだろう。つまり、政治的存在としての「行為者」は「役者」であり、「他者」への働きかけが成功するか失敗するかとは別の次元において、その働きかけにおいて各人は自己が「何者なのか」を示さざるをえない。アーレントは人が「何者なのか」（who）という問いが、「何なのか」（what）——特質、能力、才能、欠陥など——という問いに置き換えられないことを強調している。生物としてのヒ

Ⅰ　政治学の基礎概念

トではなく，「日本人」という集合名詞や「首相」という役職でもなく，固有名詞によってしか名指ししえない存在が「政治」の行為者であること。このことへの眼差しこそ，アーレントが「政治」を論じる中で明らかにしていることである。

❖「公的領域」と「私的領域」——古代ギリシアにおける「政治」

　以上のようなアーレントの「政治」論の根幹にあるのは，古代ギリシアのポリスの経験にたいする洞察である。周知のように，「政治」(politics) の語源は「ポリス」(polis) にあるとされているが，アーレントは古代ギリシアのポリスの経験を再考することで，「政治」の本来的なあり方を喚起している。「政治」の本来的次元を言語行為として捉える試みも，アーレントのポリス理解に拠るものである。すなわち「政治的であるということはポリスで生活するということであり，ポリスで生活するということは，すべてが力と暴力によらず，言葉と説得によって決定されるという意味であった」(47頁)。これにたいして，ポリスの生活ではないもの，ポリスの外部に置かれているものは，オイコス（＝家政 economy の語源）の生活である。ポリスの領域が**公的領域** (public realm) であり，「活動」によってポリス全体の運営に参与することができる自由 (freedom) の領域であるのにたいして，「私的領域」としてのオイコスは，生物としてのヒトが生命維持のために「労働」に従事しなければならない必然性 (necessity) に拘束された領域であった。

原典 ② 自由な「ポリス」と，不平等な「オイコス」

　「要するに，ポリスにはただ「平等者」だけしかいないのに，家族は厳格な不平等の中心であるという点で，両者は区別されていたのである。自由であるということは，生活の必要〔必然〕あるいは他人の命令に従属しないということに加えて，自分を命令する立場に置かないという，二つのことを意味した。それは支配もしなければ支配もされもしないということであった」(53-54頁。〔　〕は翻訳者)。

自由な「ポリス＝公的領域」と，必然性に支配された「オイコス＝私的領域」という対比について，アーレントは光と闇のイメージで描写している。つまり「政治」は言葉によって「他者」へ働きかけることで，己が「何者なのか」を現さざるをえないが，「公的領域」はそうした「現れ」(appearance)を明るみに照らし出す光の空間であり，物事のリアリティが形成される場である。これにたいして，「私的領域」はその「現れ」が本来的に奪われ，公的な光から隠された場所として提示されている。「私的」(private)なものという言葉には「欠如している」(privative)という語源が大きく関係しているが，アーレントによれば，それは公的な生活に参与する機会を「奪われている」(deprived)ということを意味していた。

　ここで留意すべきなのは，アーレントが，光としての「公的領域」のみを崇高で価値あるものと認め，闇としての「私的領域」を無価値なものとしていたわけではないということである。人間はこの「公的─私的」という両方の生を必要とし，それぞれが固有の意義を有しているということ，つまり公の光に照らし出されるべき事柄と，闇に隠されるべき事柄，その光と闇のスペクトルのあいだで生が営まれているということこそ，アーレントが古代ギリシアのポリスに関する洞察から強調している点である。アーレントが問題視しているのは，この「ポリス＝公的領域」と「オイコス＝私的領域」とがそれぞれ異なる原理に基づいているにもかかわらず，往々にして両者が混同されてきたということである。自己の肉体的生への配慮というオイコスの事柄は，本来的にはポリスの問題ではないにもかかわらず，物質的な富の再分配こそが「政治」の重要課題であるという考えこそ，アーレントにいわせれば，ポリスという本来的な「政治」の忘却にほかならなかった。自己の生命への配慮ではなく，個々人の一生を超えて存続する共通の「世界」への配慮こそが，ポリスの問題であり「政治」に賭けられているものなのである。

❖「政治」における「自由」の可能性

　ところで，アーレントがポリスを自由の領域と呼ぶ際，その「自由(フリーダム)」という言葉が独特の意味において用いられていることに注意しなければならない。先

I 政治学の基礎概念

述したように，それには「労働」という必然性の拘束を免れているという意味があるわけだが，それに加えて，異なる「他者」と共同して何かを企てて一緒に行うこと，そうした行為の共同性・組織性という意味において「自由」という言葉が用いられている。したがってそれは，何らかの拘束状態から単に解放された状態ではないし（アーレントは自著『革命について』で，「解放」（liberty）と「自由」（freedom）とが同一ではないことを強調している），何かを決定し・処理する「主権」（sovereignty）にも還元されえない。アーレントがポリスに見出す「自由」とは，「他者」と「協力して活動する［＝共演する］」（act in concert）という契機であり，命令─服従関係というオイコスの関係性に拠らずに，言葉それ自体の力によって「他者」との共同性を得る可能性である。先述の演劇の比喩を用いるならば，舞台を成功させるために役者同士が協力し共演するイメージとして捉えることができるだろう。

そのような文脈において，アーレントは，古代ギリシアのポリスにおいて「自由」と「平等」とが対立するものではなく，むしろ相補的なものとして捉えられていた点に注目している。アーレントによれば，「平等」は，われわれが想定するような社会正義とは無関係に，政治の舞台に登場する行為者が，同輩者として受け入れられるための一つの要請である。貧富，美醜，能力の有無などさまざまな不平等が「政治」の空間において「平等」化されることで，人は初めて「自由」な行為者となる。それはあたかも演劇やスポーツに参加する者たちが，舞台あるいはゲームの上では同等な参加者として平等に扱われねばならないというフィクションに従うのと同じようなものと解することができる。

アーレントが古代ギリシアのポリスからこのような「政治」のあり方を呼び起こし，単なる「解放」とも「主権」とも異なるものとして「自由」を論じるとき，「権力」という言葉も伝統的な政治学とは異なった意味合いで用いている。伝統的な政治学が「自由」と「権力」とを相対立するものと捉えてきたのにたいして，アーレントはこの両者を不可分で相補的なものと位置づけている。つまり「権力」（power）が，単なる物理的な「暴力」（violence）と異なるのは，それが人と人とのあいだの関係性を維持する力を有するからにほかならない。「公的領域」が顕現し，「協力して活動する［＝共演する］」際に立ち現れるもの

こそ「権力」という不可視の力であり，逆をいえば，この「権力」が喪失するとき，人々を繋ぎ止めている関係性は解体し，「言葉」の持つ力も衰退し，「自由」も失われることになる。

> **原典 3** 「権力」と「無能力」
>
> 「政治共同体を最初は掘り崩し，次いで抹殺してしまうのは，権力の喪失であり，最終的な無能力である。そして権力というのは，暴力の用具のように貯蔵し，いざというときのために保存しておくことはできず，ただそれが実現されている間だけ存在する。……ところで権力が実現されるのは，ただ言葉と行為とが分離せず，言葉が空虚でなく，行為が野獣的ではなく，言葉が意図を隠すためではなく，リアリティを明らかにするために用いられ，行為が関係を侵し破壊するのでなく，関係を樹立して新しいリアリティを創造するために用いられる場合だけである」(322頁。一部改訳)。

❖「政治」の不確実性とその救済──「約束」と「許し」の力

このようにアーレントは「政治」における「自由」の意義を強調するが，アーレントの議論が興味深いのは，他方においてこの「政治」がはなはだ「不自由」なものでもある，という両義的なものとして論じられている点にある。先述したように，「活動」という政治行為において「他者」へ働きかける際，われわれはその「他者」にどのように「現れ」るのかを確実に制御できないわけだが，アーレントはこの不確実性についてさらに，「無制限性」(boundlessness)，「不可逆性」(irreversibility)，「不可予言性」(unpredictability)という言葉によって強調している。要するに，「他者」へ発せられた言葉は，その影響の及ぶ範囲を制限することはできず（＝「無制限性」），またその結果がどのようなものとなるかを前もって予測することもできず（＝「不可予言性」），そしてその結果を元に戻すこともできない（＝「不可逆性」）。たとえば，AからBへ向けて発せられた「言葉」は，しばしばCやDの耳にも届き，その「言葉」においてAが本来意図していたものとは別様に解されるだろう。それにもかかわらず，そ

I 政治学の基礎概念

の「言葉」自体を最初からなかったことにすることはできない。この点において，政治という舞台で繰り広げられるのは，まさに「筋書きのないドラマ」である。アーレントが「政治」を言語行為として捉え，そこに不確実性と偶然性を認めるとき，そこでは「言語」それ自体が人間の思惑を離れて運動し，自律的に展開することを示唆している。

　重要なのは，「活動」という言語行為が，このように不確実性と偶然性を条件づけられているにもかかわらず，それらを救済するのもまた「活動」である，とアーレントが指摘している点である。アーレントは，不透明な未来の「不可予言性」を克服するものとして，「約束」(promise)という行為の政治的意義を強調する。この「約束」という行為は，先の見通せない未来に進むための足場として，大海に浮かぶ島のようなものとイメージされている。また他方において，すでに行ってしまって，もはや元に戻せない「不可逆性」を補うものとして，「許し」(forgiveness)という行為に政治的意義を見出している。一つの「活動」は，最悪の場合「目には目を」というかたちで復讐の連鎖を生み出しかねないが，そうした連鎖を断ち切るものこそ「許し」という行為だとされているのである。

　「約束」にしても「許し」にしても，アーレントがそれらを優れた政治行為として位置づけているのは，それが新しい「始まり」(beginning)をもたらすからである。これまでに反復されてきたことに盲目的に従うのではなく，それを再考し，新たな関係性を構築するための企てである「始まり」こそ，アーレントの「活動」が最も先鋭化されたものである。そしてこの「始まり」という能力が，一部の選ばれた人間のみに与えられたものではなく，あらゆる人間に分有されていることにアーレントが言及していることも，踏まえておかなくてはならない。誰もが死ぬべき運命にあるという「可死性(モータリティ)」でなく，誰もが生を受けるという「誕生(ナタリティ)」こそが，政治的な「始まり」の要件であること，そうした人間の実存性を，アーレントは「活動」による政治論の中心に置いているのである。

2　政治Ⅱ

> **原典 4**　「始まり」と「誕生」
>
> 「なるほど，人間は死ななければならない。しかし，人間が生まれてきたのは死ぬためではなくて，始めるためである。……このような活動に固有の能力，すなわち，破滅を妨げ，新しいことを始める能力がなかったとしたら，死に向かって走る人間の寿命は，必ず，一切の人間的なものを滅亡と破滅に持ち込むだろう」(385頁)。
>
> 「人間事象の領域である世界が，そのまま放置すれば「自然に」破滅する。それを救う奇蹟というのは，究極的には，人間の出生という事実であり，活動の能力も存在論的にはこの出生にもとづいている。いいかえれば，それは，新しい人びとの誕生であり，新しい始まりであり，人びとが誕生したことによって行ないうる活動である」(385-386頁)。

❖現代社会における「政治」──『人間の条件』を今日どう読むのか

　アーレントは『人間の条件』の第6章で，このような古代ギリシアのポリスを特徴づけていた「公的領域／私的領域」という領域区分が，近代化に伴って喪失していった過程について言及している。アーレントによれば，国民を一つの家計単位とする近代国家の成立に伴って，公的─私的区分が曖昧なものとなり，公的でも私的でもない「社会的領域」が近代以降の政治を論じる中心的枠組みとされるに至った。近代以後，大衆社会の成立によって特徴づけられるわれわれの現代社会は，「活動」と「公的領域」に彩られた古代ギリシアのポリスの本来的な政治のあり方が忘却された時代である。アーレントは，このように現代社会を陰惨なイメージで捉えている。

　このような『人間の条件』におけるアーレントの一連の議論を，現代社会に生きるわれわれは，どのように理解すべきであろうか。「政治＝ポリス」と「経済＝オイコス」とが本来的に異なるものだとするアーレントの主張が，高度に産業化された現代社会においてはまったく時代遅れのものであり，その主張は単に古代ギリシアのポリスの郷愁でしかないという批判は度々行われてきた。だがこうした批判はどれほど有効なのであろうか。冒頭において「人間の条

Ⅰ　政治学の基礎概念

件」それ自体の大変動にアーレントが言及していること——人工衛星の打上げ，試験管での生命の誕生，労働のオートメーション化，等々——を考慮するならば，アーレントを単なる古代ギリシアの賛美者として片づけることはできない。われわれは，アーレントがこのような「政治」を，現代社会において提起したことの意味を改めて問い返さなければならないだろう。

　『人間の条件』の現代的意義は，**ポリス的動物**（zōon politikon）が「言葉を発することのできる存在」（zōon logon ekon）であるというアリストテレスの洞察の意義を，アーレントが再発見し，それを先鋭化させたことにあるといえるだろう。『人間の条件』が20世紀の政治思想を代表する著作の一つとして現代においても読まれるべき一冊であるのは，大衆社会における人間の孤立性という状況，すなわち「他者」とのあいだに共通の「言葉」を喪失した状況において，どのようにして共同性を形成していくのかという問題が直視されているからにほかならない。異なる存在としての「他者」に「言葉」を用いて働きかけること，そしてその試みが意図通りにうまくいったりいかなかったりすること。アーレントの語る「政治」のこうした言語行為としての位相に注目するならば，そこでは「言葉」が「政治」にとって必要不可欠なものであると同時に，その条件を常に制約し続けることにたいする洞察が示されている。そしてそれは，リベラル・デモクラシーが前提としているコミュケーションそれ自体のあり方と可能性について考察する手掛かりを提起しているように思えるのである。

❖用語解説

(1)　**活動的生活**［vita activa］　政治や社会に関わる生活。アリストテレスをはじめ，古典古代においては，ポリスや共同体に捧げられる価値ある自由な生活として考えられていた（ルネサンス期以降は人文主義や共和主義に継受される）。これにたいして，とくにアウグスティヌスに代表される中世のキリスト教においては，神や真理を観想する「観照的生活」（vita contemplativa）が重要視された。

(2)　**公的領域**［public realm］　アーレントは，①万人によって見られ，聴かれ，公示される空間，②人々を相互に結びつけ，人の一生を超えて永続する共通世界，という二つの意味で用いている（第2章第7節）。

(3)　**ポリス的動物**［zōon politikon］　人間は本来自然的に社会的共同性を備えた存在で

あるというアリストテレスの規定。人間は孤立した状態では自足できないために社会性・集団性を必要とするということに加えて，倫理的に善く生きるためにポリスでの生活が不可欠であるとされている。

❖より深く学ぶために

〈基本文献〉

『人間の条件』ハンナ・アレント，志水速雄訳，ちくま学芸文庫，1994年

『全体主義の起原』全3巻，ハナ・アーレント，大久保和郎・大島かおり訳，みすず書房，1974年

『革命について』ハンナ・アレント，志水速雄訳，ちくま学芸文庫，1995年

〈入門・解説書〉

『アレント――公共性の復権』川崎修，講談社，1998年

『公共性』斎藤純一，岩波書店，2000年

『ハンナ・アーレント伝』エリザベス・ヤング＝ブルーエル，荒川幾男ほか訳，晶文社，1999年

（石田雅樹）

I-3
国家と社会
(State and Society)

ホッブズ
『リヴァイアサン』
Thomas Hobbes, *Leviathan* (1651)

ロック
『統治論』
John Locke, *Two Treatises of Government* (1690)

❖政治学と国家の概念

　政治という営みにおける権力性や公共性を考えるにあたって，避けて通ることのできないのが「国家」の問題である。では，そもそも「国家」とはいかなるものなのであろうか。一般的にいえば，それは，支配服従の権力関係を伴いながら，一定の共通利益の実現と構成員の共存を図るものとして，形成・共有される政治社会である。その実体は地域や時代によって大きく異なるものであるが，現代に継承されている西欧近代国家は，一定の「領土」とそこに居住する（言語や民族など一定の共通性を有する）人々（＝「国民」）からなる政治共同体であり，「主権」や統治組織を通じて公共性を具現するものとして理解されている。

　ところが，20世紀の二つの世界大戦の帰結や冷戦の終焉は，国民国家による権力や公共性の独占にたいする懐疑の眼差しをもたらしたのであり，国家の権力構造が逆に人間の共生を阻む側面を内包しているという根源的な問題を浮き彫りにさせた。また，現在ではグローバル化や地方分権化の流れの中で，人間の共存にとって国家の有する意味が改めて問われ，さらには国家と異なる政治社会のあり方が模索されているのである。

　こうした再考が求められている西欧の国家概念は，もともとは古代ギリシア

に源泉を有するものである。古典古代の国家はポリス（polis）と呼ばれ，自由人たる市民が法秩序への服従を通して自発的に貢献する目的論的な政治社会であった。アリストテレスによれば，人間は言語と理性を通じて政治を営む自然本性を有した存在（ポリス的動物）であり，ポリスとはそうした人間が共通善を共有して善き生活を営む自足的な共同体である。この国家概念は，古代ローマにおけるキヴィタス（civitas），レス-プブリカ（res publica）や，初期近代のイングランドにおけるコモンウェルス（commonwealth）といった用語と基本的に同義であり，専制に抗する形で自由人の相互支配を内包するものとして理解されていた。

　これにたいして，ルネサンス期以降，人間とポリスの強い結合という自然性を前提とすることができない状況下において生み出されたのが，利己的な人間を支配の技術によって統治するという「近代」的な国家概念としてのステイト（state）である。たとえば，マキァヴェッリが提唱したスタト（stato）の概念は，権力あるいは支配権を意味するものであり，支配服従の秩序を導くものとして新たに導入された。しかも，この権力国家観は，その後，宗教戦争を中心とした17世紀イングランドの内乱と革命の状況下において，さらに哲学的に基礎づけられることになる。旧秩序の解体が進み，宗教的熱狂が政治的党派と結合することによってもたらされた混乱とアナーキーの現実化は，政治社会の新たな基礎づけを要請したのであった。

　ここで取り上げるトマス・ホッブズ（1588-1679）とジョン・ロック（1632-1704）は，こうした課題を自覚し，伝統的な基本枠組みであるキヴィタスやコモンウェルスの理解を組み換えることによって新たな国家観を提起した点で，現代においても繰り返し言及され続ける思想家たちである。彼らにおいては，もはや政治社会と一体化した市民生活の**自然**性は自明の前提とされず，逆に政治社会をいかに**作為**しうるかという問いが立てられることになる。そこでは，政治社会に論理的に先立つものとして「個人」や「自然状態」が理解され，政治社会および政治権力は，「個人」の生命・自由・所有を保障するために，個々人相互の契約によって創造されるものであるとする**社会契約説**が展開されたのである。

Ⅰ　政治学の基礎概念

❖国家の普遍的基礎づけという課題＝ホッブズ

　ホッブズは，アナーキーの現実を克服するためには，現存する国王とその支配権力をそのまま擁護するだけでは不足すると考えていた。『リヴァイアサン』(1651) において結実したホッブズの国家論は，国家それ自体を普遍的に基礎づけ，国家権力の絶対性と永続性をもって無秩序状況を克服しようとするものであり，いかなる人間に担われようとも動揺することのない支配服従関係の構築を狙うものであった。

　この議論の特徴は，客観的実在としての最高善に照らして人間や国家を捉えようとする伝統的な目的論的秩序観に代わって，自然・人間・国家は最小単位（原子）から因果関係を通じて組み立てられるものであるとする機械論的秩序観に立脚している点である。そこで最も重要視されたのが幾何学的精神であり，学問は厳密性と明晰性を持たなければならないということであった。イングランドの内乱の原因は，まさに国家をめぐる言葉の誤謬と誤用に由来していた。そうであるがゆえに，政治哲学に必要なのは，原因についての正しい知識とそこから演繹される正しい推論であり，明晰な言葉と規則によって国家が抽象的に基礎づけられることなのである。

　ホッブズによれば，人間の経験や分別は，あくまでも単なる推測的な知識以上のものではないのにたいし，名辞による秩序づけと立証によってもたらされる科学的知識は，事実の一連の帰結についての知識である（『リヴァイアサン』1954，第 1 巻第 5 章）。したがって，人間と政治をめぐる言葉と推論も正しい知識と確実性によって導かれなければならず，そこからホッブズの独特な人間観が展開されていくことになる。

　ホッブズは人間を確実な知識に基づいて理解するために，人間と人間との間における思考と情念の類似性を見出していくことから始める。この類似性を考察することによって，人間本性の特性が浮かび上がってくるのであり，そこで見出される人間観に基づいて国家の普遍的基礎づけが組み立てられていくのである。

❖ ホッブズの自然状態

　ホッブズによれば，人間の実践的な価値判断の基準は，自分にとって好ましいものが善きものであり，好ましくないものが悪しきものであるという点にある。つまり，善悪の区別は，客観的な絶対的基準に基づいてなされるのではなく，人間の主観的な感覚によって判断されていると捉えるのである。

　ところが，こうして導かれた人間像は極めて陰惨なものであった。他者との関係において人間を動かす根本的な情念とは虚栄心であり，他者と自己とを比較して自己の方が勝っていると考える喜びは力への意欲にほかならない。したがって，未来や他者との関係といった不確実な要件がある以上，この力の追求は不断に続き，その意欲の増大が人間関係を陰惨なものにしていくのである（第10-11章）。

　それでは，このような本性を有する人間はいかにして他者と平和に暮らすことができるのであろうか。ここでホッブズは，人間が互いに自由かつ平等であるとする「自然状態」を想定する。なぜなら，国家権力を現実の諸勢力によって左右されないようにするためには，既存の不平等秩序を前提に特定の支配者をそのまま容認する考え方を払拭して，人間の対等性から支配服従関係を抽象的に導く必要があったからである。ホッブズは，陰惨な状態から国家状態への移行を以下のように考える。

　「自然状態」においては，他者に優越したいという目的達成への意欲が不平等を前提とした場合以上に高まる。こうして，ホッブズによれば，競争・不信・誇りを原因とする「万人の万人に対する闘争状態」が現出する。この状態は，継続的な恐怖と暴力による死の危険が支配するのであり，それゆえ「人間の生活は，孤独で貧しく，つらく残忍でみじかい」（第13章）。

　ホッブズによれば，この戦争状態たる自然状態は，「個人」が生まれながらに有しているとされる「自然権」（right of nature）が優位に支配している。この自己の生命の維持（自己保存）を絶対的なものとする自然権は，既成秩序を前提にした身分的特権や慣習的地位を重視する考え方と異なり，所与性から切断されたところに抽象的に想定されるものである。

Ⅰ　政治学の基礎概念

> **原典①　自然権**
> 「自然の権利とは、各人が、かれ自身の自然すなわちかれ自身の生命を維持するために、かれ自身の意志するとおりに、かれ自身の力を使用することについて、各人がもっている自由であり、したがって、かれ自身の判断力(ジャジメント)と理性(リーズン)において、かれがそれに対する最適の手段と考えるであろうような、どんなことでもおこなう自由である」(『リヴァイアサン』第1巻、トマス・ホッブズ、水田洋訳、岩波文庫、1954年、216頁、英語補足は省略)。

　この自然権論は伝統的な「自然法」(law of nature)の考え方にも大きな変容をもたらすことになった。ホッブズにとって、自然法とは、従来前提とされてきたような人間の存在をあらかじめ拘束するものではなく、内面性の領域における義務でしかない。言い換えれば、自然権を有する人間は、戦争状態の矛盾を推論することによって、そこから「理性の戒律」を自然法として自覚するに至る。つまり自然法は、死への恐怖といった情念を通じて想像力によって推論されるのであり、そこから平和への努力が各人の義務として捉えられるようになるのである(第14-15章)。

> **原典②　自然法**
> 「「各人は、平和を獲得する希望があるかぎり、それにむかって努力すべきであり、そして、かれがそれを獲得できないときには、かれは戦争のあらゆる援助と利点を、もとめかつ利用していい」というのが、理性の戒律すなわち一般法則である」(217頁)。

❖ホッブズにおける政治社会の創造

　しかし、この死への恐怖から推論される平和への希望は、あくまでも内面の領域にとどまるものであって、それが外面の領域にまで通用する保障はなく、相互の義務づけに対する不信は残らざるをえない。そこで必要とされるのが、

各人の自然権の自己抑制を統合し，各人の約束を担保する第三者としての共通権力である。剣を伴わない約束は単なる言葉にしかすぎないため，共通権力が存在しない自然状態では，自己保存はおぼつかないからである。こうして登場するのが，権力国家たる「リヴァイアサン」にほかならない。

　自然状態において万人は平等である以上，国家はすべての個人の自然権を保障するものとして導かれなければならない。それゆえ，既存の政治秩序を前提とした権利義務関係ではなく，自然権を持つ個人が同意によって秩序を創造することが明確に謳われるのである。個々人は相互に「信約」(covenant) を結び，全員が一人または合議体に対して自己の権力を譲渡することによって，共通権力を創造するのである（第17章）。

原典 3　ホッブズの社会契約

「ひとりの人間または人びとの合議体を任命して，自分たちの人格をになわせ，また，こうして各人の人格をになうものが，共通の平和と安全に関することがらについて，みずから行為し，あるいは他人に行為させるあらゆることを，各人は自己のものとし，かつ，かれがその本人であることを承認し，そして，ここにおいて各人は，かれらの意志をかれの意志に，かれらの判断をかれの判断に，したがわせる」（第2巻，33頁）。

　この国家における支配服従関係は，主権者＝代理人と契約参加者＝本人との間に自己同一的な関係が成立している限りにおいて正統化される（第16-17章）。それは，各人が第三者に授権することによって作為される同一人格に基づく真の統一体であり，そこで統一された群衆がキヴィタスやコモンウェルスと呼ばれる。ただし，以下で説明するように，これが自由で対等な市民の相互支配を意味する伝統的な政治社会の基本枠組みと決定的に異なるのは，ステイトという用語こそ用いられていないものの，「主権」(sovereignty) こそが秩序を可能にするとされている点である。この主権という概念は，16世紀フランスの法学者ボダンが説明したように，「国家の絶対的で永続的な権力」である。それは不可譲・不可分・絶対的なものであり，法とは主権者の命令であるとされる。

Ⅰ 政治学の基礎概念

したがって，伝統的な政治社会の基本枠組みはもとより，国王と議会との緊張関係を律していた中世立憲主義における法の支配や，混合政体による権力抑制は根本的に否定されたのであった（第18章）。

ホッブズによれば，主権者の任務は，何よりも平和と防衛のための手段と政策の判定である。この主権者には，立法権のほかに司法権，外交権，課税権，人事権，報奨付与権などが帰属している。こうした統治権力を独占する主権者の前に，人々は臣民となり，個人の権力と名誉は消え失せ，抵抗することは許されない。臣民の自由とは，法が沈黙するところにしか存しないという意味で私的領域に限られるのである（第21章）。しかも臣民は，自然によってポリス的動物であるわけではなく，自発的に服従に同意はしたものの，この主権者の命令から逸脱することがないように，実定法の遵守や処罰による強制を通じて教育される必要があるとされる。

こうした主権的統治は，主権者自身が権力の絶対性を持続させるという課題を負うことを意味している。何ものにも拘束されない主権の確実な統合力によってこそ国家は存立するのであり，その下ではじめて自然状態のアナーキーは克服され，平和が持続していくと考えられているのである。

❖絶対権力の抑制という課題＝ロック

こうしたホッブズの国家論は，伝統的な基本枠組みの理解を大きく転換させた。ここで，市民が有する公共的活動への自発的参加や思慮・判断力といった経験的知恵は，すべて主権的統治へと解消される。たしかに，ホッブズの自然権はすべての人間に該当する自己保存に立脚し，個人が国家を創造する当事者であることが明確にされてはいる。しかし国家設立後において，個人の自由が法の沈黙するところに限定され，国家権力の正しさを問うて異議を申し立てる抵抗権も否定されることによって，統治が主権者による一方向的な支配に収斂してしまったことは，自由をめぐる不安定要因を残すこととなった。

これにたいして，ロックは，主権やステイトといった用語の使用を回避し，ホッブズの権力国家観とは異なる観点からキヴィタスやコモンウェルスを再構成しようとした。彼は，権力の誘惑に自覚的であり，権力が一カ所に集中する

ことを巧みに回避しようとしたのである。

　そうした観点から，ロックが『統治論』(1690) において正面から批判したのが，当時の絶対王政の正統化に用いられていた，フィルマーの王権神授説である。それは，国家よりも国王の人格に神聖さが宿るとして，アダムに由来する家父長権とその血縁的継承から政治権力の絶対性を説明する家父長主義であった。この考え方にたいして，ロックは権力の質的相違に着目して，政治権力とは「子どもたちに対する父親の権力，家僕に対する主の権力，妻に対する夫の権力，奴隷に対する主人の権力とは区別」された，「プロパティの調整と維持とのために，死刑，従って，当然それ以下のあらゆる刑罰を伴う法を作る権利であり，また，その法を執行し，外国の侵略から政治的共同体を防衛するために共同体の力を行使する権利であって，しかも，すべて，公共善のためだけにそれを行う権利」である（第2篇第1章）。それは，専制権力とは無縁のものであって，以下で述べるように，自由で平等な個々人によって作為されるものでしかありえないのである。

❖ロックの自然状態

　ここでロックは，ホッブズと同様に，政治権力を正しく導くための前提として「自然状態」を想定する。自然状態とは「自然法の範囲内で，自分の行動を律し，自らが適当と思うままに自分の所有物や自分の身体を処理することができる完全に自由な状態」であり，また，すべての権力と統治権が相互的で，誰も他人以上にそれらを持つことができないという意味で平等な状態である（第2篇第2章）。

> **原典 4　神の作品としての人間**
>
> 　「自然状態はそれを支配する自然法をもち，すべての人間がそれに拘束される。そして，その自然法たる理性は，それに耳を傾けようとしさえすれば，全人類に対して，すべての人間は平等で独立しているのだから，何人も他人の生命，健康，自由，あるいは所有物を侵害すべきではないということを教えるのである。というのは，人間が，す

べて，ただ一人の全能で無限の知恵を備えた造物主の作品であり，主権をもつ唯一の主の僕であって，彼の命により，彼の業のためにこの世に送り込まれた存在である以上，神の所有物であり，神の作品であるその人間は，決して他者の欲するままにではなく，神の欲する限りにおいて存続すべく造られているからである」（『統治二論』ジョン・ロック，加藤節訳，岩波書店，2007年，192-193頁）。

　ロックによれば，すべての人間は神の命令たる自然法に服しているが，その自然法の解釈権や執行権はすべて「個人」にあり，相互に制裁を加える自然の力も「個人」に存している。ここでは，神の作品として自分自身を保存し，自然法を漸次的に発見・解釈・体得していく理性的で勤勉な「個人」が理想とされている。こうした人間観は，自然法の通用力を人間の内面に限定し，力への意欲と自然権の優位によって自然状態を闘争状態として特徴づけたホッブズの説明とは対照的である。

　しかもロックにおいて特徴的なのは，こうした自然法の解釈と実践が「プロパティ」（所有権）と結びつけられている点である。神は人類が自己保存できるように万物を共有物として付与したが，そこに排他的なプロパティが生じるのは本人が労働を加えたからである。労働は，神の人間に対する命令として考えられ，それゆえ労働によるプロパティの成立は自然法に基づくものとして正当化される。人間は，このように自然法の解釈と実践を労働と結びつけることによって，自分に固有の生き方とあるべき姿を見出していくというのである（第5章）。

❖ロックにおける政治社会の創造

　もっとも，このような理想的かつ平和的な自然状態が破壊される可能性は残されている。自然法の認識能力と実践能力は個々人でかなりの程度の差があり，しかもプロパティには排他性があることから，おのずと差別や不平等が解消されるとも考えにくい。また，自然状態では対立を裁く共通の裁判官たる政治権力が存在していない以上，それが戦争状態に転化する可能性はなくならない。

ここにロックは，社会契約によるコモンウェルスの創造という課題を見出すのである。このコモンウェルス＝「**政治社会**」（political or civil society）は，法を理解しうる成熟した人々が担い手であるということを前提としつつ，同意によって政治権力を創出する点において，絶対王政と結びつくステイトとはまったく異なっている（第7-8，15章）。

> **原典 5　ロックの社会契約**
>
> 「人間はすべて，生来的に自由で平等で独立した存在であるから，誰も，自分自身の同意なしに，この状態を脱して，他者のもつ政治権力に服することはできない。従って，人々が，自分の自然の自由を放棄して，政治社会の拘束の下に身を置く唯一の方法は，他人と合意して，自分のプロパティと，共同体に属さない人に対するより大きな保障とを安全に享受することを通じて互いに快適で安全で平和な生活を送るために，一つの共同体に加入し結合することに求められる。……どれだけの数の人間であろうと，人々が一つの共同体あるいは統治体を作ることに合意した場合，彼らは，それによって直ちに結合して一つの政治体をなすことになり，しかも，そこでは，多数派が決定し，それ以外の人々を拘束する権利をもつのである」（266頁）。

個々人が自然法の解釈権と執行権を放棄して政治社会を形成するということは，プロパティの規制や保存・公共の福祉のために政治権力を創出するということであり，そこで法が確立され運用されるということを意味している。この立法権は，執行権や連合（外交）権に優位し，政治社会の構成員の服従が向けられるものである。しかも，この立法権は自然法によって拘束されるとともに，人民の「信託」（trust）から導かれるものであるという点において，決して絶対権力たりうるものではない（第11章）。この考え方は，諸個人の自由を脱政治化し，主権者に服従する臣民の義務を説いたホッブズとは大きく異なっている。

また制度としては，自然法の解釈・執行が人民の信託によって立法部の問題へと接合され，人民の代表によって構成される最高意思決定機関たる議会が政治社会の意思決定を行うということが示されている。こうした立法権優位に基

Ⅰ　政治学の基礎概念

づく権力制限論は，イングランドの伝統的な立憲主義の国制論を継承するものといえよう。もっとも立法権は常設でないのにたいし，議会の招集や解散権は執行権に与えられており，法の執行や外交は国王に委ねられ，大権として不断に行使される。しかし，それでもなお，ロックが立法権の優位を主張したことは，政治社会の多数者の意思決定と執行権力の賢慮および政治判断との緊張関係を生み出す一方，ホッブズやフィルマーが称揚した政治権力の絶対化が制度を通じて抑制されるべきことを示しているのである（第12-14章）。

❖「統治」対「社会」の構図

こうしたロックの権力抑制論は，政治社会と統治（government）との区別によって貫徹される。ホッブズの議論が個人の自由を主権者権力への服従に転化させてしまったのにたいし，ロックは政治的自由を侵害しうる権力的契機を統治に見出している。言い換えれば，政府の創設を人民の信託によって正統化する政治社会を，政治権力と同一視しないで，人民が統治を究極的に判定する原点として捉えているのである。それが端的に示されているのが，立法権や執行権が本来の目的を逸脱した場合，統治は解体されるとしても政治社会は存続するとしている点である（第19章）。

> **原典 6　統治の解体**
>
> 「社会にはいるときにすべての個人が社会に与えた権力は，社会が存続する限り，ふたたび個々人の手には決して戻ることはなく，常に共同体のうちにとどまる。……同じように，社会が，立法権を人間の何らかの集会に委ね，それが彼らとその後継者たちとの手中に引き続き置かれるようにし，しかも，その集会に，そうした後継者を定める指示と権威とを与えた場合は，統治が続く限り，立法権が人民に戻ることはありえない。……しかし，もし人民が，その立法部の存続期間に制限を設け，個人または集会のうちにあるこの至高の権力を単に一時的なものとした場合や，権威をもつ人々の失策によってその至高の権力が彼らの手から失われる場合には，〔支配者の〕この権力喪失，あるいは，定められた期間の終了により，その至高の権力は社会に戻

> るであろう。そして，人民は，至高の存在として行動する権利を手にし，立法権を自分たちのうちに置き続けるか，新しい形態の統治を打ち立てるか，それとも古い形態の統治の下でそれを新たな人々に委ねるかを，自分たちがよいと考えるところに従って決定する権利をもつことになるのである」（387-388頁。〔　〕は翻訳者）。

　この統治の解体には，ホッブズがアナーキーを回避するために否定した抵抗権が見出される。それは人民の抵抗権行使が自然状態への回帰ではなく，改めて立法部の設立が政治権力の源泉たる政治社会に委ねられることを意味している。ロックは，立法部が執行権の恣意などによって変容を被ったり，執行権が任務を放棄したりする場合，政治社会の多数派は自分たちに相応しい立法部を新たに構成することができるとする。さらに，立法権または執行権が人民の信託に違反する場合も抵抗権が認められる。ただし，その抵抗権行使が権力者によって否定されるとするならば，もはや地上の裁判官は不在ということになり，人民は神の決着を待つしかなく，「天への訴え」に基づいて戦争状態に入るしかないとされる。ここには，秩序の安定性を損なってはならないがゆえに抵抗権行使に慎重な姿勢が見られるものの，個人の生命・自由・財産が統治によって侵害されてはならないというロックの主張が一貫されているといえよう。

　このような統治と区別される政治社会という見方は，宗教や信仰の自由にたいして統治が中立的でなければならず，宗教的寛容が認められなければならないという，ロックの寛容論の主張とも結びついている。為政者は魂の領域に立ち入ってはならず，人間の陶冶と自律は個人に委ねられる。このように政治権力による介入を制限し，政治権力を創造する領域に個人の自由を確保しようとする見方は，政治社会というものが有する作為の可能性を最大限に尊重するものであり，政府とは人民の信託を受けて市民の代わりに統治を行う機関にすぎないということを明確に示しているのである。

❖人間の自覚的営みとしての政治社会

　ホッブズとロックの政治社会論は，両者の人間観や政治観の相違によって，

Ⅰ　政治学の基礎概念

対照的な帰結を示すこととなった。自由・権力・法をめぐる理解の違いは，しばしば権力国家観と自由国家観との対比などに援用されている。しかし，ここで注意を促しておきたいことは，両者の思想が，政治社会を所与のものとしてではなく，人間の作為による自覚的な営みであると捉える視角を切り拓いた点である。

　この視角は，国家や社会の担い手が「対等な個人」一人ひとりでしかありえず，個々人の人間的資質の多様な展開と固有性の尊重に応じて政治権力のあり方が問われていくということを明確に示していると考えられる。それは，国家や社会の再考を迫られているわれわれに，政治社会の担い手であることの意味を自覚することを改めて迫るものであるということができるであろう。

❖用語解説

(1)　**自然と作為**［nature and art］　政治理論における「自然」と「作為」の問題について，たとえば丸山眞男は，『日本政治思想史研究』（東京大学出版会，新装版，1983年）において，「自然から作為へ」の転換に近代的思考の特徴があると主張し，それは戦後日本のパラダイムとなった。また福田歓一は，人間が「自然」に基づく所与の共同体から解放され，政治秩序が人間的資質の完成と人間自らの責任によって創造（「作為」）されるものであるとした近代社会契約説を積極的に評価し，日本国憲法と民主主義の原理的基礎づけに援用している。

(2)　**社会契約説**［social contract theory］　政治社会の成立を，不平等を前提とした支配者と被支配者との垂直的契約（統治契約）ではなく，自由で平等な個人が自己保存や自由の保障を目的として結ぶ水平的契約（社会契約）に求め，それによって政治権力の正統性を弁証する理論。日本へは明治期に紹介されて以来，近代社会の「構成原理」として多様な解釈が展開されている。

(3)　**政治社会**［political or civil society］　ロックの civil society は societas civilis に由来する「政治社会」を意味している。これにたいして18世紀以降になると，civil society に societas civilis の意味は失われ，国家や政治から切り離されるとともに，市場経済が展開する「市民社会」として捉えられていくようになる（ヘーゲル，マルクス）。

　近年では，こうした思想史的系譜を踏まえながら，国家はもとより，市場とも区別される「自由な市民の領域」として civil society を再解釈する研究が活発になっており，ホッブズやロックの議論もその観点から改めて見直されている。

❖より深く学ぶために

〈基本文献〉

『リヴァイアサン』全4冊，トマス・ホッブズ，水田洋訳，岩波文庫，1954-1985年（第1・2巻は1992年に改訳）

『ホッブズ　リヴァイアサン（国家論）』（世界の大思想13）水田洋・田中浩訳，河出書房新社，1966年

『ホッブズ』（世界の名著23）永井道雄責任編集，中央公論社，1971年

『統治二論』ジョン・ロック，加藤節訳，岩波書店，2007年

『統治論』ジョン・ロック，伊藤宏之訳，柏書房，1997年

『市民政府論』ジョン・ロック，鵜飼信成訳，岩波文庫，1968年（第2編のみ訳出）

『ロック・ヒューム』（世界の名著27）大槻春彦責任編集，中央公論社，1968年

〈入門・解説書〉

『近代の政治思想』福田歓一，岩波新書，1970年

『近代政治原理成立史序説』福田歓一，岩波書店，1971年

『近代政治哲学と宗教』加藤節，東京大学出版会，1979年

『近代社会契約説の原理』関谷昇，東京大学出版会，2003年

『トマス・ホッブズ』リチャード・タック，田中浩・重森臣広訳，未來社，1995年

『ロック「市民政府論」を読む』松下圭一，岩波書店，1987年

（関谷　昇）

I-4
権力 (Power)

フーコー
『監獄の誕生』

Michel Foucault, *Surveiller et Punir: Naissance de la Prison*（1975）

❖政治学と権力論

　どの学問分野にも，それなくしては研究対象の特定や分析が困難になる中心概念が存在する。政治学において「権力」(power) は，そうした概念の一つである。政治という営みにおいては，異なる利害や価値観の激しい対立の中から，他者との協調，あるいは支配や従属をめぐる複雑な力学が発生する。一般に，その力学において作用する力を「権力」，それによって出現する関係を「権力関係」と総称できる。

　だが，ひとくちに権力関係といっても，そこにいかなる要因が介在しており，それによってどのような性質の関係性が成立しているのかについては，そもそも「権力」をどう理解するかによって，見解が分かれることになる。権力の一義的定義は存在せず，権力概念そのものが極めて論争的な概念なのだ。政治的領域における権力を「政治権力」と規定するとしても，それを単純に「国家権力」と同一視できるのだろうか。権力は，警察や軍隊が所有する物理的強制力に限定されるのだろうか。権力と暴力はどう異なっているのか。従来，政治学ではこれらの問いをめぐって考察が重ねられ，権力を定義する試みがなされてきた。政治学の屋台骨であるその権力論に新たな衝撃と展開をもたらしたのが，フランスの哲学者・歴史家ミシェル・フーコー（1926-1984）の代表作の一つ『監獄の誕生』(1975) である。

❖『監獄の誕生』の位置づけ

　フーコーの生前の著作は，しばしば三つの時期に区分される。事実上の第1作『狂気の歴史』(1961)に始まり「言説」の構造分析に取り組んだ第一期，「権力」の問題を直接取り上げた第二期，そして，古代ギリシア・ローマに立ち返り，「倫理」の探求へ向かった晩年の第三期である。『監獄の誕生』は，フーコー自身が政治的活動を積極的に展開した70年代を中心とする第二期に属する。当時，コレージュ・ド・フランスの教授であったフーコーは，「監獄情報グループ」(GIP)を結成し，刑務所の状況改善のために囚人の声を直接反映させる活動を展開していた。『監獄の誕生』の行間に，読者はフーコーの**特定領域の知識人**としての批判意識が息づいているのを，如実に感じとることができるだろう。

　難解で知られるフーコーの著作の中でも，『監獄の誕生』は，一般の読者も比較的接近しやすい。そこでフーコーが主題としているのは，単に監獄という制度の歴史的発達ではなく，近代社会に生きる人間なら誰しも，日常生活の身近な場面で直面したり，多かれ少なかれ自らも体験したりしている問題であるからだ。その問題とは，われわれの「身体」に作用するミクロな権力である。

❖フーコーの問い

　現代の権力論の古典となった『監獄の誕生』は，今では有名となったある鮮やかな対照法によって開始される。1757年，ロベール゠フランソワ・ダミヤンは，国王ルイ15世を刺殺しようとした罪で，パリのグレーヴ広場で公開処刑された。その処刑は，公衆の面前で死刑執行人がダミヤンの肉体に言語を絶するような拷問を加え，最後にそれを馬で四つ裂きにするという陰惨なものであった（もっとも，フーコーによれば，それは単なる残虐な暴力の奔出などではなく，君主権を侵害した者に報復をし，王の威信の十全性と優位性を回復するための一種の政治的儀式，一大スペクタクルであった）。

　ところが，ダミヤンの処刑からわずか81年後には，懲罰は近代化され，残虐な身体刑は歴史から姿を消している。この刑罰様式の変化を象徴的に示す資料

として、フーコーは、レオン・フォーシェが起草した「パリ少年感化院のための規則」を挙げる。分刻みの細かな日課を特徴とするこの「規則」は、もはや受刑者の身体を苛むのではなく、それを「閉じ込め」、囚人から自由を剥奪するような刑罰の様式を示している。このような刑罰様式の転換をめぐって、いったいどのような歴史的変容が生じたのだろうか。これが『監獄の誕生』の冒頭でフーコーが提示する問題設定である。

❖身体と精神

18世紀ヨーロッパでは、社会契約論の影響下に、イタリアの法学者ベッカリーアをはじめとする改革者が、啓蒙主義に根ざす新しい刑罰理論を展開した。彼らは、残虐な見せしめとしての身体刑に反対し、個人を社会契約の法的主体として把握しようとした。われわれの「常識的」感覚からすると、たとえばギロチンの出現に象徴される刑罰の簡略化＝近代化は、残虐な見せ物の中止と身体的苦痛の除去に帰結したのだから、それは人間精神と制度の「進歩」の産物であると思われるかもしれない。人間はより「啓蒙」され、刑罰制度はより「人道的」になったのだ、と。

だがフーコーは、そうした素朴なヒューマニズムの「常識」を転覆させる議論を展開してゆく。『監獄の誕生』の分析の基礎にあるフーコーの**系譜学**的アプローチは、社会制度や慣行の展開を単線的な発展過程と見なす進歩史観を拒絶し、ヒューマニズムの土台に揺さぶりをかける。フーコーによれば、重要なのは、刑罰制度が「進歩」したということではなく、あくまでも刑罰の様式が変化し、別種の権力のテクノロジーが出現したということである。すなわち、今や処罰の操作対象は、「身体」から「精神」(魂)へと移行したのだ。この「精神」は、予め個人の内奥に存在しているのではなく、権力の作用によって生み出されたものにほかならない。たしかに刑罰は「改革」された。だが、その社会的目標は、「より少なく処罰するのではなく、より良く処罰すること」(85頁)である。この目標のために、裁判官や専門家が果たす役割が重要性を帯びる。彼らは、単に「犯罪行為」を罰するのではなく、犯罪者を「個人」として把握し、その「精神」に立ち入り、「心・思考・意志・素質」(21頁)の正常さ

や異常さを裁定するようになる。

　一方，受刑者の「身体」は，刑罰において用済みとなったわけでない。フーコーによると，刑罰システムの人道主義的改革者らは，再犯防止のために処罰の公的意味を受刑者と社会全体に知らしめるような変革を構想した。だが，19世紀以降に実際に出現した監獄制度は，改革者の道徳的思惑を超えて，個人の身体を直接対象とし，「服従する主体」を生み出す監禁・矯正装置として機能したのである。フーコーは，身体が直接に政治的領域に投げ込まれ，ある種の権力が作用する対象と化したと見る。「閉じ込めや矯正を行なう〈穏健な〉手段を用いる場合にも，問題になるのはつねに身体である」（29頁）。それゆえ，「精神」に作用する権力と同等に，「身体」に作用する「微視的権力」（micro-pouvoirs）が解明されなければならない。それらは個人の身体と魂に働きかける新たな権力テクノロジーの二つのベクトルなのである。

　こうしてフーコーは，刑罰様式の変容の内に，われわれの身体を包囲し，それを媒体として精神に深く働きかけるような新たな権力作用を認めることができるのではないか，と考えた。こうした観点からフーコーは，君主による身体刑の詳細な分析（第1部第2章），18世紀以降の改革者による刑罰理論と刑罰の実践の近代化の分析（第2部），そして，監禁された身体を矯正する装置としての近代監獄制度の分析（第4部）へと刺激的な議論を展開してゆく。以下では，主に「第三部　規律・訓練」を中心に，フーコーの権力理解の要点を見てゆくことにしよう。

❖権力／知

　フーコーは，近代の刑罰システムが機能するうえで，専門家とその「科学的知」が果たす役割に着目した。これらの専門家は，精神医学，犯罪学，心理学，教育学などの専門知を動員して犯罪者の「精神」を分析し，正常と異常の境界線を引き，犯罪者個人の「評価・診断・予後・規範」に関する判断を下す。フーコーは，このように「人間」を主題とし，その行動や心理を研究する学問を「人間諸科学」と呼ぶ。人間諸科学の「知」は，行動や心理に関する「規範」（norm）によって異常や逸脱を定義し，個人が「何者であるか」を分析する機

I 政治学の基礎概念

能を持つというのである。

　刑罰システムとの関連でいえば，司法に関与する人間科学の知は，処罰という社会的実践から独立した，公平無私な機能を担うわけではない。「知」はその社会における権力的諸関係と分かちがたく結びついている。そして処罰という実践は，そうした「知」のサポートなくしては十分に機能しえない。両者は共通の歴史的母体に属している。権力と知という，「常識的」には対置しうる要素が，じつは相互産出的な関係にあり，それらが協同することによって，個人の身体と精神に権力的作用を及ぼす。これが，フーコーが提起し，広く物議をかもすことになった「権力／知」（pouvoir-savoir）という権力観である。

> 原典①　権力／知
>
> 「……権力的な諸関連が一時留保される場合にのみ知は存在しうるとか，知は自分が行なう禁止命令や要請や利害関係と離れる場合にのみ発展しうるとか，そのように想定させておく伝統的な考えのすべてを捨てさる必要が多分あるだろう。権力が狂人を生み出すとか，逆に，権力を捨てさることが人が学者たりうる諸条件の一つであるとか，そうした考えを捨てさる必要が多分あるにちがいない。むしろ，われわれが承認しなければならないのは，権力は何らかの知を生み出す（ただ単に，知は奉仕してくれるから知を優遇することによってとか，あるいは，知は有益だから知を応用することによってとか，だけではなく）という点であり，権力と知とは相互に直接含みあうという点，また，ある知の領域との相関関係が組立てられなければ権力的関連は存在しないし，同時に権力的関連を想定したり組立てたりしないような知は存在しないという点である」（『監獄の誕生』ミシェル・フーコー，田村俶訳，新潮社，1977年，31-32頁）。

　フーコーによれば，ある特定の社会で歴史的に通用している「真理」は，権力／知によって産出される。実際にそこで行使される処罰の権力は，その社会における「真理体制」と内的に関連している。それゆえ，犯罪者に関して生み出される「真理」にも，われわれは権力／知の作用を認めることができるので

ある。こうしたフーコーの権力概念を活用することで、われわれは、社会的実践に埋め込まれた知の働き、および、知が内在的に含み持つ権力性を明らかにできる。同時に、それは、知の「客観性」や「普遍性」を無条件に前提とすることはできなくなることを意味している。

❖規律・訓練

　監獄というシステムは、近代社会の権力テクノロジーを解明しようとするフーコーにとって、主要な分析対象である。なぜなら、そこにはフーコーが「規律・訓練」(discipline)と名づける新たな権力形態が見出されるからである。規律・訓練の標的となるのは、人間の身体である。それは、ある一定の鋳型にはまるように人間の身体的動作を改変し、規格化し、訓練する「身体の政治技術」である。たとえば、17世紀初頭の兵士像においては、兵士向きの身体的特徴を備えている者が理想的と見なされていた。だが、18世紀後半には、個々の兵士の身体的特徴はもはや重視されなくなっている。人間の動作や姿勢を細部にわたって矯正し、平均的な身体から理想的な兵士の身体を造り上げることができるようになったからだ。この例が象徴的に示すように、規律・訓練は「身体の運用への綿密な取締りを可能にし、体力の恒常的な束縛をゆるぎないものとし、体力に従順＝効用を強制する」(143頁)方法である。それは、「従順な身体」(corps dociles)を生み出すのだ。

> **原典 2　規律・訓練**
> 　「一つの〈権力の力学〉でもある〈政治解剖学〉が誕生しつつあるのであって、その〈解剖学〉は、単に他の人々にこちらの欲する事柄をさせるためばかりでなく、こちらの望みどおりに、技術にのっとって、しかもこちらが定める速度および効用性にもとづいて他の人々を行動させるためには、いかにしてこちらは彼らの身体を掌握できるか、そうした方法を定義するのである。こうして規律・訓練(ディシプリーヌ)は、服従させられ訓練される身体を、〈従順な〉身体を造り出す。規律・訓練は（効用という経済的関係での）身体の力(フォルス)を増加し、（服従という政治的関係での）この同じ力を減少する」(143頁)。

I 政治学の基礎概念

　フーコーによれば，規律・訓練権力が作用する主な方式は四つ存在する。①各個人を閉鎖的・独房的な空間に配分し，「一覧表」によって全体を組織化する（「配分の技術」），②身体の行動を時間的に細分化し，身振りを綿密にコード化する（「活動の取締り」），③進級過程を段階や系列に分け，それぞれに応じた訓練を課す（「段階的形成の編制」），④身体をめぐる諸要素を組み合わせ，一つの複合的な権力装置に部品として組み入れる（「さまざまな力の組立て」）。規律・訓練は，こうした方式を通じて身体の細部にわたって精密な作用を及ぼすが，それは個人をただ「搾取」するのではなく，それに「訓育を課す（調教する）」（dresser）ことを本質的な機能としている。それによって人間は近代的「個人」として構築され，権力行使の客体＝道具となるというのである。こうした見方に，読者はフーコー特有の権力理解，すなわち，権力の作用を「抑圧」，「搾取」，「排除」といった消極的な側面においてだけではなく，「生み出す」という積極的な相において捉える視座を見てとることができる（こうした観点から，フーコーは近代的監獄の積極的機能が，新たな不法行為としての「非行」（délinquance）を生み出し，それを統制することにあると分析している（第4部））。

　さらにフーコーは，そのように「個人」を産出する規律・訓練権力が行使される道具立てとして，とくに「階層秩序的な監視」，「規格化を行う制裁」，「試験」の三つに注目している。これらはいずれも訓育の対象である個々人を効率的に管理するうえで，絶妙な効果を発揮する。恒常的な監視の下で，身体的行動をめぐる違反や逸脱は矯正され，一律に規格化される。われわれにもなじみの深い「試験」は，フーコーの分析の手にかかれば，規律・訓練権力の理想的な技術と見なされる。それは，ある種の「知」の形成と権力行使の形式が密接に結びついた訓育手段であり，個人はますます匿名的となる権力によって逆に可視化され，記録文書の対象とされ，記録作成における一つの「事例」と化すのである。

❖パノプティコン

　『監獄の誕生』が広く反響を呼ぶに至ったのには，フーコーが規律・訓練権

力の分析において，久しく忘れられていたある権力装置に新たな光を当て，それを現代に蘇らせたことが深く関係している。その装置は，イギリスの功利主義の思想家ジェレミー・ベンサムが構想した**パノプティコン**（一望監視方式）と呼ばれる監獄である。この建築物は，中央の監視塔を囲むような形で，その周囲に独房が円環状に配置されており，独房の二つの窓の内，内側の一方は中央の塔の監視用の窓と対応している。そこでは，獄舎に差し込む外光によって，監視者は囚人の行動をその影の動きで把握できるが，逆に囚人からは監視者の姿がまったく見えないようになっている。

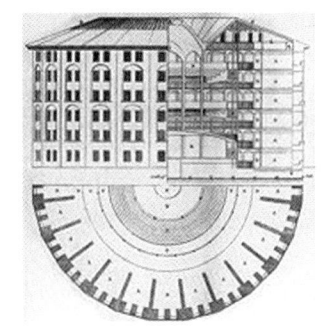

ベンサムによるパノプティコンの構想図

　監視する者とされる者の間のその「眼差し」の不均衡にこそ，パノプティコンの構造的特徴が見出される。かつて，君主が生殺与奪権によって行使した公開処刑においては，君主こそが自らの権力と権威を民衆に誇示する可視的な存在であったとすれば，監獄というシステムにおいては，監視と監禁の対象として見られる側にあるのは，規律・訓練の「客体」としての個々の受刑者である。

原典 3　パノプティコン

「その図式を用いれば，その適用面のどこででも権力の行使を完璧にできる。しかもそれにはいくつかの方法がある。というのは，その図式は，権力が行使される相手の人数をふやす一方では，権力を行使する側の人数をへらすことができるからである。また，その図式を用いれば，一刻一刻の〔権力による〕介入が可能となり，罪や誤ちや犯罪が行われる以前にもいつも同じ圧力が働くからである。……一望監視の図式は，どんな権力装置にとっても集中強化の役目をもつ。つまりその装置の経済（物的，人的，時間的）を確保し，自らの予防的性格や連続的作用や自動的機構によって，その装置の効果を確保するわけである。その図式は，「前例のないほどの多くの量において」権力を獲得する一つのやり方であり，「大がかりで新しい統治手段」であ

> って、「その図式の卓越性は、それが適用されるあらゆる制度に大きな力を与えうる点に存する」。政治の次元での一種の〈コロンブスの卵〉である」(207-208頁。〔 〕は翻訳者)。

　フーコーは、一望監視方式の仕組みのうちに、規律・訓練権力の具体的機構を見てとった。その仕組みは、最小限の資源によって最大限の監視効果を獲得できる、極めて効率性の高い権力装置なのである。中央の監視塔には実際に監視者が常在する必要は必ずしもない。監視の眼差しの不均衡性に基づく権力作用の源泉は、監視者の具体的人格の中にではなく、「身体・表面・光・視線などの慎重な配置」(204頁) そのものの中にあるからだ。重要なのは、監視されているという可能性を囚人が常に意識し、自動的に従順な「従属する主体」となること、すなわち、権力が囚人個人によって深く内面化されることである。こうして権力は「没個人化」され、匿名的になり、より巧妙かつ精緻な効果を発揮する。

❖規律・訓練社会

　パノプティコンに関するフーコーの卓抜な分析は、『監獄の誕生』が議論を巻き起こす一因ともなった。というのは、フーコーはパノプティコンの原理に見られる規律・訓練権力の作用が、単に監獄という制度に局限されるものではなく、近代社会の隅々にまで及んでいると主張したからである。「少数者に、さらには唯一の者に、大多数の者の姿を即座に見させる」(217頁) パノプティコンの原理に基づく近代社会は、パノプティコン社会にほかならない。その原理は、学校、工場、仕事場、病院、軍隊など、われわれの社会のさまざまな制度に拡散し、監獄と同様の効果を発揮し、社会秩序の形成と維持にとって無視できない役割を果たしている。こうして、規律・訓練は、個の「身体」とパラレルに、社会体という「身体」をも貫徹し、「規律・訓練社会」(société disciplinaire) を出現させたのである。

　われわれは規律・訓練社会の内部で生きる以上、複雑な権力関係の網の目に

捉えられており，微細な権力作用を完全に免れることはできない。つまり，権力に「外部」は存在しない。こうした不穏で挑発的なフーコーの主張が，権力／知という考え方と同様に，激しい論争を呼ぶものであることは，容易に想像できるだろう。

❖ フーコー批判と権力論への寄与

　フーコーの権力論には厳しい批判や疑念がつきつけられてきた。80年代の「ポストモダン論争」の文脈では，近代啓蒙のプロジェクトの評価をめぐるフーコーとユルゲン・ハーバーマス（Ⅰ-5を参照）の思想的対立が浮上した。以来，フーコーの権力理解と近代批判の妥当性をめぐって，激しい論争が交わされてきた経緯がある。たとえば，権力／知という見方は，知や理論の果たしうる規範的役割を軽視してはいないか。フーコー自身の言説はどのような規範的基礎に立脚しているのか。それは権力／知の作用を免れているのか。規律・訓練社会における「抵抗」は果たして可能なのか。そこでは人間の「自由」や「主体性」が成立する余地は残されているのだろうか。現在もなお，『監獄の誕生』がこれら一連の問いを引き起こす論争の書であることに変わりはない。

　一方，『監獄の誕生』が，個人の身体と社会体を貫くミクロな権力作用を解明し，国家や階級を中心とする権力論のパラダイム転換に貢献した点は，衆目の一致する所である。マクロな分析視点からミクロな分析視点への転換によって，社会に遍在する権力の内在的作用を解明する道が開かれた。近代的個人が規律・訓練によって産出されるというフーコーのラディカルな主張は，権力関係を明確な利害や意図を持つ主体間で発生するものと見なす理解を根底から揺るがす。さらに，社会の権力諸関係の「外部」の存在を否定するその権力分析は，現存する国家を転覆すれば，より「自由な」社会が自ずと実現すると想定するような解放論の限界を明らかにしてくれる。フーコーが切り開いた権力論の地平に，読者は現代の福祉国家，管理社会，監視社会をめぐる諸問題について考える手がかりを求めることができるだろう。そして，規律・訓練権力に関するフーコーの洞察を基に，読者が自らの生活や経験を精査してみることも，『監獄の誕生』の知的効用の一つである。

I　政治学の基礎概念

『監獄の誕生』を読了した読者は，まずは『性の歴史Ⅰ』へ進むことができる。そこではフーコーの権力観のより明瞭な理論的定式化が見出されるだろう。また，『監獄の誕生』以後のフーコーは，「生権力」（biopouvoir）や「統治性」（gouvernementalité）といった新たな概念を析出しながら，権力論のさらなる展開を模索していった。したがって，フーコーの権力論を全体的に把握するには，『監獄の誕生』以降の思索の展開を踏まえ，そこに見られる問題設定のシフト（規律・訓練から統治性へ）にも留意することが求められるのである。

❖用語解説

(1) **特定領域の知識人 [intellectuel spécifique]**　フーコーが打ち出した新しい知識人像。複雑化した現代社会において，自分の専門領域を拠点に現状分析を行い，局所的に批判的介入を試みる。特権的立場から普遍的価値や理念に訴え，民衆に代わって社会的不正義を告発する預言者タイプの「普遍的知識人」に対置される。フーコーがこの新たな知識人像を提示した背景には，権力／知の作用を前提とする以上，もはや知識人は単純に「真理」の所有者ではありえない，という醒めた認識があった。

(2) **系譜学 [généalogie]**　フーコーがフリードリヒ・ニーチェの影響下に採用した歴史記述の方法。単線的歴史の内部やその背後にある「目的」や「本質」を探るのではなく，複数の出来事や事象の間に生じる「非連続性」や「反転」，「闘争」の契機を，権力と知の相関性に注目しながら浮き彫りにし，全体としてどのような変容や効果が生じたかを記述することを目指す。

(3) **パノプティコン [Panopticon]**　18世紀末，ジェレミー・ベンサムが，機械工学者だった弟サミュエルの着想を基に構想した監獄。「すべて」（pan-）を「見ること／視覚」（-opticon/optikos）が語源。ベンサムは，より人道的で，経済効率性の高い理想の監獄としてそれを構想したが，ついに実現されることはなかった。

❖より深く学ぶために

〈基本文献〉

『監獄の誕生――監視と処罰』ミシェル・フーコー，田村俶訳，新潮社，1977年

『ミシェル・フーコー1926-1984――権力・知・歴史』桑田禮彰・福井憲彦・山本哲士編，新評論，1984年

『性の歴史Ⅰ――知への意志』ミシェル・フーコー，渡辺守章訳，新潮社，1986年

4　権力

『フーコー・コレクション4　権力・監禁』ミシェル・フーコー，小林康夫・石田英敬・松浦寿輝編，筑摩書房，2006年

〈入門・解説書〉

『ミシェル・フーコー伝』ディディエ・エリボン，田村俶訳，新潮社，1991年

『フーコー――知と権力』桜井哲夫，講談社，1996年

『フーコー入門』中山元，筑摩書房，1996年

『ミシェル・フーコー』フレデリック・グロ，露崎俊和訳，白水社，1998年

『フーコー』今村仁司・栗原仁，清水書院，1999年

『権力』杉田敦，岩波書店，2000年

『ミシェル・フーコー』ガリー・ガッティング，井原健一郎訳，岩波書店，2007年

（松谷邦英）

I-5
公共性 (Publicness)

ハーバーマス
『公共性の構造転換』

Jürgen Habermas, *Strukturwandel der Öffentlichkeit* (1962, 1990)

❖政治と公共性

　政治は常に，公共性（Öffentlichkeit）との関わりにおいて営まれ，あるいは語られる。政治を語ることは公共性を語ることである，といっても過言ではない。公共事業やその実現を担う公務員は，すべて公益や公序を実現するものとされており，政治は，治安・軍事から道路・港湾・通信の整備，さらには環境保護に至る多種の公共政策を決定するものと考えられている。にもかかわらず，何をもって「公共」とするのかは，じつは判然としていない。無駄な公共事業を目の当たりにしたとき，私たちは，公共性の名のもとに，じつは極めて党派的な意見・利害が押しつけられているのではないか，という疑念を抱かざるをえない。公権力を担うとされる機関が公共性を振りかざすとき，そこにはえてして胡散臭さがつきまとう。しかし他方で，公共性なくして政治が成り立たないのも事実であろう。政治とは所詮，勝利した党派による支配であり，その意見と利害が敗北した党派の犠牲のうえに追求され，公共性などというのは剥き出しの支配を隠蔽し，犠牲を強いやすくするためのごまかしにすぎない，と考える人もいるかもしれない。しかし，このような考え方に基づいて，人間が共生・共存する社会を実現することは困難である。政治が政治であるためには，党派性とは緊張関係にたつ公共性を模索しなければならない。ここでは，公共性に関する古典的著作である，ユルゲン・ハーバーマス（1929-）の『公共性の構造転換』(1962, 1990) について考えていきたい。

5　公共性

❖ハーバーマスの履歴

　ユルゲン・ハーバーマスは1929年，ドイツのデュッセルドルフで誕生した。第二次世界大戦中（1939-1945年），幼少期のハーバーマスはヒトラーユーゲントの幼年部ユングフォルクに配属されていた。戦後，ギムナジウムを卒業したハーバーマスは，ゲッティンゲン，チューリッヒ，ボンの各大学で学ぶ。ボン大学でシェリングに関する論文で博士号を取得した後，1955年からフランクフルト社会研究所の助手として，アドルノおよびホルクハイマーから大きな影響を受け，いわゆるフランクフルト学派第二世代と称される。1961年に『公共性の構造転換』を教授資格論文として著すと，ハイデルベルク大学助教授（哲学）に就任し，1964年からはフランクフルト大学教授（哲学・社会学）として教鞭をとる。1960年代末の学生運動期には「護憲」左派の立場をとり，急進的な学生団体とは距離を置くようになる。1971年から1981年までマックス・プランク研究所所長となり，1981年には主著とされる『コミュニケイション的行為の理論』を刊行し，『公共性の構造転換』の問題提起に，一つの解答を示すことになる。その後1983年にフランクフルト大学教授に復帰し，1992年に『事実性と妥当性』を刊行した後，1994年に定年退官する。

❖市民的公共性の自由主義的要素と福祉国家的転形

　『公共性の構造転換』は，市民的公共性の成立を論じた前半と，その崩壊について論じた後半から構成されている。ハーバーマスは成立から20世紀に至る公共性の歴史を叙述することによって，公共性の自由主義的要素とその福祉国家的転形という問題に取り組む。本書はなによりも，ヨーロッパ近代を扱った歴史の書なのである。
　これから見ていくように，近代の市民的公共性は，公権力の行使を合理的な批判に耐えうるものにしようとする。これによって，いわば官治にたいして自治の，恣意にたいして理性の政治が可能となったのである。ところが，19世紀末から20世紀にかけて国家が社会に積極的に介入するようになると（福祉国家的転形），国家と社会の分離（自由主義的要素）を前提とした市民的公共性は

I　政治学の基礎概念

危機に陥った。政治は不透明で非合理的なものとなってしまったのである。『公共性の構造転換』は、この危機に陥った公共性の再構成へ向けた試みの第一歩となっている。

❖市民的公共性の成立

ヨーロッパでは16世紀以降の**絶対王政**の時代に入ると、近代的意味における公的生活圏と私的生活圏とが分離しはじめた。「公的」という語は、支配者個人から区別された国家そのものに関して用いられるようになり、「私的」という語は、国家機構の圏外を指す語となった。また、国家に奉仕する「公人」の公的な職務と、これに対する、「民間人」とその私的な職務が登場するようになったのである。

国家機構においては、行政機構、司法機関、立法府の分化が進み、そのいずれもが公的なものとされていった。王侯の財政も私的家産と公的予算へと分解し、後者が官僚制と常備軍の基盤となった。当初、貴族層が議会や裁判所を担う一方で、都市の諸団体は市民社会の圏へと発展し、これがやがて私的自律の正当な領域として国家に対立することになった。18世紀に成立した市民的公共性の基本構図を、ハーバーマスは次のように図示している（『公共性の構造転換』ユルゲン・ハーバーマス、細谷貞雄・山田正行訳、未来社、1994年、49頁）。

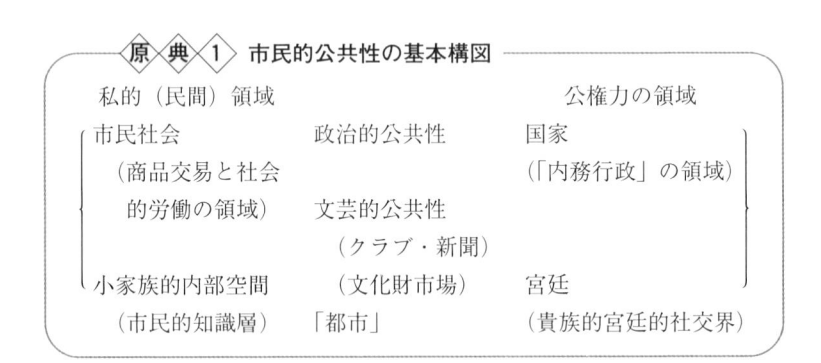

原典 1　市民的公共性の基本構図

私的（民間）領域		公権力の領域
市民社会	政治的公共性	国家
（商品交易と社会的労働の領域）		（「内務行政」の領域）
	文芸的公共性	
	（クラブ・新聞）	
小家族的内部空間	（文化財市場）	宮廷
（市民的知識層）	「都市」	（貴族的宮廷的社交界）

基本的な分割線は、国家と社会のあいだの分割線である。この線によって、

公権力の領域と民間の領域とが分かれる。そのうえで後者は，商品交易と社会的労働の圏としての市民社会と，家族とその親密領域としての市民社会とに分かれる。ここで注意すべきは，ハーバーマスが「公共性」を私的（民間）領域の中に含めている点である。ハーバーマスは，民間人のために定められた領域の内部において，私生活圏と公共性という区別をさらに立てるのである。

　ハーバーマスによれば，市民的公共性は，まずは「文芸的公共性」として構成され，その中から「政治的公共性」が姿を現した。こうして成立した市民的公共性には，一連の共通する基準があった。第一に，社会的地位を度外視するような社交様式が要求されたこと。第二に，公衆における討論は，それまで問題なく通用していた領域を問題化することを前提としていたこと。第三に，万人が討論に参加しうるものでなければならなかったこと。これらの基準に基づいて，市民的公共性においては，論証以外のいかなる権威も認められなかった。参加者は，互いに論証による説得を受けつけるとされた。こうした市民的公共性が，公論を通じて国家と社会を媒介したのである。

　もっとも，ハーバーマスは，こうした市民的公共性の矛盾についても指摘している。すなわち，マルクスが指摘したように，自由主義的な市民的公共性では，財産主の利益が公益と同一視され，資本家の階級的利害関心が公論の基盤になった。その現実は階級的な**夜警国家**だった。

原典 ② 市民的公共性の矛盾

「ただ財産主だけが，既存の財産秩序の基礎を立法的に保護しうる公衆を形成する立場にいたのである。ただかれらだけが，民間領域としての市民社会の維持という共同利害へ自動的に収斂していく私的利害をもっていたのである。……人間（homme）がとりもなおさず私有財産主であり，市民（citoyen）として私的秩序としての財産秩序の安定性を配慮すべきだとされていた……。階級的利害関心が公論 öffentliche Meinung の基盤である」（118-119頁）。

　しかし，ハーバーマスによれば，財産主の無産者にたいする支配にもかかわ

らず，公共性は階級的利害を止揚しうる政治制度を発達させた。たしかに，支配階級しか公衆を構成していなかったとすれば，公論は特定の利害に基づいたものとなっていたであろう。しかし，万人が公衆として討論に参加することができ，開かれた討論の中から公論が形成されたかぎり，それは階級的利害に囚われない公益になりえた。すなわち，無産者が公衆として討論に加わるようになると，公共性の一連の基準は有産者自身にも向けられるようになった。公論は，無産者大衆の関心にも開かれたものとなり，それを反映するようになったのである。

> 原典 3　公共性の下降拡大
>
> 「19世紀の中頃になると，この公共性が固有の弁証法によって，財産処分権と私的自律の基盤を欠くゆえに私生活圏としての社会の存続にいかなる関心も抱きえない集団によって占領されるであろうという見通しがひらけてきた。もしもこれらの集団が，拡大された公衆として，市民的公衆の代わりに公共性の主体へ昇進するならば，公共性の構造は根本から転化せざるをえないであろう。無産者大衆が社会的交渉の一般的規則をかれらの公共的論議の主題として取り上げるならば，もはや社会生活の再生産の私的取得の形態だけでなく，社会生活の再生産そのものが，一般の関心事となる」（170頁）。

こうした公共性の下降拡大によって，市民的公共性は，社会権の積極的保障に関心を抱くようになり，国家の社会への積極的介入を要請するようになった。しかしこのことは，市民的公共性に新たな難題を突きつけることになった。

❖市民的公共性の崩壊

ハーバーマスは『公共性の構造転換』の後半において，市民的公共性の20世紀的転換を問題視する。ハーバーマスによれば，19世紀までは，国家と社会の分離が前提とされ，市民的公共性は国家から自律した社会を基盤として成立していた。しかし，20世紀の大衆デモクラシーにおいては，こうした市民的公共性の基本構図は崩れ去った。国家が社会に介入し，生活のあらゆる面が政治化

するようになったのである。

　19世紀にプロレタリア化した個人が量的に増大していくと，この層は，労働組合と労働者政党を組織した。そしてその運動を通して参政権の下降拡大を実現し，自らの代表を議会に送り込むようになった。支持者の要請に従って，労働者政党は貧困からの解放をはじめとして，社会権の確立を目的とする政策の実現に努めた。やがて，労働法や社会保障法によってこれらの政策は具体化されるのであるが，これらの政策は19世紀の夜警国家が干渉してこなかった社会の領域に積極的に介入していくものであった。いわゆる**福祉国家**の成立である。加えて，社会の規模拡大が同時に進んだ。工業化の進行に伴い，企業や組合などの諸集団が大規模化し，従来は私的領域に分類されていたこれらの集団のなす決定や行為が広範囲に影響を及ぼすようになった。これらはすべて，市民的公共性に重大な変化を強いるものであった。

　ハーバーマスは，開かれた論議を経て得られる公論に，何よりも価値を置いている。この公論に従って政府は設立され，政府の活動は批判的に監視される，と。しかしハーバーマスによれば，20世紀における大衆社会と福祉国家の登場は，健全な世論が導き出されるための諸前提を解体してしまった。市民的公共性の外部でその数を増していた無産者大衆は，参政権の下降拡大とともに社会権実現の主体となった。ところが，社会権が国レベルの政府によって保障されようになると，これらの人々は行政サービスの受益者になってしまった。彼らは，批判的理性をもって，政府政策に主体的に向き合う存在たることを期待されていた。しかし現実には，操作対象として体制内化してしまった。彼らは，行政による公共サービスの受益者もしくは市場が提供するレジャーの消費者としての関心しか抱かない。公共性への参加の自由は，受益と消費の自由へと空転してしまったのである。

　ハーバーマスによれば，大衆デモクラシーの政治過程においては，無定型な大衆に，巨大な社会集団，政党，行政機構，あるいは広告会社，報道機関が対峙する。デモクラシーである以上，政治は公論に基づいて運営されなければならない。しかしここでは，理性に訴えかける公共的な議論よりも，受益者および消費者としての大衆の情緒に訴えかける手法が，多数を獲得する最も有効な

Ⅰ 政治学の基礎概念

方法となる。ここで公論とされるものは、もはや理性的な論理とはいえず、大衆の意識を理性以外の側面から操作するために巨大な組織によって造成されたものとしての性格を強く帯びるようになってしまった。

> **原典④　批判的公開性から操作的公開性へ**
>
> 「無産者大衆が政治的公共性を占領したために、国家と社会の交錯が始まり、これが公共性からもとの基盤を奪い去りながら、しかもまだ新しい基盤を与えずにいるのである。……たとえば団体のように私生活圏のなかから形成され、あるいは政党のように公共性のなかから形成されてきて、今や国家装置との共働のなかで部内的に権力行使と権力均衡を運営する諸機関……これらの機関は、これまた自立化したマス・メディアを駆使して、従属化された公衆の同意を、あるいはすくなくとも黙認をとりつけようとする。公共性（広報活動）はいわば、特定の立場に「信用」（good will）の体裁を調達するために、上から展開される。本来、公開性は公共的論議と支配権の立法的創立とのあいだの連帯、さらにはその支配権行使の批判的監視とのあいだの連関を保障するためのものであった。今やそれは、……公衆の意識操作に奉仕している。批判的公開性は操作的公開性によって駆逐されるのである」（233-234頁）。

ハーバーマスによれば、公共性の政治制度上の核となる議会も、その機能を喪失し、かつては討論の場であったものが、いまでは利害調整の場に堕してしまった。すなわち、政党の組織化が進行し、各種支持団体との結びつきが強まると、「命令的委任」あるいは党議拘束が強化されるようになった。かつての市民的公共性の段階にあっては、議員は国民全体を代表するものであり、自らの良心と批判的理性にのみ従うものとされ、政党は志を同じくする者同士のクラブにすぎなかった。しかし大衆デモクラシーの成立とともに、議員は自らが所属する政党、さらにはその支持団体の特定の意向に命令され拘束されるようになる。こうなると、議会内の討論は、合理的と考えられる論理に依拠して相手を説得したり、逆に説得されたりするものではなくなり、議会外の有権者、

支持者へ向けてアピールするためのショーと化さざるをえない。こうして議会は，審議機構から示威機構へと変質する。このように参政権の下降拡大は，政治の課題を増大させる一方，それを批判的に検討する能力の低下という問題をもたらしたのである。

こうした現状認識を踏まえてハーバーマスは，公共性の再生の方途を模索する。ハーバーマスによれば，社会福祉国家の成立以降，公共性の形成にあたっては，二つの競合しあう傾向がせめぎ合っている。一方では，巨大な企業，団体，官僚など諸集団間にみられる「構造的利害葛藤」や，公衆の頭越しに展開される「官僚的決定」の示威的もしくは操作的な広報活動が展開される。しかし他方では，理性に基づく市民的公共性との連続性を保持するかぎり，社会福祉国家は依然として，政治的に機能する公共性を要請しつづける。

> **原典 5　公共性の再生**
>
> 「理性化の進展との関係においてのみ，かつて民間人の市民的公衆という形態で政治的公共性が成立したように，やがてまた新しい政治的公共性が──すなわち，「国家機関にかかわる周期的もしくは間歇的な選挙や投票という水準をこえて，集合的恒久的な統合過程において現前する社会」が──形成されうるのである」(278頁)。
>
> 「公共的討論の中で社会的勢力を中立化させ，政治的支配を理性化するためには，その前提条件として，今も昔も変わらず，なんらかの合意が必要であり，互いに競合する利害を普遍的で拘束力ある基準に従って客観的に調整することが必要なのである。さもなければ，圧力と対抗圧力との力関係は，どのように行使されるにせよ，たかだか一時的な勢力分布に支えられた不安定な利害均衡を生みだすにすぎず，このような均衡には，公益を基準にした合理性が原理的に欠けていることになろう」(303-304頁)。

このようにハーバーマスは，現代の社会形態および政治過程にあっても，公論がその批判的機能をどこまで果たしうるかは，社会的勢力の構造的利害葛藤および政治支配の官僚制的決定という二つの問題の解決可能性にかかっている，

I　政治学の基礎概念

と主張する。『公共性の構造転換』を執筆した段階では，ハーバーマスは，諸社会集団間の均衡，およびその組織内における公共性の確立によって，これら二つの問題を解決しようとしていた。諸組織に従属させられた公衆が，これらの組織そのものを通じて公共的な意思疎通と批判に参加することを目指していたのである。しかし，「新版への序言」でも述べているように，1989年の東欧革命を経て，ハーバーマスは自発的なアソシエーションからなる市民社会（Zivilgesellschaft）に可能性を見出すようになったのである（xxxvii 頁以下）。

❖意義――公共性の歴史的・理論的考察

以上のように，『公共性の構造転換』は，市民的公共性がヨーロッパのいかなる社会的・政治的文脈の中で登場し，変化していったのかを解明している。しかしそれは，単なる歴史叙述ではない。そうした歴史叙述を通じて，公共性の現代的可能性を問いかけたのである。その理論的意義は何よりも，公共性を国家から自律した社会の領域に位置づけたことにある。公共性を国家にしか位置づけない場合，真の公共性を実現するという大義のもとに，特定の利害・意見が無批判に押しつけられかねない。しかし，ハーバーマスのように公共性を国家から自律した社会に結びつければ，公権力の濫用を批判し制御することができるようになるだろう。

しかもハーバーマスは，自由権の実現に関心を寄せた市民的公共性から，社会権の実現を目指した20世紀の公共性への歩みを示す。公共性の関心は自由権から社会権へと拡大する。その際，ハーバーマスが重視するのは，こうした公共性の内実とともに，それが確定される手続きである。それはさしあたり，討論者の地位を度外視し，すべてが論議の対象とされ，万人に開かれていて，互いに論証による説得に努めるものでなければならない。公論は，権力者の恣意によって決まるのではなく，理性的な討論を経て決まるべきだというのである。

こうして，私たち市民が目指すべき公共性とは何か，ということについて一つの解答が与えられる。つまり公共性とは，市民が協力して実現，解決を図っていかなければならない課題のことであるとともに，この課題の内実を決めてゆく手続きでもある。したがって，その内実は時代の要請とともに変わりうる

が，その確定にあたっては常に上記の一連の手続きが守られなければならない。

❖難点——市民的公共性の自文化中心主義

　もっとも，ハーバーマスが市民的公共性の前提として文芸的公共性を挙げ，さらにそれを小家族的内部空間に基礎づけたことには，問題があるともいえる。彼の市民的公共性をヨーロッパ近代史の中に位置づけて叙述する仕方は同書の特徴でもあるが，同時にそれは，市民的公共性をヨーロッパの家父長的社会に基礎づけてしまうという難点をはらんでいる。ハーバーマスの定義では，「公衆の圏は，広汎な市民階級の層においては，小家族的親密圏の拡張として，且つ同時にその補完として，発生した」（71頁）。市民的公共性の制度や施設としての夕食会やサロンや喫茶店は小家族的親密圏の拡張として登場してくるが，こうした小家族的親密圏において家父長が抑圧的に振る舞うことの問題性は，少なくとも『公共性の構造転換』においては十分に意識されてはいない。公私の区分は，ときとして私的領域における不正の争点化を妨げることがありうる。

　また，ヨーロッパ中心的な視座にも問題がある。ハーバーマスは，公共性を成立させる一連の基準を世界共通の普遍的な基準として捉える。しかし，まさしく市民的公共性をヨーロッパ史の中で跡づけたことにより，市民的公共性はヨーロッパの地域個性にすぎないのではないか，という疑念も生じることになる。ハーバーマスが考える公共性は，ヨーロッパ以外にも適用することができるのだろうか。安易な適用はヨーロッパ的価値の押しつけにならないだろうか。このように考えると，ハーバーマスの市民的公共性についての叙述は，その普遍性よりも，特殊ヨーロッパ的な性格が目立たざるをえない（さまざまな観点からハーバーマスの公共性論を批評したものとして，『ハーバマスと公共圏』クレイグ・キャルホーン編，山本啓・新田滋訳，未來社，1999年を参照）。

　にもかかわらず，まさしくこうした問題提起がなされることそれ自体が，万人に開かれた公共性のなせる業であろう。立場を超えてあらゆる問題を公開の場で理性的に検討するのが公共性であるから。

I　政治学の基礎概念

❖展望——官治型公共から自治型公共へ

　1980年代以降，日本では都市型社会が確立するとともに，〈官治・集権〉型の政治のあり方と〈自治・分権〉型の政治のあり方が厳しくせめぎ合う状況が現出した。これは，ハーバーマスが『公共性の構造転換』で示した緊張と同型性を持つものといえる。したがって今日，私たちが日本で〈官治・集権〉型の公共性にたいして，〈自治・分権〉型の公共性を実現しようとするとき，同書は，その手がかりを与えてくれるだろう。55年体制下においては，保革ともに国家統治型の発想から脱却することができず，市民自らが公共性を作り上げるという論点を十分に成熟させることができなかった。しかし今やまさしく，この論点こそが問われているのである。

❖用語解説

(1)　**絶対王政**［absolute Monarchie, absolute monarchy］　有力な王侯が，中世の封建的分権構造を潰して自らに権力を集中させてゆくことによって成立する。君主は，官僚制と常備軍を設け，一定の領域について最高にして不可分の永続的な権力，つまり主権を主張する。その際，自身の権力は神により授かったものである，という王権神授説によって，君主の絶対的な権力の正当化が図られる。このような君主による一元的な支配の確立は，きたるべき国民国家の基盤を作り上げていく。

(2)　**夜警国家**［Nachtwachterstaat, night watchman state］　19世紀型の国家のあり方を簡潔に示したとされる，ドイツのラッサールの言葉。国家の役割は，治安・軍事の最小限に止められるべきであり，これを超えて社会，とくに市場社会に介入すべきではないという考え方。「小さな政府」や「低負担低福祉」といった考え方として，今日も継承されている。もっとも，ラッサール自身は，このような国家のあり方を批判するために，この言葉を使った。

(3)　**福祉国家**［Wohlfahrtsstaat, welfare state］　社会福祉の実現を重視した国家。夜警国家とは違い，治安・軍事のみならず，個人の社会権の実現へ向けて，国家が積極的に市場社会をはじめ広く社会に介入してゆくべきであると考える。「大きな政府」や「高負担高福祉」とも表現される。1970年代前半までに西ヨーロッパにおいて成熟するが，1970年代後半に入ると，財政負担をはじめとする問題点が批判にさらされるようになる。

❖より深く学ぶために ────────────────────────

〈基本文献〉

『公共性の構造転換──市民社会の一カテゴリーについての探究』ユルゲン・ハーバーマス，細谷貞雄・山田正行訳，未來社，1994年

『コミュニケイション的行為の理論』全3冊，ユルゲン・ハーバーマス，河上倫逸ほか訳，未來社，1985-1987年

『事実性と妥当性』全2冊，ユルゲン・ハーバーマス，河上倫逸・耳野健二訳，未來社，2002-2003年

〈入門・解説書〉

『公共性』齋藤純一，岩波書店，2000年

『ハーバーマス』小牧治・村上隆夫，清水書院，2001年

『ハーバーマス──コミュニケーション行為』中岡成文，講談社，2003年

（細井　保）

II

自由民主主義の理念

1	自由		バーリン 『自由論』
2	デモクラシーI		ルソー 『社会契約論』
3	デモクラシーII		シュンペーター 『資本主義・社会主義・民主主義』
4	平等		ロールズ 『正義論』 ドゥオーキン 『平等とは何か』
5	ナショナリズム		ミラー 『ナショナリティについて』

第Ⅱ部では，20世紀後半以降に支配的なイデオロギーとなった自由民主主義の理念や，それに関連する平等やナショナリズムの問題を検討する。バーリン『自由論』は，錯綜した自由論の系譜を，他人に干渉されない消極的自由と，政治参加や自己実現，経済的自由を目指す積極的自由へと鮮やかに分類する（Ⅱ-1）。その一方で，デモクラシーは，歴史上，愚かな民衆による支配として強い批判を浴びていた。これにたいして，ルソーの『社会契約論』は，自己統治を前提とした人民主権論や一般意志論を展開したが，それはまた，実現可能性の面での困難を抱えていた（Ⅱ-2）。シュンペーター『資本主義・社会主義・民主主義』は新たにエリート民主主義理論を提示したが，今度は逆に民主主義の形骸化という難点が生じることになる（Ⅱ-3）。他方で，古典的な平等の価値を問い直すロールズ『正義論』とドゥオーキン『平等とは何か』は，効用最大化を目指す功利主義を批判し，経済格差の是正や資源の平等を訴える（Ⅱ-4）。最後に，ミラー『ナショナリティについて』は，自由民主主義を支える共通のアイデンティティの核として，ナショナリズムの可能性を規範的な観点から再考する（Ⅱ-5）。

II-1
自由（Liberty/Freedom）

バーリン
『自由論』

Isaiah Berlin, *Four Essays on Liberty*（1969）

❖自由——その多様な伝統

　政治の存在理由はしばしば自由の達成と保全にあるといわれる。歴史上，数多くの人々がこの「自由」の旗印の下に集い，議論し，政府に異議申し立てを行い，時に武器を手に革命を遂行した。自由は極めて強力な政治理念である。だが，一見，誰の目にも明らかと思えるこの言葉が実際に何を意味しているのかと問えば，その答えは一様ではない。自由とは自分の行為が物理的に妨害されないことなのか。それとも自由とはそうした行為の「機会」ではなく，むしろ行為の「能力」を指すのか。奴隷が他者への服従であるとすれば，自由は他者を支配することなのか，等々。議論は錯綜しており，単純な図式を拒む。

　以下では政治的自由に関する多様な考え方を概観してゆくが，その際に議論の水先案内人となるのが，英国の政治思想家アイザィア・バーリン（1909-1997）の『自由論』(1969)である。その第三論文「二つの自由概念」(1958)の中で，彼は政治的自由に関するさまざまな立場を「消極的自由」（negative freedom）と「積極的自由」（positive freedom）の二種類に区別し，それぞれの政治的な含意を展望した。同書は大きな反響を呼び，その後に政治的自由をめぐる幅広い議論を呼び起こした。彼の案内に従い，古代から現代に至る自由論の多元的な系譜を旅することは，現在においても大いに刺激的である。

Ⅱ　自由民主主義の理念

❖消極的自由

　私たちが政治的自由という言葉で真先に思い浮かべるのは，憲法が定める権利としての自由ではないだろうか。日本国憲法は，第11条から第13条の一般的規定に続き，奴隷的拘束および苦役からの自由（第18条），思想および良心の自由（第19条），信教の自由（第20条），集会・結社・表現の自由（第21条）など，一連の「自由権」を国民の権利として定めている。

　こうした権利は一般に「市民的自由」と呼ばれる。その由来には諸説あるが，一般的なものとして，市民的自由は近代市民革命と呼ばれる一連の政治的出来事を通じて実現したとする解釈がある。近代市民革命の思想的な原動力の一つである自由主義は，国王を唯一の主権者とする絶対主義にたいする異議申し立てから生じてきた。そして自由主義者が絶対主義に反対する根拠としたのが，万人が生まれながらに有する自然権という考えであった。たとえばロックは，自然権を市民による統治の根拠として理論化し，名誉革命およびアメリカ独立革命を思想面から支えた思想家であると考えることができる。その結果，国王といえども個人の基本的な自由を侵してはならないという立憲主義の原則が確立する。

　こうして達成された市民的自由を，フランスの自由主義思想家コンスタンは「近代人の自由」と呼ぶ。共同体の公的活動への貢献が当然の義務とされた古代の共和政体とは異なり，近代の共和国において市民は国家権力に干渉されずに私的な生活を自由に営む権利を有している。

> **原典 1 　近代人の自由**
>
> 　「[近代人の]自由とは，かれら各人にとって法律にのみ従う権利であり，一個人あるいは複数の個人の気まぐれな意志によって逮捕されず，拘禁されず，殺されず，またいかなる手段をもってしても虐待されない権利であります。それはまた，かれら各人にとって自己の意見を述べ，自己の職業を選択し，それらに従事する権利であり，自己の財産を自由に処分し，浪費すらもすることができる権利であります」

> (「近代人の自由と比較された古代人の自由について」バンジャマン・コンスタン，大石明夫訳，『中京法学』第33巻第3・4号合併号，1999年，166頁。[ ]は引用者）。

　この市民的自由の理念はその後19世紀の，とくに英国において広く普及した。産業革命と帝国主義政策による商業の急速な発達に伴い，自由な経済活動と財産権の保障は有産市民階級（ブルジョワジー）の主要な関心事となった。そして自由放任（レッセ・フェール）のスローガンの下，政府による干渉の最小化が自由の最大限の実現とされたのである。同様な考えを抱く同時代の思想家として，法律と自由を対立的に捉えたベンサム，『自由論』（*On Liberty*, 1859）の中でいわゆる「危害原理」（私の自由な活動は他人の同様の自由を侵害しない限りで許容される）を定式化したジョン・ステュアート・ミル，そして社会進化論で知られるスペンサーを挙げることができる。

　バーリンはこうした政治的伝統が共有する自由観を総括して「消極的自由」と呼ぶ。消極的自由とは，自分の活動が他人に干渉されない状態を指す。

> **原典 2　消極的自由**
>
> 「主体――一個人あるいは個人の集団――が，いかなる他者からの干渉もうけずに，自分のしたいことをし，自分のありたいものであることを放任されている，あるいは放任されているべき範囲はどのようなものであるか。[中略]ふつうには，他人によって自分の活動が干渉されない程度に応じて，わたくしは自由だといわれる。この意味における政治的自由とは，たんにあるひとがそのひとのしたいことをすることのできる範囲のことである」（『自由論』アイザィア・バーリン，小川晃一・小池銈・福田歓一・生松敬三訳，みすず書房，1997年，303-304頁）。

　この考えによれば，私の自由の大きさは私が干渉を受けない範囲によって定まる。「政治をより少なく自由をより多く」という標語が示すように，この図式の下では自由は政治と相対立する関係にある。統治機構の権力行使という意

味での政治が大きければ大きいほど、個人の自由は削減されるからである。

　消極的自由は現代の政治社会を主導する理念でもあり、今日においてその力は色褪せるどころか、人、モノ、お金の自由な移動を促進するグローバルな資本主義の時代を迎えて、ますます強力となりつつある。現代の政治思想において、個人の自由の最大化と政府の権力行使の最小化を唱える思想は**リバータリアニズム**と呼ばれるが、リバータリアンは19世紀の自由主義者と同じく「小さな政府」の実現を主張し、規制撤廃を通じた市場の自由化、民営化と公共事業の削減、財産権の厳格な保障などを求める。

　こうした自由概念に対して、個人の責任はどのような位置づけを与えられるだろうか。その基本的な考え方は「自己責任」である。私は私の生命、身体、財産、そして運命の主人である。私は他者の妨害や干渉を受けずに為したことにたいして責任を負う。悪を為す自由は、悪を為した結果を引き受ける責任を伴う。また自由な行為によって他者の自由を侵害した場合、行為者はそこで生じた損害を賠償できなければならない。その理想的な状況においては、行為と責任は厳密に対称的な関係にあると考えられる。

❖積極的自由(i)──政治参加

　このように、近代自由主義の主要な政治的目標は個人の消極的自由の保障にある。だが、近代市民革命を鼓舞したもう一つの思想である共和主義は、政治的自由に関してこれとは異なる考えを抱いていた。共和主義の自由観の思想的起源は古代ギリシア時代に遡ることができ、それゆえコンスタンはこれを「古代人の自由」と呼ぶ。

> **原典 3　古代人の自由**
> 　「古代人の自由とは共同で、しかし、直接に主権全体のいくつかの部分を行使すること、すなわち、公共の広場に集合して戦争と平和について討議し、外国人との間に同盟条約を締結し、法律を採択し、判決を言い渡し、役人たちの報告、議事録、業務の執行などを調査・検討し、さらに、その役人たちを全人民のもとに出頭させ、かれらを告

> 発して有罪あるいは，その無罪放免を決定することであります」(「近代人の自由と比較された古代人の自由について」167頁)。

　そこにおいて，自由人であるとは奴隷でないこと，他人の支配に服していないことを意味する。たとえば消極的自由の観点からすれば，私が専制君主の支配下で暮らしているとしても，国王が私の生活に干渉せず，私を放任しておくならば，私は自由を享受していることになる。だが共和主義者から見ればこれは自由とはいえない。私は国王の寛大さによって私的な自由を享受しているにすぎず，ひとたび彼が意を翻せば，私の自由は消え失せてしまうからだ。自由人はむしろ，自分自身の主人として活動できる人間を指す。バーリンはこれを「積極的自由」と呼ぶ。それは，干渉の不在とは異なる自己支配の理想である。

> **原典 4　積極的自由**
> 「「自由」という言葉の「積極的な」意味は，自分自身の主人でありたいという個人の側の願望からくるものである。わたくしは自分の生活やさまざまの決定をいかなる外的な力にでもなく，わたくし自身に依拠させたいと願う。わたくしは他人ではなく，自分自身の意志行為の道具でありたいと願う」(『自由論』319頁)。

　ここで自由はデモクラシー（民衆の支配）と結びつく。第一に，誰もが奴隷ではなく自分自身の主人であるべきならば，その権力行使において市民は平等でなければならない。市民を隷従へと陥れる絶対主義や僭主政治は自由の敵である。たとえばモンテスキューは三権分立論を唱え，権力相互の抑制と均衡を通じて市民の自由が保障されるべきであるとした。第二に，政府が専制的とならないように，市民は政府の活動を不断に監視し，コンスタンがいうように，必要とあればこれを告発しなければならない。市民の政治参加は権利であると同時に義務でもある。私は単に個人の私的な自由を享受するだけでなく，自由な政体を維持するため，統治の主体となることが求められる。社会契約説を用

II 自由民主主義の理念

いて古代共和政の理想を同時代に蘇らせたルソーの言葉を用いれば，そこでは個人の私的な関心（個別意志）にたいして共同体の善（一般意志）が優先される。政治的自由とは公共的関心に基づく政治参加を意味するのである。

だが19世紀の自由主義者たちが危惧したように，こうした積極的自由は消極的自由を簡単に破壊してしまう可能性がある。たとえ「民衆の支配」であっても，実際に統治する人々は，必ずしも統治される人々と同じではないからである。近代の代議制民主主義という条件の下では，それはせいぜい代表者たちによる統治にすぎない。名目上は「われわれ」への服従であったとしても，実際には一部の政府指導者への服従であるならば，それはやはり自由ではなく隷従ではないのか。これが「自由であるように強制される」というルソーの言葉が引き起こすパラドクスである。バーリンはコンスタンとともに，集団的な自己支配の理念が個人の自由を圧迫し，多数者の専制あるいは全体主義へと転化していく危険性を指摘する。

> **原典 5 二つの自由の衝突**
>
> 「「消極的」な個人的自由を欲するひとびとにとって，主要な問題は，だれがこの権威をふりまわすかということではなく，どれほど大きな権威があるひとたちの手中におかれるかということだ，とかれ［コンスタン］は見たのである。なぜなら，だれの手に握られようと，無制限な権威はいずれはだれかを破壊せずにはいない，と信じていたからである」（『自由論』375頁。［　］は引用者）。

ここにおいて消極的自由と積極的自由は真正面から対立する。バーリンは，これによってデモクラシーそれ自体が否定されるべきであるとは考えていない。しかし，デモクラシーが多数者の専制となった場合に個人を守るには，消極的自由を権利として保障することが必要不可欠であると考えた。主権が超えることのできない一線を定める立憲主義は，王なき民主主義の時代においても依然として重要な役割を果たすのである。

もちろん，現代において共和主義的自由を論じる人々はこうした批判に応答

している。たとえばクェンティン・スキナーは，バーリンをはじめとする自由主義者たちが形式的な権利ばかりに目を奪われて，自由な政体の保全に無関心である点を批判する。そして，市民間の対等な関係性に立脚した統治がむしろ市民の消極的自由を保障すると主張している（『自由主義に先立つ自由』梅津順一訳，聖学院大学出版会，2001年を参照）。また現代的な文脈においては，共和主義は企業の市場独占や社会の男性優位など，さまざまな形で存在するインフォーマルな支配関係の除去をその政治的目標に掲げている。両者の対話は現在も続いている。

❖積極的自由(ii)──自己実現

　自己支配は政府の形態だけでなく，道徳的な問いにも同様にあてはまる。たとえ私が民主制国家の下で市民的自由を享受しているとしても，私は依然として他の事柄の「奴隷」であるかもしれない。たとえば自分の欲望に振り回されている場合，私は欲望の命じるままに「自由に」振舞っているが，本当にありたい自分であることができないという意味では「不自由」である。つまり道徳的自由とは真の**自己を実現**し，自律的な生活を送ることにあるといえる。バーリンはこの問いに対する三つの回答を考察する。三者に共通するのは，自己の欲求を二種類に分割し，一方を否定して他方に従うという図式である。

　第一の回答は「内なる砦への退却」（325頁）と呼ばれる。世界は私の思い通りにならない事柄に満ちている。空を飛べない，他人が自分を認めてくれない，貧しい境遇に生まれた，等々。不可能な事柄に対する欲求は私を苛立たせる。だが，もし自由が欲求の実現にたいして妨害がないことを意味するのであれば，欲求それ自体を除去することで私の不自由の感覚は減少するはずである。私が支配できない事柄に対する欲求を「不合理な」欲求として退け，可能な事柄を選択すること。これがストア派の自由の実践である。しかしこの考えは個人の消極的自由を増やさない。それどころか，私が他者の奴隷である場合でさえ，解放への欲求を抹消することで「自由」になれることになる。ストア派の自由の実践は個人の倫理的生活にたいしては有益な示唆を与えるが，それが政治的目標となれば逆に市民的自由を否定することになりかねない。

II 自由民主主義の理念

　第二に、「理性的な自己支配」(342頁)という理想がある。人間は自然的存在であると同時に理性的存在である。私の情念は私の自然から発している。そうであれば、私は自分の中の自然が命ずる気ままな命令に抵抗しなければならない。非合理的な欲望を否定し、理性と調和する事柄を欲すること、これが理性的な自己支配であり、よき生活への道である。カントがいうように、道徳的自由とは理性の命令への服従である。するとここで、すべての人には十分な理性能力があるのかどうかという問いが生じる。もし私が十分に理性的でないならば、私は欲求を適切に区別できず、それゆえ自律的な生活を送ることができない。その場合、愚かな私は理性的な他者の助言や命令に服従すべきである。理性の絶対的な正しさを信じる人々からすれば、これは自由の剥奪ではない。なぜなら理性の命令は誰にとっても同じであり、他者の理性的な命令は私の非理性的な欲求よりも正しいからである。

　ここで再び「強制による自由」という、古代人の自由と同じパラドクスが現れる。理性的な生活は望ましいかもしれないが、それが他者によって強制される場合、それはもはや「自由」とはいえないのではないか。さらに、普遍的に正しい理性の命令なるものは果たして存在するのか、という疑問がある。これを肯定する人々は、よき生に関する道徳的真理は一つであるという価値一元論の前提に立っている。だがバーリンは、人生の目的は多数であり、それらはしばしば両立不可能、あるいは比較不可能であるとする価値多元論の立場をとる。そこにおいて唯一の道徳的真理に万人が合意することはありえない。仮に価値多元論が正しいとすれば、理性の名の下での強制は単なる強制である。

　そして第三の回答は、共同体の欲求を自分の欲求と同一視するというものである (359-373頁)。アリストテレスが『政治学』の中で述べたように、私は他者から孤立した存在ではなく、他者とともに生きる社会的存在である。私は規律や教育を通じて他者の助言や命令、共同体の規則を内面化し、その文化に同一化しながら価値判断能力を獲得する。そして社会の一員として他者に承認され、役割を担うことで**アイデンティティ**を獲得する。こうした他者を通じて獲得された主体の能力があってはじめて、人は十分な意味で自由なのであり、自己の欲求を期待される社会的役割遂行に沿った形で配列する能力こそ、人格の社会

的統合の意味するところである。つまり私が自由であるためには，私は集団に帰属し，その中で自分の存在，価値，役割を道徳的に承認されなければならない。こうして自由，道徳的自律，社会統合の三者が結び合わされる。

この「承認」と自由の関係はナショナリズムの問いを呼び起こす。民族共同体は私のアイデンティティの源泉であり，私はそこから価値判断の基準，社会的役割，人生の意味を受け取る。私が自由であるためには，私が帰属する共同体が存続していなければならない。文化への権利という多文化主義の要求は，このようにして自由の要求と結びつく。これがさらに自治としての積極的自由と結びつくとき，それは民族自決権の要求となる。

しかしながら，特定の共同体に帰属することだけがよき生を実現する通路であるわけではない。私は自分自身の主人であり，私は自分の判断に従ってよき生活を構想することができる。たとえばミルは道徳的な権威主義に反対し，むしろ個人の自律のためにこそ消極的自由が必要だと考えた。彼によれば，私たちの多様な生活はすべて，よりよき生を模索するいわば日々の「実験」なのである。ここにおいて，先に見たストア派の理想が新たな意義を持つ。こうした考えを「権利の個人主義」にたいして「倫理的個人主義」と呼ぶことができるだろう。私は現に存在する政府，経済的諸関係，文化や習慣の単なる奴隷ではないし，私がそれらを批判し，変える機会は常に開かれている。「判断の自由」とは，私たちが別様な世界のあり方を想像する能力であり，そして政治とはまさしく自らの手で世界を変え，また時に世界を守ることである。ここにおいて自由は想像力を介して政治と結びつく。

このように，道徳的自己支配としての自由という理想は人間存在に対する深い洞察から生ずるものであるが，しかし政治的理想としては危うさを含むものでもある。私たちは，道徳的なものにたいする主導権は個人と社会にそれぞれどの程度割り当てられるべきか，と問わねばならない。

❖積極的自由(iii)──経済的自由

近代における市民の政治参加とともに新たに浮上したのが社会問題である。政治的自由を万人が行使するためには，自由権や参政権だけでは十分ではなく，

Ⅱ　自由民主主義の理念

市民的活動のために必要な資源がなければならない。ここから第三の市民権として社会権の要求が生まれるが，これはしばしば経済的自由と呼ばれる。産業革命と資本主義社会が本格化し，貧富の格差が深刻となった19世紀の英国において，古典的な自由放任主義を批判するフェビアン主義者や新自由主義者たち，たとえばホブソンやホブハウスは，市民生活の最低限の平等な保障を国家に求めた。ここから国家による各種社会保障の整備が進み，それは20世紀において「福祉国家」という形で実現することになった。

　しかし消極的自由を擁護するバーリンは，経済的自由とは自由それ自体ではなく，むしろ自由な活動の条件に属するものであると反論する（305-306頁）。平等な権利として保障されるべき選択肢の範囲は時代や地域によって一様ではなく，またその人が依拠する経済理論によっても異なってくる。多くの意味を含みこむことにより，「自由」はより論争的な概念となる。そして当然のことながら，こうした「国家による自由」の主張は「国家からの自由」を信奉するリバータリアンたちの反発を招く。平等な経済的自由が無際限に拡大されれば，それは国家予算の増大，高い税率，官僚組織の巨大化，そして国家による市民生活の管理の増大をもたらす。また共和主義者も，市民にたいする国家の手厚い保護により，市民が国家権力を監視することを忘れ，国家の恩恵に甘んじる受動的な存在となる傾向があることを警告する。ここでも自由と平等の関係は論争的であって，その妥協点を私たちは日々模索する必要がある。

❖思考の自由

　このように，自由論には複数の伝統があり，それらの優劣に決着がつかないのであれば，私は現に世間で通用している自由概念で満足すべきだ，と考える誘惑に駆られるかもしれない。だが，ひとたび自由な存在であることを自覚した人間は，単なる現状肯定に甘んじることができない。今そうであると思われているものを疑問に付し，事物の別様の姿に到達せんとする歩み——これを「思考の自由」と呼ぶことができよう——は時に危険を伴い，時に馬鹿げた結論を生み出す。だが政治哲学者たちは，社会の現状に満足せず，もう一つの世界を常に追い求めることの意義だけは忘れなかった。私たちもそれを忘れるべ

きではないだろう。

❖ 用語解説

(1) **リバータリアニズム [libertarianism]** 道徳哲学においては自由意志論と訳され，人間の行為や思考が何らかの原因や法則によって決定されていると考える立場（決定論）に対して，個人の自由意志の存在を主張する立場を指す。政治哲学においては一般に自由至上主義と訳され，個人の無制限あるいは最大限の消極的自由を実現する政治制度を主張する立場を指す。
(2) **自己実現 [self-realization]** 心理学者のA.マズローは，「人間は自己実現に向かって絶えず成長する生きものである」と唱えた。彼は人間の欲求を生理的欲求，安全の欲求，愛情と所属の欲求，自尊の欲求，自己実現の欲求の5段階に区分し，低次の欲求から高次の欲求へと段階的に発達するとした。彼の考えは，欲望のコントロールを通じた人格の完成という古代の道徳的理想と多くの共通点を持つ。
(3) **アイデンティティ [identity]** 心理学者のE.H.エリクソンが唱えた概念で，自己同一性，あるいは自我同一性と訳される。自分が何者であるのか，あるいは何者であるべきかを規定する心の中の概念や自己像を指す。自己同一性は他者による存在規定（あなたはXである）を通じて形成され，他者による承認行為を通じて自己はその存在意義を獲得する。そのように考えれば，個人をとりまく共同体，文化，民族，国家などは，個人のアイデンティティ形成にとって本質的な意義を持つ存在として立ち現れる。

❖ より深く学ぶために

〈基本文献〉
『自由論』アイザィア・バーリン，小川晃一ほか訳，みすず書房，1997年
「近代人の自由と比較された古代人の自由について——1819年，パリ王立アテネ学院における講演」バンジャマン・コンスタン，大石明夫訳，『中京法学』第33巻第3・4号合併号，1999年，161-190頁
〈入門・解説書〉
『自由』齋藤純一，岩波書店，2005年
『自由論の系譜——政治哲学における自由の観念』Z. A. ペルチンスキー／J. グレイ編，飯島昇藏・千葉眞ほか訳，行人社，1987年
『自由の政治哲学的考察——アウグスティヌスからフーコーまで』土橋貴，明石書店，1992年

（森　達也）

II-2
デモクラシー (Democracy) I

ルソー
『社会契約論』

Jean-Jacques Rousseau, *Du Contrat Social* (1762)

❖デモクラシーという価値

　今日，**デモクラシー**が私たちにとっての希求すべき政治上の価値であることに異論を唱えるものは，ほとんどいないであろう。しかし，古代ギリシア以来，デモクラシーはむしろ愚かな大衆の支配，無知な貧民の支配を指す蔑視的な支配形態として長らく多くの批判にさらされてきた。たとえば，古代ギリシアにおいて哲学者プラトンは，尊敬する師ソクラテスが民衆の意志の下に処刑された現実を目の当たりにし，デモクラシーを無知な大衆の支配として厳しく非難していた。さらに，19世紀に普通選挙制の実現を主張したJ.S.ミルですら，少数の有識者に2票あるいはそれ以上の投票権を与えることが望ましいと述べていたのである。このように，デモクラシーが優れた政治上の価値であることは，歴史上，私たちが考えるほど自明ではなかった。そのような中で，人民こそが政治の担い手であるべきだ，という現代デモクラシーの根幹をなす人民主権の思想を現代に先駆けて準備したのが，18世紀フランスで活躍した思想家ジャン=ジャック・ルソー（1712-1778）である。

❖ルソーの生涯

　ルソーは1712年，スイスのジュネーヴにて時計職人の息子として生まれた。当時，ジュネーヴは独立の共和国であり，市民には参政権があった。ルソーがここで暮らしたのはわずか16歳までで，残りの人生の大半はフランスで過ごし

ている。しかし，ジュネーヴ共和国の「市民」に生まれたことは彼の生涯の大きな誇りとなる。ここで留意すべきは，ルソーにおける「市民」（citoyen）という語が，単に都市に暮らす住民ではなく，主権に参加する者を意味しているという点である。そして共和国の「市民」であることへの彼の誇りは，当時のブルボン朝による絶対王政や身分制社会，あるいはそれを理論的に肯定する諸々の近代政治学や近代自然法論と鋭く対立しつつ，人民主権論という新たな政治学上の遺産を生むことになる。

❖文明社会の批判として

　18世紀フランスの知識人たちは，自分たちが学問・芸術・技術などあらゆる面において進歩し，かつてない繁栄を謳歌する「文明社会」に生きている，という強い自負を持っていた。しかし，ジュネーヴから文明の中心地パリへと出てきたルソーは，当初その華麗な世界に憧れ，音楽家としての成功を夢見たが，次第に文明社会に違和感を抱き，その問題性を告発するに至る。すなわち，『学問芸術論』（1750）においてルソーは，人々が称賛する文明社会においては，学問や芸術といった上辺だけの「才能」で人々が評価されており，これにたいして人間の真価が問われるべき「徳」が軽んじられ——ここでの「徳」とは，人間の良心から生まれる「徳」，および共和国への祖国愛としての「徳」である——，道徳的頽廃が著しいと述べた。

　さらに，『人間不平等起源論』（1755）でも，文明社会への批判を展開する。すなわち，それへの移行によって，自然状態において人々が持っていた素朴な自己保存への配慮や，同胞にたいする本能的な「憐れみの情」（pitié）は変質してしまったと指摘する。それにかわり，富や虚栄心に囚われた人々の「利己心」が支配する世界，とりわけ私有財産の登場を契機として，富者や強者が自らの都合のよいよう作り上げた不平等かつ支配隷従からなる世界，かつそれらが正当化される世界が広がっていったとも論じた。

　彼の政治への関心は，このような文明社会への強烈な批判意識，およびその現状を変革したいという強い意志に裏打ちされたものとして登場する。

Ⅱ 自由民主主義の理念

❖『政治制度論』の構想

ルソーが『社会契約論』(1762)の最初の着想を得たのは，彼の『告白』での回想によれば，1743年から44年にかけてヴェネツィアでフランス大使モンテギュ伯爵の秘書をしていた頃のことである。すなわち，彼は人々が高く誉め称える共和国ヴェネツィアの政府の中にも欠陥があることに気づき，以下の重要な着想を得た。

> **原典 1　政治と人間変革**
>
> 「私にわかったのは，すべては根本において政治につながっているということ，またいかなる方法を用いようとも，どの人民もその政府の性質から作られる以外のものではありえない，ということであった。したがって，ありうべき最良の政府とはなにかという大問題は，次の問いに帰するように思われた。すなわち，人民をもっとも徳高く，もっとも開明的で，もっとも賢明に，要するに言葉のいちばん広い意味で，もっともよく作りあげるにふさわしい政府の性質とはなんであろうか」(『ルソー全集』第2巻，ルソー，小林善彦ほか訳，白水社，1981年，14-15頁)。

このようにルソーは人間のあり方が「政治」に大きく規定されると主張する。また，彼は『エミール』や『マルゼルブへの手紙』で，人間が本来善良であり，それを悪くするのは「制度」でしかないとも述べている。したがって，文明社会で堕落した人間をあるべき姿へと変革させるのもまた「制度」の役割となる。こうして彼は『政治制度論』を構想する。『社会契約論』は，「自分の名声を決定するはずだと思っていた」と彼自身が述べる，この未完の大著『政治制度論』からの抜粋として出版されたものである。

では，ルソーは，いかにして人間を変革しようと考えたのか。その議論は私たちのデモクラシーにいかなる示唆を与えるものなのか。以下，『社会契約論』を通して見ていきたい。

2 デモクラシーⅠ

❖社会契約説

「人間は自由なものとして生まれた，しかもいたるところで鎖につながれている」。『社会契約論』冒頭にあるこの有名な一説は，本来自由な存在として生まれた人間が，現在では逆に支配服従関係に置かれてしまっているという倒錯した現実について述べている。これにたいしてルソーは，国家の正当性という観点から見たとき，人間は本来自由なのだから，そのような人間にとって唯一ふさわしい国家とは，各人の自由な意志によって相互に契約を結び作り上げた国家，つまり社会契約による国家しかないと主張する。

しかし，そもそもなぜ人間は国家を形成するのか，国家設立の理由が説明されなければならない。ルソーは社会契約説の一般的な理論枠組みを踏襲しつつ，自然状態における人間がなぜ国家設立へ向かうのかを，理論的な「仮説」として，ごく簡単に説明する。すなわち，自然状態では，各人は独立していて，自らの欲望や衝動のままに行動していたが，生存を妨げるさまざまな障害が生ずると，生存の仕方を変えなければならない。しかし，人間は新しい力を生み出すことはできないから，すでにある力を結びつけ協力せざるをえなくなる。以上が社会契約を結ぶ理由とされる。

こうして同書は，国家や社会が純粋に個人相互の合意に基づく作為の産物だとする社会契約説，つまり個人のために国家がありその逆ではない，という個人主義的な立場から出発する。

❖全面譲渡

ところが，ルソーの社会契約説における人々の結合の仕方を見ると，その個人主義的様相は一変する。すなわち，「各構成員をすべての権利とともに，共同体にたいして，全面的に譲渡する」というのである。通常，共同体の設立に際して，各人の権利に制約が生じるのは自然だが，たとえばロックが各人に一部の権利の放棄を求めたのとは異なり，ルソーはすべての財産と身体を譲渡せよと主張するのである。しかし，これは人々の他者への依存を完全に排除するために不可欠なことでもある。つまり，全面譲渡こそが一部の富者や支配者が

Ⅱ　自由民主主義の理念

持つ財産や利益をも完全に除去し——ゆえに不平等な社会に終止符を打ち——，人々の上にあらゆる共通の上位者をなくし，相互の完全な結合を可能にするのである。ゆえに，以下のように，各人は他者と完全に結びつきつつも，同時に自分自身にしか服従しないのである。

> **原典 ②　社会契約の本質**
>
> 「「各構成員の身体と財産を，共同の力のすべてをあげて守り保護するような，結合の一形式を見出すこと。そうしてそれによって各人が，すべての人々と結びつきながら，しかも自分自身にしか服従せず，以前と同じように自由であること。」これこそ根本的な問題であり，社会契約がそれに解決を与える」（『社会契約論』ルソー，桑原武夫・前川貞次郎訳，岩波文庫，1954年，29頁）。

　この結合の結果，「国家」（République）という一つの集合的団体が生まれる。この国家は一つの「人格」であるともされ，ゆえに一つの「意志」——これは「一般意志」（la volonté générale）と称される——を持つ。「一般意志」は国家を指導するものであるから，共同体の構成員である「人民」（Peuple）は，それに絶対的に服従しなければならない。しかし，それは自ら合意に基づき作った共同体の意志，ひいては自らの意志に従わなければならないということでもある。そして，その意味において人々は自分自身にしか服従しないのである。

　換言すれば，国家の構成員は，主権に参加する場合は「市民」（Citoyens），国家の法に服する場合は「臣民」（Sujets）という二重の役割を担っていることになる。

❖一般意志と主権論

　しかし，国家を指導するものであり，ゆえに各人が服従すべきものである，この「一般意志」とは何なのか。ルソーの用法は必ずしも一義的ではないが，概して，それは，常に正しく，常に公の利益を目指すものであり，個人の私的利益を優先する「特殊意志」とは区別され，その総和としての「全体意志」と

も区別されるもの，つまりは公共の利益，公共善，公共の幸福とされている。

　しかし，そのような「一般意志」など実際に存在するのだろうか。つまり，国家の中の人々すべての利益に適う，単一の公共の利益，単一の公共の幸福など，どこに存在するというのだろうか。あるいは，かりに存在するとしてもそれを発見できるのだろうか。けれども，その存否にかかわらず，同一の意志と一体の利益を共有する人民という集合体を創出した彼の議論は，彼の主権論と接合して，人民主権論という新たな政治学上の遺産を生むことになる。

　すなわち，ルソーは「**主権**は譲り渡すことができない」し，「分割できない」とも述べた。なぜなら，主権は「一般意志の行使」にほかならないからである。同時代のモンテスキューはあらゆる権力は腐敗するため権力を他の権力に抑制させるべきだとして権力分立論を説いていた。しかし，モンテスキューが君主の絶対的権力への対抗力として貴族の権力を強調し，ひいては君主制や諸身分を肯定したのとは異なり，ルソーの人民主権論こそが，人民の一体的利益を強調し，その人民を主権者としたことで，君主制や身分制社会そのものを根底から覆すことを理論的に可能にしたのである。

❖自己統治としての自由

　ところで，ルソー『社会契約論』の本来の意図は，政治制度の変革によって，人間のあり方に変革を迫ることであった。では，人々は社会契約によってどう変わるのか。そこに目を向けると，社会契約を結ぶ真の意図も見えてくる。たしかに，先に見た自然状態の不都合ゆえに契約を結ぶという理由はあった。しかし，それは十分ではない。むしろ，その説明がごく簡単なものだったことが物語るように，彼の力点は社会契約こそが「人間のうちにきわめて注目すべき変化」をもたらしてくれるという点にこそある。

　ルソーによれば，そもそも人間は自然状態においてある種の自由——ルソーはこれを「自然的自由」と呼ぶ——を享受していたが，同時に「肉体の衝動」や「欲望」に従ってもいた。けれども，単なる「欲望」や「衝動」に従うことは，人間のあるべき姿とは相容れないと見なされる。逆に，人間は「義務」や「理性」に照らして，自ら決定を下し，それに従う自律的個人であることを何

Ⅱ　自由民主主義の理念

より求められている。人間にとってこの自由——これは「道徳的自由」と呼ばれる——は「義務」であるとすらいうのだ。

> **原典 ③　自由の概念**
> 「自分の自由の放棄，それは人間たる資格，人類の権利ならびに義務をさえ放棄することである。何びとにせよ，すべてを放棄する人には，どんなつぐないも与えられない。こうした放棄は，人間の本性と相いれない。そして，意志から自由を全くうばい去ることは，おこないから道徳性を全くうばい去ることである」(『社会契約論』22頁)。

　それゆえ，ルソーはあらゆる支配服従関係を拒否したが，それは単に人間が他人の拘束から自由であるべきだからではなく，むしろ自律としての自由を有すべき人間の本質に反するからなのである。さらに重要なのは，そのためには政治の領域においても人々が，自らの意志によって，あるべき法やルールを作り，それに自ら従って生きる，という自己統治を行うことで，自律的人間としての生を貫徹しなければならないことである。そして，社会契約こそが，人々にこのような生き方をするよう導いてくれるのである。

　ルソーの人民主権論を支える根拠は，この自己統治する人間の創出という点にあるといっても過言ではない。けれども，これはルソー解釈をじつに困難かつ論争的なものにしてもいる。なぜなら，ルソーは自律的自由を人間の義務だと述べた一方で，この主張の延長線上に，人間が「自由であるよう強制される」べきだとまで明言しているからだ。しかし，「自由」であるよう「強制」することなどできるのか。自由と強制——この矛盾する二つを含む彼の議論は，個人主義者ルソーと集団主義者ルソーという二つのルソー解釈を生むと同時に，自由の概念をめぐる論争を生むことにもなる。

❖理念から現実へ——立法者，政府の形態，市民宗教

　こうして，全四編からなる『社会契約論』の第一編は，以上で述べたように，自由な個人の合意・契約から出発し，次第に，一般意志への服従，自由への強

制，など多くの義務を個人に課していく。しかし，第二編以降の議論は，より一層，読者を混乱させるものである。なぜなら，第二編では，人民に法を与える「立法者」の役割が強調されるからである。

> **原典 4　立法者の役割**
>
> 「もろもろの国民に適する，社会についての最上の規則を見つけるためには，すぐれた知性が必要である。その知性は，人間のすべての情熱をよく知っていて，しかもそのいずれにも動かされず，われわれの性質を知りぬいていながら，それと何らのつながりをもたず，みずからの幸福がわれわれから独立したものでありながら，それにもかかわらずわれわれの幸福のために喜んで心をくだき，最後に，時代の進歩のかなたに光栄を用意しながらも，一つの世紀において働き，後の世紀において楽しむことができる，そういう知性でなければなるまい」(『社会契約論』61-62頁)。

しかし，すべてを兼ね備えた知性的存在などいるのだろうか，との疑問が生じよう。ただし，留意すべきは，立法者にはモデルがいた点である。ルソーがスパルタの伝説的な立法者リュクルゴスの名を挙げたように，古代ギリシアの諸都市では外国人に法の制定（今日の憲法制定に近いもの）を委ねる習慣があり，彼らは自らの「特別で優越した仕事」を行い，それを終えると国を去ったのである。ルソーによれば，近代イタリアの諸共和国も，ジュネーヴの共和国もまた，この習慣を真似て成功した。

ゆえに，立法者は絵空事ではない。むしろ，問題とすべきは，かりに「神々」のような立法者がいたとしても，他国から来た外国人が自国の法を制定することは，その国の人民の自律や自己決定という彼の政治理念とまったく両立しえないのではないか，という点である。したがって，彼の立法者論は，彼の人民主権論の挫折ではないかとの解釈をも生むことにもなる。ルソーの『社会契約論』が，結局は完成に至らなかった，より大きな作品の一部であったことが，挫折説に根拠を与えてもいる。

けれども，この問題は人民主権論を理論から現実のレベルへと移行させる際

Ⅱ　自由民主主義の理念

に直面する課題に，彼なりのリアリズムに立脚して回答したと解釈することもできるだろう。そもそも，人民自身のうちにあるべき国家を作る能力があるのか，あるいは文明社会において堕落した人間があるべき国家を形成できるのか，との疑問はルソーならずとも生じてくるからである。彼は次のように，人民の能力の限界について語っている。

> ◇原典5◇　人民の能力
> 「一般意志は，つねに正しく，つねに公けの利益を目ざす，ということが出てくる。しかし，人民の決議が，つねに同一の正しさをもつ，ということにはならない。人は，つねに自分の幸福をのぞむものだが，つねに幸福を見わけることができるわけではない」（『社会契約論』46頁）。

ルソーが，人民主権の理念を現実へと架橋すべく工夫した形跡はほかにも窺える。たとえば，第三編における，政府の形態をめぐる議論である。ルソーは，立法権を伴う主権が人民に属すことについては譲れないと主張する一方で，行政権を持つ政府の形態は多様だと述べていた。すなわち，人民すべてが行政官となって公務に携わる「真のデモクラシー」はあまりに非現実的であり，一部の選出された者たちが担うのが適当だろう，と述べたのである。

また，第四編では，市民の習俗が腐敗しないよう，その維持に努める「監察官」を導入し，あるいは「社会契約および法の神聖さ」などを教理とする「市民宗教」を人々の心に刻み込もうとする。つまり，人民はそのまま放っておいては容易に堕落してしまうため，彼らの内面の教育に腐心するのである。自律的自由とは矛盾するかに見える，このような諸々の工夫によって，立法者の作った制度と習俗，そして共同体が再生産されていく。

こうして，『社会契約論』は人民主権の理念から次第に遠ざかっていく。しかし，それは同時に，その理念の実現が極めて困難な道程を経なければならないという現実を読者に直視させるものでもある。

2 デモクラシーⅠ

❖残された課題――国際平和の可能性？

『社会契約論』の最終部分に、今後の課題がわずか数行だが記されている。これは彼の『エミール』にもあるように、人民主権に基づく国家を構築した後、国家同士の間に「永久平和」を維持しえるのか、という国際平和をめぐる課題である。この課題への彼の回答は、『サン゠ピエール師の永久平和論抜粋』と『永久平和論批判』に窺い知ることができるが、彼の実際の考えは不明である。

ただし、ここで問題にしたいのは、ルソー『社会契約論』の描き出す国家が、果たして他国と平和を享受しえるのか、という点である。というのも、ルソーは同書で人民という共通の利益を持つ一つの集団を創出し、彼らを絶対不可分な主権からなる国家の主体とし、さらには彼らに市民の徳や公共精神を涵養することで共同体の再生産を図ろうとしたからである。

概して、人民主権とナショナリズムは相性のよいものである。国家内における人々の一体感の創出と高揚は、他国民との差異を際立たせ、緊張を生み易いからである。そして、彼の現実的な政治構想の作品『ポーランド統治論』と『コルシカ憲法草案』でも、「祖国愛」が強調されている。果たして彼の人民主権論は、一国デモクラシーの枠を超えたものであり得るのか。これはルソーとともに今日なお残された問いである。

❖今日的意義――なぜ、デモクラシーか？

最後に、なぜ私たちはデモクラシーとともに生きるのか、また生きるべきなのかを振り返っておこう。ルソーにおいて人民が政治に参加することは、それ自体で価値あることだった。なぜなら、人間は本来自由であるため、人々は他人の作った法やルールに従うのではなく、自分が従うことになるルール作りには自ら参加すべきであり、そのことではじめて真に自律した生、尊厳ある生き方を貫徹できるからである。しかし、私たちは人民の政治参加がそれ自体で価値あることだと断言できるだろうか。そもそも人民の行う政治がよい政策や人々の幸福を招くとは限らない。むしろ政治の結果を重視するならば少数の優れた人物に統治を委ねることも可能なのだ。にもかかわらず、今日、私たちはデ

Ⅱ　自由民主主義の理念

モクラシーの下で生きることを選択している。そうであるならば，そして，それゆえにこそ，私たちはデモクラシーの下で生きることを自明視せず，ルソーが模索したように，その意味をたえず問い続け，同時にポピュリズムへと陥りがちなデモクラシーの質を追求する弛みない歩みを続けるべきではないだろうか。

❖用語解説

(1) **デモクラシー［democracy］**　デモクラシーの語源は，古代ギリシア語における，「デモス（民衆）」と「クラティア（支配）」の合成語「デモクラティア（民衆による支配）」にある。ただし，古代と現代とではデモクラシーの形態は異なっている。現代のデモクラシーは，選出された政治家による代議制を基本とするが，古代のデモクラシーは，市民すべてが最高の議決機関である「民会」に参加し，抽籤で選ばれた市民が交代で行政にも参加する統治形態であった。

(2) **主権［sovereignty］**　16世紀に主権概念を定義したボダンによれば，「国家の絶対的で永続的な権力」。彼は宗教戦争の回避と平和の実現のため，国家が国内外の全権力に拘束されない至高の権力を持つべきだと考え，主権を定義した。その後，彼の主権論は君主の絶対権力の擁護に利用されたが，ルソーはそれを批判し人民主権を主張した。ただし，他国にたいして排他的だという主権の性格上，主権の主体が誰であれ，主権国家同士の平和が可能かは難問であり，今日，主権概念の再検討もなされている。

❖より深く学ぶために

〈基本文献〉

『社会契約論』ルソー，桑原武夫・前川貞次郎訳，岩波文庫，1954年
『ルソー』（世界の名著30）平岡昇責任編集，中央公論社，1966年
『ルソー全集』全14巻＋別巻2巻，小林善彦ほか訳，白水社，1979-1984年

〈入門・解説書〉

『ルソー・ルソーを巡って』（福田歓一著作集第6巻）福田歓一，岩波書店，1998年
『ルソー』ロバート・ウォクラー，山本周次訳，2000年，晃洋書房
『孤独の政治学——ルソーの政治哲学試論』レイモン・ポラン，水波朗・田中節男・西嶋法友訳，九州大学出版会，1982年

（井柳美紀）

II-3
デモクラシー (Democracy) II

シュンペーター
『資本主義・社会主義・民主主義』

Joseph A. Schumpeter, *Capitalism, Socialism and Democracy*（1942）

❖民主主義の現在

　冷戦後の現在，民主主義（democracy）の理念を否定する者は，ほとんどいない。「現存」社会主義体制が崩壊し，少なくとも西洋文明を受け入れた国々においては，西側諸国の自由民主主義が「普遍的」価値の地位を獲得している。こうして現在，自由民主主義か否かではなく，いかなる自由民主主義かが問われるようになっている。この問題を考える上で避けられない，一冊の書物がある。ヨーゼフ・シュンペーター（1883-1950）の『資本主義・社会主義・民主主義』（1942）である（1947年に第2版が，1950年に第3版が出されている）。シュンペーター自身は『資本主義・社会主義・民主主義』を「粗製濫造品（ポットボイラー）」と自嘲していたようである。しかし同書は，民主主義をエリート主義的に再定義することによって，その後の民主主義理論に決定的影響を与えていったのである。

❖シュンペーターの生涯

　シュンペーターは1883年，オーストリア＝ハンガリー帝国のモラビアで誕生した。中産階級の出自だったが，母親の再婚により貴族的背景を持つに至った。「貴族生まれでないシュンペーターは，より貴族的だった」（『シュンペーター』伊東光晴・根井雅弘，岩波新書，1993年，23頁）。若きシュンペーターは，ウィーンの貴族校テレジアヌムに通い，ウィーン大学法学部に進学している。そこで，優れたオーストリア・マルクス主義者たちに接している。弱冠25歳のときに

Ⅱ　自由民主主義の理念

『理論経済学の本質と主要内容』(1908)を公刊し，ウィーン大学私講師，チェルノヴィッツ大学員外教授，グラーツ大学教授として教鞭をとるようになる。1912年には，主著と目される『経済発展の理論』を公刊している。第一次世界大戦後の1919年には，オーストリア共和国の財務大臣として，わずか7カ月間ではあるが，政治の経験をつむ。その後，ビーダーマン銀行頭取を経て，1925年にはドイツのボン大学教授に就任，1932年以降はアメリカのハーバード大学教授へと転身している。こうした華々しい活躍の後，1950年にこの世を去った。こうした経歴は，後に見るように，シュンペーターの民主主義理論を根底的に規定している。

❖ 『資本主義・社会主義・民主主義』第四部の問題設定

シュンペーターは『資本主義・社会主義・民主主義』において，資本主義の成功ゆえに社会主義への移行が必然的であると論じている。そしてその第四部においては，社会主義と民主主義との関係如何という問題を考察している。シュンペーターによれば，社会主義者は，社会主義こそが真の民主主義であると主張する。他方，社会主義批判者は，社会主義（計画経済）と民主主義とは絶対に両立しえないと主張する。シュンペーターは，こうした両説を退けて，社会主義と民主主義とのあいだに必然的関係は存在しない，と論じるのである。

> 原典 1　社会主義と民主主義
> 「われわれの定義による社会主義と，同じくわれわれの定義による民主主義との間には，なんらの必然的な関係も存しない。一方は他方なしに存在しうる。と同時に，両者はけっして両立しがたき関係にあるものでもない。適当な社会的環境のもとにおいては，社会主義機構は民主主義的な原理に従って運営することができる」（『資本主義・社会主義・民主主義』シュムペーター，中山伊知郎・東畑精一訳，東洋経済新報社，1995年，453-454頁）。

このようにシュンペーターは，彼の定義する社会主義と，同じく彼の定義す

る民主主義とのあいだに必然的関係は存在しない，と論じるのであるが，この結論を導き出す前提として，そもそも民主主義とは何か，という問題を考察する。現代政治学に多大の影響を及ぼしたのは，皮肉なことに，この予備的考察にほかならない。

❖「古典的民主主義学説」

　シュンペーターの批判の矛先は，今日でも根強く生き残っているとされる，18世紀の「古典的民主主義学説」(classical doctrine of democracy) に向けられる（第21章）。シュンペーターによれば，古典的民主主義学説とは，「人民の意志」によって「公益」(common good) を実現しようとする学説である（ただし，こうした古典的民主主義学説の解釈は「神話」であり，シュンペーターは虚像を批判しているにすぎない，と批判する者もいる。『参加と民主主義理論』キャロル・ペイトマン，寄本勝美訳，早稲田大学出版部，1977年，第1章を参照）。

> **原典 2　古典的民主主義学説**
>
> 　「民主主義についての18世紀哲学は，次の定義に示されているものといえよう。すなわち，民主主義的方法とは，政治的決定に到達するための一つの制度的装置であって，人民の意志を具現するために集められるべき代表者を選出することによって人民自らが問題の決定をなし，それによって公益を実現せんとするものである，と」（399頁）。

　シュンペーターは，第一に，古典的民主主義学説が前提とする「公益」や「人民の意志」に批判を加える。シュンペーターによれば，そもそも「公益」や「人民の意志」なるものは存在しない。仮に万人が「公益」に同意したとしても，個々の問題では合意に至るとはかぎらない。その結果，「人民の意志」ないし「一般意志」なるものは雲散霧消せざるをえない，と。ある解釈によれば，シュンペーターの「公益」批判は，彼が生涯ライバル視したケインズの「ハーベイ・ロードの仮説」──知的エリートの政策決定によって「公益」を実現しうる──にたいする批判である（伊東・根井，前掲書，8-10頁）。こうした解釈の

是非はともかく、たしかにシュンペーターは、「人民の意志」による「公益」の実現に批判を加えたとはいえ、政治家による「公益」の実現にも信頼を寄せてはいない。

シュンペーターは、第二に、個々人の意志に基づく民主主義的決定は「人民の真に欲するもの」とは一致しないかもしれない、と批判する。たしかに、個々人の意志のあいだに「公正な妥協」が成立する場合もないわけではない。しかし、自発的に譲歩しにくい質的決定を下す場合には、満足のいく結果はもたらされない。それどころか、人々に気まずい思いをさせる結果がもたらされるであろう。こうした場合には、むしろ上から非民主主義的に押しつけられた決定のほうが、はるかに受け入れやすいであろう。

第三に、シュンペーターは「政治における人間性」(グレアム・ウォーラス)という問題も採りあげ、古典的民主主義学説が前提とする人民の「合理性」という想定にも批判を加える。シュンペーターによれば、ル・ボンが指摘したように、群集心理状態では、人々の責任感は減退し、思考力も低下し、論理的ではない力の影響を受けやすくなる。そうした場合でなくても、政治的問題に関しては、市民に合理的判断を期待することはできない。たしかに、地域の事柄や、有権者に直接的・個人的な金銭的利得をもたらす問題は、比較的合理的に判断できるかもしれない。しかし、個々人の私的関心とは直接的・明示的関連を持たない事柄に関しては、人々の現実感は減退せざるをえない。その結果、責任感の低下や有効な意志の欠如、人々の無知や判断力の欠如が生じる。こうして普通の市民は、政治的分野では一層低い精神的能力の水準にならざるをえない。その帰結は何か。第一に、普通の市民が非合理的な偏見や衝動に動かされやすくなること。第二に、「胸に一物ある」集団がそうした偏見や衝動に乗じやすくなることだというのである。

❖「いま一つの民主主義理論」

シュンペーターは、このように古典的民主主義学説を退けた後、「いま一つの民主主義理論」(another theory of democracy)を提唱する(第22章)。シュンペーターによれば、古典的民主主義学説では、有権者が政治問題を決定すること

3 デモクラシーⅡ

が第一義的であり，代表を選出することは第二義的である。しかし，いま一つの民主主義理論では，代表を選出することが第一義的であり，有権者による政治問題の決定は第二義的である。端的にいえば，民主主義とは「政治的主導力(リーダーシップ)獲得のための競争」(429頁)にほかならない。こうした民主主義理論では，主導権を握っているのは有権者ではなく候補者である。候補者になるのは，「自分の当然の天職として政治に従事する社会階層」(464頁)の人々である。有権者は，与えられた候補者に投票するか，棄権するにすぎない。ここでは，有権者が既存の候補者の選択肢に挑戦して，自ら立候補することは想定されてはいない。それどころか，有権者が候補者に要求することさえ想定されてはいない。

> **原典 3** 「いま一つの民主主義理論」
>
> 「かくてこの説によれば，民主主義的装置の第一義的な目的は，選挙民に政治問題の決定権を帰属せしめることにあり，これに対し代表を選ぶのはむしろ第二義的なこととされる。さてわれわれは，この二つの要素の役割を逆にして，決定を行なうべき人々の選挙を第一義的なものとし，選挙民による問題の決定を第二義的たらしめよう。これをやや言い替えるならば，われわれはここで，人民の役割は政府をつくること，ないしはあらためて国民的行政執行府または政府をつくり出すべき中間体をつくることにある，という見解に立つことになる。かくて次のごとく定義される。すなわち，民主主義的方法とは，政治決定に到達するために，個々人が人民の投票を獲得するための競争的闘争を行なうことにより決定力を得るような制度的装置である，と」(429-430頁)。

ここでシュンペーターは，立法部の議員を選出することではなく，行政部(政府)の長である首相を選任・解任することを重視する。シュンペーターによれば，たしかに議院内閣制の議会は，法律や予算の議決という立法・行政機能を担当する。しかし，議会の主たる役割は，政府の存続を承認するか拒否するかを決定することであるという。「いくつかの例外を別とすれば，すべての

Ⅱ　自由民主主義の理念

投票は［政府にたいする］信任ないし不信任の投票」である（446頁。［　］は引用者）。シュンペーターは，こうした議会観に基づいて，比例代表制の選挙制度を退ける。比例代表制は有能な政府を創ることを妨げて，緊急事態において危険をもたらしかねない，と。

　ただしシュンペーターは，いま一つの民主主義でさえ普遍的に妥当するものとは捉えていない。そうではなく，「一定の時代，場所，状況」を離れては，民主主義の作用は論じられないというのである（第20章）。シュンペーターは，民主主義的方法が成功する条件として，次の四つを挙げている（第23章）。第一に，政治家が十分に高い資質を有していること。第二に，政治的決定の有効範囲が広すぎないこと。第三に，よく訓練された官僚が存在すること。そして第四に，国民が「民主主義的自制」を持っていること。これらの諸条件がなければ，民主主義が成功を収めることは難しい。こうしてシュンペーターは「世上騒然たる時期」には「競争的な主導力（リーダーシップ）を廃棄して独占的な主導力（リーダーシップ）を採用する」ことも適当である，と示唆している（472-473頁）。

> ◇原◇典◇4◇　民主主義の諸条件
> 　「それは民主主義が一つの政治的方法にほかならないからである。換言すれば，民主主義は政治的――立法的，行政的――決定に到達するためのある種の制度的装置にほかならないのであって，一定の歴史的諸条件のもとでそれがいかなる決定をもたらすかということと離れては，それ自体で一つの目的たりえないものである」（386頁）。

❖エリート民主主義理論

　こうしたシュンペーターの民主主義理論はエリート民主主義理論と要約することができるであろう（『民主政の諸類型』デヴィッド・ヘルド，中谷義和訳，御茶の水書房，1998年，第5章を参照）。アメリカ合衆国第16代大統領のリンカーンは，民主主義を「**人民の，人民による，人民のための政治**」と定義した。しかしシュンペーターは，人民による政治を，人民によって選ばれた政治家による政治

へと再定義したのである。「民主主義とは政治家の支配である」(454頁)。シュンペーターは,エリート間の競争は重視しているが,市民参加はいうまでもなく普通選挙でさえ積極的には擁護していない(389-391頁)。このことに着目すると,シュンペーターのエリート民主主義理論がそもそも民主主義理論といえるのかどうかさえ,自明とはいえない。

❖意義——市民の政治的負担の軽減

さて,こうしたシュンペーターの民主主義理論の意義としては,民主主義を方法ないし制度的装置として定義したことで,ある政治体制が民主主義であるか否かの基準を明確にしたことが挙げられるであろう。たしかに,民主主義を自由や平等といった理念と結びつけた場合,何が民主主義で何が民主主義ではないのか,判然としない。それどころか,フランス革命やロシア革命が示しているように,真の民主主義を実現するという大義の下に非民主主義的方法を採用することを正当化しかねない。しかし,シュンペーターのように民主主義を方法ないし制度的装置として定義すれば,こうした民主主義概念の濫用を避けることができるであろう(ただし,メデアリスのように,シュンペーターの民主主義理論には,民主主義を方法として捉える「エリート的構想」だけではなく,民主主義における信念やイデオロギーを重視する「変革的構想」もあった,と解釈する研究者もいる)。

しかし,こうした基準の明確化以上に重要なのは,市民をいわば政治における消費者と見なすことで市民の政治的負担を軽減したことであろう。ここで想起すべきは,シュンペーターが政治学者ではなく経済学者であったことである。シュンペーターの民主主義理論は,マクファーソンも指摘しているように,経済学的発想を色濃く反映している(『自由民主主義は生き残れるか』C.B.マクファーソン,田口富久治訳,岩波新書,1978年,第Ⅳ章を参照)。シュンペーターの民主主義理論においては,有権者の選択肢は,ある候補者に投票するか,それとも棄権するかである。これは,消費者の選択肢と同一である。消費者は,ある企業の商品に満足すればその商品を購入し,満足しなければ別の商品を購入する。満足すべき商品が一つもなければ,購入しない。消費者は例外的にしか「発

II 自由民主主義の理念

言」，すなわち，企業にクレームをつけない。シュンペーターの有権者は，政治市場における消費者である。有権者は，消費者が企業の商品を選択するように，候補者を選択する。その候補者に満足しなければ，別の候補者に乗り換える。どの候補者にも満足しなければ，棄権するだけである。ハーシュマンの用語を使えば，「発言」（voice）よりも「離脱」（exit）を重視するシュンペーターの民主主義理論は，政治学的発想よりも経済学的発想に貫かれている（『離脱・発言・忠誠』A. O. ハーシュマン，矢野修一訳，ミネルヴァ書房，2005年を参照）。

たしかに，こうした民主主義の経済学的再定義は，現代社会に適合的である。第一に，現代社会は巨大化・複雑化しており，すべての市民がすべての問題について判断することは不可能である。第二に，価値観が多様化した現代社会では，すべての市民がすべての時間的・経済的資源を政治に費やすわけにはいかない。これら二つの条件を考えると，古典的民主主義学説は，たしかに現代社会に適合的であるとはいえない。この点，シュンペーターの民主主義理論は，市民の政治的負担を軽減することで，市民が政治以外の価値を追求することを可能にしてくれるであろう。加えて，市民の政治的負担を軽減することで，市民が政治参加に嫌気を覚えないようにしてくれるであろう。このように，シュンペーターの民主主義理論は，現代社会に適合するように民主主義を再定義した点，一定程度の意義を有しているといえるであろう。

❖難点――民主主義の形骸化

しかし同時に，シュンペーターの民主主義理論は，民主主義の形骸化という難点をはらんでいる。すでに見たように，シュンペーターの定義では「民主主義的方法とは，政治決定に到達するために，個々人が人民の投票を獲得するための競争的闘争を行なうことにより決定力を得るような制度的装置である」(430頁)。ここで注目すべきは，次の二点である。第一に，シュンペーターは，民主主義を選挙（投票）に限定している。選挙以外において有権者が政治家をコントロールすることは，彼の民主主義の定義には含まれていない。第二に，シュンペーターは，その選挙さえも候補者の視座から捉えている。企業が市場において消費者の獲得競争をするように，候補者は選挙において有権者の獲得

競争をする。選挙の主体は候補者であり,有権者はその客体にすぎない。これらを考えると,シュンペーターは,民主主義的制度は擁護しているものの,それを支える精神は民主主義的であるとはいえない。ここで,シュンペーターが貴族的出身だったことを想起してほしい。シュンペーターのエリート民主主義理論は,彼の過剰適応的な貴族性——貴族出身ではないがゆえに貴族以上に貴族的であった——に起因していたのかもしれない。

それはともかく,シュンペーターが同時代の民主主義者から批判を受けるのは当然であった。たとえば,**参加民主主義**（participatory democracy）は,ルソーやジョン・ステュアート・ミルといった古典的伝統に立ち返り,選挙にとどまらない市民の政治参加を重視する。参加民主主義は,代議制民主主義の不完全性を指摘して,市民参加を擁護する。選挙では候補者が限られている以上,有権者はすべての争点に関して一致した候補者に投票することはできない。それゆえ代議制民主主義は,民意を完全に代表することはできない,と。参加民主主義はまた,市民参加を擁護する際,その教育機能も重視する。市民参加は,市民に自己教育の機会を提供し,民主主義を発展させるのに寄与する,と（ペイトマン,前掲書を参照）。エリート民主主義か参加民主主義か,あるいは,エリート民主主義と参加民主主義と——いかなる選択肢が望ましいのか,判断を急ぐ必要はない。しかし『資本主義・社会主義・民主主義』は,参加民主主義という選択肢をあらかじめ除外している点,一面的であることは否めない。

エリート民主主義は,別の批判にもさらされている。**熟議民主主義**（deliberative democracy）は,市民社会や議会における熟議を通じて,各人の選好を吟味することを重視する。吟味されていない選好を集計しただけでは,不当な選好も入り込まざるをえない。重要なのは,人々の選好を熟議のふるいにかけることだというのである。このように熟議を重視する熟議民主主義者は,シュンペーターの民主主義理論にたいして,次のような批判を加えるであろう。「公益」概念を退けたシュンペーターの民主主義理論は,公的規範に照らして私的選好を吟味する契機を欠いており,不当な私的選好を容認しやすい。たとえば,再選を目指す政治家が業界や地元に利益誘導をして票を獲得する,といった倒錯現象を批判しえない,と。

Ⅱ　自由民主主義の理念

❖『資本主義・社会主義・民主主義』と現代日本政治

　このように，シュンペーターの民主主義理論は，現代社会への一定程度の適合性という意義を持つと同時に，民主主義の形骸化という難点もはらんでいる。こうした両義性にもかかわらず，否，それゆえにというべきであろうが，『資本主義・社会主義・民主主義』は，現代日本政治にとって有意義な書物になっている。現代日本では，官僚主導政治からの脱却が目指されている。しかし，その後の政治が政治家主導の政治になるのか，市民主導の政治になるのか，それとも市民＝政治家主導の政治になるのか，不透明である。こうしたなか『資本主義・社会主義・民主主義』は，われわれの民主主義観を鍛える格好の教材であるといえるであろう。

❖用語解説

(1) 「人民の，人民による，人民のための政治」[the government of the people by the people for the people]　民主主義の本質を簡潔に示したとされる，リンカーンのゲティスバーグ演説の言葉。"the government of the people by the people for the people" は「人民の，人民による，人民のための政治」と訳されることが多いが，"of the people" は「人民が」（主格関係の of）ではなく「人民を」（目的格関係の of）と解釈されるべきだという説もある。『政治をめざす人のための政治学十二章——名句に学ぶデモクラシー』内田満，ブレーン出版，2004年，第2章を参照。

(2) 　参加民主主義[participatory democracy]／熟議民主主義[deliberative democracy]　参加民主主義は，「草の根」における市民参加を重視する民主主義の理論と実践。熟議民主主義は，各人の選好を吟味する熟議を重視する民主主義の理論と実践。熟議民主主義が市民社会における熟議を重視する場合には，参加民主主義と熟議民主主義は，部分的にではあるが重なり合うものと考えてよい。しかし，熟議民主主義が市民社会ではなく議会における熟議を重視する場合には，両者は区別されなければならない。

　熟議民主主義の代表的理論家であるハーバーマスは，熟議の際に掲げる「妥当要求」として，真理性・正当性・誠実性を挙げている。教授が学生に「水を持ってきてください」と要請した場合，学生は次の三つの仕方で拒否することができる。「いいえ，近くに水道がないため，授業に戻ってこれません」（真理性）。「いいえ，先生は私を使用

人のように扱うことはできません」(正当性)。「いいえ,先生の意図はただ,ゼミナール参加者の前で私に恥をかかせることなのです」(誠実性)。『コミュニケイション的行為の理論』全3冊,ユルゲン・ハーバーマス,河上倫逸ほか訳,未來社,1985-1987年を参照。『事実性と妥当性』全2冊,ユルゲン・ハーバーマス,河上倫逸・耳野健二訳,未來社,2002-2003年も参照。

❖より深く学ぶために

〈基本文献〉

『資本主義・社会主義・民主主義』シュムペーター,中山伊知郎・東畑精一訳,東洋経済新報社,1995年

〈入門・解説書〉

『シュンペーター——孤高の経済学者』伊東光晴・根井雅弘,岩波新書,1993年

「J. A. シュンペーターと現代民主主義——古典的民主主義批判と『いまひとつの民主主義理論』の提唱」曽根泰教,『現代世界の民主主義理論』白鳥令・曽根泰教編,新評論,1984年,9-33頁

「シュンペーターの民主主義理論——その現代性と課題」河野勝,『日本政治学会年報 20世紀の政治学』岩波書店,1999年,181-203頁

「シュンペーターの科学と政治学」酒井弘格,『国家学会雑誌』第115巻第5・6号,2002年6月,190-258頁

Joseph Schumpeter's Two Theories of Democracy, John Medearis, Cambridge, Mass. and London: Harvard University Press, 2001

(岡崎晴輝)

II-4
平等 (Equality)

ロールズ
『正義論』
John Rawls, *A Theory of Justice* (1971)

ドゥオーキン
『平等とは何か』
Ronald Dworkin, *Sovereign Virtue: The Theory and Practice of Equality* (2000)

❖ リベラリズムと平等

　現代政治のさまざまな具体的局面において，「平等」は常に重要な問題として存在している。わが国でもたとえばもろもろの「格差」問題（都市と地方の地域間格差，年金問題における世代間格差など）の是正というかたちで，平等は政治の場で追求すべき重要課題となっている。だが，現代社会において，「平等であること」は何を意味するのか。あるいは，いかなる種類の平等が政治的目標として採用されるべきなのか。こうした問いは非常に困難な問いであり，容易に解答を出すことはできない。ここでは，ジョン・ロールズ（1921-2002）の『正義論』(1971) およびロナルド・ドゥオーキン（1931-）の『平等とは何か』(2000) を取り上げ，両者がどのように平等を論じているのかを概観し，この問いにアプローチするための基本的視座を提供することを目的としている。まずは，ロールズによる平等論を検討しよう。

❖ 『正義論』の射程

　現代リベラリズムの主要な特徴である平等主義を最初に定式化したものは，ロールズの『正義論』である。ロールズは『正義論』において，社会制度の第一の徳目としての正義の構想を提起した。この意味での正義とは，人々の協働

の体系としての社会の基本構造を道徳的に規定する規範的原理である。ロールズは次のように述べている。

> **原典 1　『正義論』の目的**
> 「本書の達成目標は，ロック，ルソー，カントに見られるような，社会契約というよく知られた理論を一般化しかつ抽象度を一段と高めた，正義の構想のひとつを提出することに向けられている。そうした目標を達成するためには，原初的な契約を特定の社会に入るためのもの，もしくは特定の統治形態を設立するためのものだと考えるべきではない。むしろ本書を導く理念によれば，社会の基本構造に関わる正義の諸原理こそが原初的な合意の対象となる。それらは，自分自身の利益を増進しようと努めている自由で合理的な諸個人が平等な初期状態において（自分たちの連合体の根本条項を規定するものとして）受諾すると考えられる原理である」（『正義論　改訂版』ジョン・ロールズ，川本隆史・福間聡・神島裕子訳，紀伊国屋書店，2010年，16頁）

　この正義の構想の核心にあるのは，「公正」で「平等」な「よく秩序づけられた社会」（well-ordered society）への志向である。したがって，正義の原理はこのような目的に沿うかたちで構成されねばならない。ロールズは，社会的基本財（social primary goods）の配分ルールこそが正義の原理を構成するものであると主張する。社会的基本財とは，権利，自由，機会，権力，富，所得，自尊心などである。したがって，こうした財を，公正かつ平等に配分することこそが正義の原理の主眼となる。そしてロールズはこうした正義の原理を「公正としての正義」（justice as fairness）と呼ぶ。

　しかし，なぜ社会的基本財の公正かつ平等な配分が正義論の主題となるのか。この点を理解するためには，ロールズが『正義論』を執筆するにあたって採用した「善にたいする正義の優先」という論点を理解しなければならないだろう。

❖ 善にたいする正の優先

　ロールズの『正義論』は，それまで支配的であった**功利主義**に代表される目

Ⅱ　自由民主主義の理念

的論的な正義論を退け，義務論的な正義論を展開している。目的論的な正義論とは，正義を一定の善の構想にたいして従属的なものと見なす立場である。たとえば，功利主義は，単純化していえば「社会全体の幸福の総量を（それが計算可能なものとして）最大にすることこそが善であり，この善を実現させることができるような制度や政策こそが正義にかなったものである」とする立場である。この意味での正義は，あくまでもある「善いこと」＝「目的」が存在してはじめて存在しうるものである。

　これにたいしてロールズは，正義は特定の善の構想から切り離し可能なものであり，さらにまた正義の構想は特定の善の構想に優先するものであると論じている。このような主張の背景には，理にかなった善の構想は一つの社会に複数存在しうるものであり，リベラリズムはこの「多元性の事実」を積極的に承認しなければならないとする多元主義の理念が存在している（ロールズは，この論点を後に『政治的リベラリズム』（1993）の中で発展させている）。それゆえ善から切り離された正義の構想は，こうした諸々の善の構想（＝目的）を有した諸個人が，それが理にかなったものである限りにおいて，各人各様の善の構想（＝目的）を極大化しうる社会のルールとして構成されなければならない。というのも，正義を特定の善の構想から切り離すことができなければ，その社会の制度は一定の善の構想（＝目的）に従わない人々を抑圧し続けることになるだろうからである。こうした意味でロールズの提示する正義論は，目的論的ではなく，いかなる目的を有する個人であれ遵守すべき社会のルールを提示するという点において，義務論的であらざるをえない。したがって正義の原理は，各人各様の善におそらくは普遍的に資すことになるであろう社会的基本財を公正かつ平等に配分するルールでなければならないのである。

　では，実際にロールズが提示する正義の原理とはどのようなものだろうか。そして，ロールズが提示する正義の原理はいかなる手続きを経て導出されるものであるのだろうか。まずは後者の問いに答えることにしよう。

❖原初状態からの正義の原理の導出

　ロールズは，正義の原理の導出プロセスを，道徳判断と道徳原理との往還を

通じて理想的な均衡状態を追求する**反照的均衡**（reflective equilibrium）として記述する。すなわち，仮説的に提示される原理導出の初期状態と道徳的判断のすりあわせが行われることになる。このような正義の原理を導出する手続きは，社会契約論の伝統に棹差すものである。

原典1で見たようにロールズは，社会の基本構造のための正義の原理をその原初的同意（＝契約）の対象と見なしている。そこでロールズは，正義の原理を導出するための装置として，「原初状態」（original position）と「無知のヴェール」（veil of ignorance）という概念を提示している。まず原初状態に関してだが，ロールズのいう原初状態は，ホッブズやロック，ルソーらの社会契約論における「自然状態」とは異なり，特定の人間観を前提として正義の原理が決定されることがないよう，人間的自然（human nature）についての議論を排除している。その意味でロールズの原初状態は，完全に仮説的なものであることを意図して構成されている。この仮説的な条件下で採択された正義の原理が，実際にわれわれが受け入れるべき正義の原理となる。実際ロールズは，次のように述べている。

原典2　正義の原理の正当化

「一定の正義の諸原理が平等な初期状態において合意されるだろうという理由でもって，それらの原理が正当化されると本書は主張する。この原初状態は純粋に仮説的なものだという点を私は強調してきた。こうした合意が決して現実にはもたらされないとすれば，道徳的なものであろうとなかろうと，そもそも〔仮説的に合意される〕原理に私たちが何らかの興味・関心を抱くべきだなどとどうして言えるのか——このように問うことは当然だろう。原初状態の記述において具体化されている条件は，私たちが事実上受け入れているものだからだ，というのがその答えとなる。あるいは，実際に受容しているとは言えない場合でも，哲学的な熟考・反照を通じて受け入れるよう私たちを促すことはおそらく可能だろう」（『正義論　改訂版』30頁）

さて，原初状態にいる当事者たち（parties）は，自分自身の能力や資質など

Ⅱ　自由民主主義の理念

がいかなるものか，自分自身の階級的・社会的地位がいかなるものであるのかなど正義の原理の選択に影響を及ぼしうる自己の個別的情報を一切知らない。これをロールズは「無知のヴェール」と名づけている。このゆえに，原初状態において社会的基本財の配分を決定するに際して，人々は自己の個別的利害を正義の原理に反映することを断念せざるをえない。その結果，人々は財の配分ルール，すなわち正義の原理を採択するに際して，不偏的な立場から決定を行うことになる。

以上のような条件のもとで，正義の原理は，ゲーム理論における「マキシミン・ルール」を適用することによって合理的に採択されるとロールズは主張する。つまり，ロールズの提示する正義の原理は，マキシミン解として理解可能なのである。マキシミン・ルールとは，想定されうる最悪の結果に着目し，最悪の結果に陥ったときの損失が最も少なくなるような選択を行う，というものである。ロールズによれば，原初状態における契約は1回限りのものであり，しかもその効果は永きにわたって持続する。とすれば，無知のヴェールによって不確実な状況下に置かれた個人は，とにもかくにも最悪の状況を緩和し，リスクを回避することを目的として正義の二原理を選択することが合理的なのだ，とロールズは考えた。すなわち当事者たちの合理的判断の結果，正義の二原理は選択されるのである。

❖正義の二原理と『正義論』における平等主義

さて，以上の過程を経て採択された正義の原理，すなわち社会的基本財の適切な配分ルールとして，ロールズは「正義の二原理」を提示している。この正義の二原理の内容は，時期によって多少の異同がある。ここでは，1999年に出版された『正義論』の改訂版で提示された正義の二原理を見てみよう。

原典 ③　正義の二原理

「第一原理
各人は，平等な基本的諸自由の最も広範な全システムに対する対等な権利を保持すべきである。ただし，最も広範なシステムといっても

〔無制限なものではなく〕すべての人の自由の同様〔に広範〕な体系と両立可能なものでなければならない。
第二原理
社会的・経済的不平等は，次の二条件を充たすように編成されなければならない。
　(a)そうした不平等が，正義にかなった貯蓄原理と首尾一貫しつつ，最も不遇な人びとの最大の便益に資するように。
　(b)公正な機会均等の諸条件のもとで，全員に開かれている職務と地位に付帯する〔ものだけに不平等がとどまる〕ように」(pp. 402-403)

　第一原理は「平等な自由原理」と呼ばれる。この自由の優先を謳う第一原理は第二原理に優先する。そして，この第二原理には二つの要素が存在する。すなわち，(a)「格差原理」(the difference principle) と(b)「公正な機会均等原理」(the principle of the fair equality of opportunity) である。さらに，この第二原理の内部においては，(b)の公正な機会均等原理が(a)の格差原理に優先するものとして規定されている。

　この議論からも明らかなように，ロールズの正義の二原理には，いわば平等の階梯とでもいうべきものが存在している。侵すべからざる最大の平等は，基本的自由への平等である。正義にかなった社会システムは，この意味で平等主義的であるといえる。しかし，この程度の平等主義であれば，常識的直観の範囲からもそれほど逸脱していない，「よくある」平等主義であるといえる。ロールズの平等主義といわれる場合，一般的にいってそれは，第二原理，なかでも格差原理を指す。自由で平等な諸個人が，機会の平等という条件下で競争を行った結果生じる社会的・経済的不平等は，「最も恵まれない人びと」の利益を最大化するために是正されるべきである。

　この議論のポイントは，不平等の是正は，基本的自由への侵害を生じない範囲での話であり，機会の平等を侵すことがあってはならない，ということである。もちろんこうした定式は，最も恵まれない人々とはどのような人々であり，そうした人々の最大の利益とはどのようなものか，と定義次第で相当程度の解

Ⅱ　自由民主主義の理念

釈の幅をゆるすものである。ここでは，そうした格差原理をめぐる多様な解釈に触れることはできないが，正義の二原理そのものの内容から，少なくとも次のようにいうことができるだろう。すなわち，経済的不平等は，その社会のあらゆる成員の基本的自由への平等な権利の保護（第一原理より）および公正な機会の平等の確保・促進のために（第二原理より），最大限是正されるべきである，と。その意味でロールズの格差原理は，基本的自由への平等と公正な機会の平等を目指す諸々の格差是正措置を正当化する機能を有してはいるが，どちらかといえば，このような平等主義は穏当であり，さして急進的なものではないといえるだろう。

では，この穏当なリベラルな平等主義は，どのようにドゥオーキンに批判され，継承されたのだろうか。

❖ドゥオーキン『平等とは何か』

先に述べたようにロールズの正義論は，後のリベラルな平等主義の発展に大きく寄与している。その中でも，ロールズの『正義論』を平等論の観点から批判的に継承している人物として，ロナルド・ドゥオーキンの名を挙げることができる。1980年代以降ドゥオーキンは平等の観念について精力的な議論を展開している。彼の平等についての議論は『平等とは何か』にまとめられている。

❖資源の平等

ドゥオーキンは，ロールズと同様に，配分的平等の理論に議論を絞って平等論を展開している。まずはじめに，彼は配分的平等の理論を，福利（welfare）の平等論と資源（resources）の平等論という二つのグループに大別する。まずドゥオーキンは，福利の平等論に関して次のように論じている。福利の平等は，諸個人が抱く多様な選好や目的や企図を，あるいは多様な喜びの質を調停する統一的な基準を見出すことはできない。したがって，福利の平等を実現することは，それ自体の正当性が極めて疑わしい一元的な基準に人間の多元性を押し込めることにほかならないことになる。それゆえドゥオーキンは，福利の平等の理論を，そもそも実現不可能なだけでなく，その実現がリベラルな平等主義

の観点からみてふさわしくないものとして退けるのである。

　この福利の平等論にドゥオーキンが対置し擁護するのが資源の平等論である。ドゥオーキンは資源の平等論を論じるにあたって，次のような思考実験を行う。ある無人島に多数の遭難者たちが流れ着いた。彼らは来るあてのない救助をただひたすら待つのではなく，無人島の中に一種の共同社会を作り，生活を行うことにした。その際問題となるのが，その島に存在するさまざまな資源や物品を平等に配分するためにはどうすればよいかということである。ドゥオーキンはここで，羨望テスト（envy test）という仮説を導入する。すなわち，資源の配分は，配分された後の一束の資源に関して，ある人が自分の得た資源の束より他者の所有する資源の束のほうがよいと考えるような場合には，羨望テストを充足することができず，したがって平等なものではないと見なされる。ドゥオーキンは，この羨望テストを充足するために，「競売」という構想を提示する。

原典 4　資源の配分の尺度

「資源の平等は，各々の人間の人生に割り当てられる資源は平等でなければならない，と想定する。この目的を達成するためには計量器が必要である。競売が提供するのは，羨望テストが実際に想定していること，すなわち，一人の人間の生涯に割り当てられるべき社会的資源を測定する真の尺度は，当の資源が現実に他人にとってどれほど重要なものかを問うことによって定まる，ということである。競売が主張しているのは，既述の正義の命令を所与としたとき，上記の仕方で測定されるコストが，何が正当に自分のものであるかに関する各人の考え方や，いかなる生活を送るべきかについての各人の判断の中に反映されなければならない，ということである」（『平等とは何か』ロナルド・ドゥウォーキン，小林公・大江洋・高橋秀治・高橋文彦訳，木鐸社，2002年，100頁）。

　諸個人は，その島に存在する無数の物品・資源そのものを配分されるのではなく模造貨幣としてのハマグリの貝殻を同数配分され，島の物品・資源のリストの中から自分の好む物品・資源を購入する。各人が十分に満足し，他者の所

Ⅱ 自由民主主義の理念

有する資源の束に羨望の意識を持たなくなるまで競売は繰り返される。かくして羨望テストは充足され，仮想の無人島の共同体においてはその出発点において資源の平等が確保されることになる。

　しかしこのような出発点における資源の平等は，時がたつにつれて崩壊していくだろう。このように増大していくことが予想されうる格差，すなわち不平等は，仮想的保険市場によって是正される。そこにおける保険料は累進的な課税制度であり，集められた税金は，何らかの理由で平均以下の生活水準に甘んじざるをえなかった人々に再配分されるのである。ここでドゥオーキンが念頭に置いているのは，先天的な身体の障害その他の自然的な不運にみまわれた人々である。そうした不運は，不可避的であり，そうした人々の自発的な選択の結果ではない。すなわち，彼らは不平等をこうむっていることに何の責任もない。したがって，不運に端を発した不平等は，できるかぎり是正されねばならないのである。

❖ロールズとドゥオーキンの差異

　さて，ではこのように議論されてきたドゥオーキンの資源の平等論は，ロールズの『正義論』において提示された平等論とどのような差異を有しているのだろうか。

　ドゥオーキンはこうした差異についての説明を，ロールズの格差原理と比較しながら論じている。ドゥオーキンによれば，ロールズの格差原理とドゥオーキンの資源の平等論は次のような差異を有している。まず，ロールズの格差原理は最も恵まれていない人々の集団に焦点を合わせているため，先天的に身体ないしは知能に障害を負った個人の立場を十分に配慮することができない。したがって，個人の自然的な不運により引き起こされた不平等と，個人の自己責任により生じた不平等とを区別できない。このことと関連して，ドゥオーキンは，ロールズの格差原理について次のように論じている。

原典 5　格差原理はなぜ集団と結びつけられるのか

「格差原理は原理的に集団と結びつけられている。その理由は，経

済的な意味で定義された社会集団間の平等という観念は，端的で一律的な仕方で平等を解釈する立場に特に適合しているからである。事実，平等というものを経済的集団のあいだの平等として捉えれば，端的で一律的な仕方で平等を解釈する以外に適切な平等解釈はありえないだろう。どのような経済的集団であれ，集団内の成員たちの嗜好や人生計画や善き生活に関する観念は相互に非常に異なっているだろう。それゆえ，これらの事例は集団間の真の平等が要求することを述べるどんな原理からも排除されなければならない。そして集団たるかぎりでの集団の間には，ただ一つの次元において相違が生じうるに過ぎないのであるから，集団はこの唯一の次元において平等でなければならない，という要請のみが我々に残されることになる。集団というものを社会政策の一単位として捉える考え方と格差原理の間には，定義上の結合とさえ言えるほどの密接な関係があるのである」（『平等とは何か』162-163頁）。

原理的に集団と結びついているロールズの格差原理にたいして，ドゥオーキンの資源の平等は，集団ではなく個人をその対象としている。

原典 6　資源の平等と個人

「我々の理論は，現実的ないし仮想的な市場の主要な装置が記述するとされるような方法で，各人が辿る運命を相互に結びつけるのであるが，これを集団的地位に着目する考え方とは違ったやり方で行う。すなわち我々の理論の想定によれば，平等というものは市民の間の関係を各人にとり個別化されたものとして定義し，それゆえ社会における他のすべての人々の観点からと同時に各個人の観点から権限を設定するものと理解されるのである」（『平等とは何か』159頁）。

ドゥオーキンの資源の平等論は，個人に焦点を合わせることで，ロールズの平等論では少なくとも前面に出てくることのなかった「責任」の観念に中心的役割を与えることになった。両者の差異は，ドゥオーキンの言葉を借りれば，

Ⅱ　自由民主主義の理念

「個人の責任のどのような考慮からも切り離されたロールズの格差原理と，可能なかぎり多くのことをこのような責任に依らしめようと試みる仮想保険のアプローチ」（『平等とは何か』12頁）との差異である。したがって，不平等の是正は，基本的な自由への平等権の確保や機会の平等の保護・促進という目標を超えて，個人に責任のない自然的不運による不利益の是正へと拡張される。この意味でドゥオーキンの議論は，ロールズと比較して徹底的に平等主義的であるということができるだろう。

❖課　題

　ドゥオーキンによって導入された責任概念を，平等論の重要な参照点と考える立場は，たとえばジェラルド・アラン・コーエンらに引きつがれ，さらに先鋭化している（『自己所有権・自由・平等』G. A. コーエン，松井暁・中村宗之訳，青木書店，2005年）。しかし責任という概念が，時代や場所などによってその意味が変容する社会構成的概念であるかぎり，選択の結果と自然的不運の境界線は常にあいまいであらざるをえず，その点に一定の限界を有している感は否めない。ここでわれわれはもう一度ロールズの『正義論』に立ち返って「平等」を再考してみるべきではないだろうか。ドゥオーキンによって展開された方向性とは別の，平等と個人の「責任」とを関連づけることのない平等の可能性が，そこには示唆されているように思われるのである。

❖用語解説

(1)　**功利主義**［utilitarianism］　行為の善悪の基準を効用（utility）に求める道徳学・倫理学上の立場。行為の善悪の基準を快苦の量的計算に求めたベンサムからジョン・ステュアート・ミルを通じて展開した功利主義は，英米圏の政治思想において，ロールズが『正義論』を執筆した当時，支配的な立場であった。現代における功利主義の代表的な思想家はリチャード・マーヴィン・ヘア，ピーター・シンガーらである。

(2)　**反照的均衡**［reflective equilibrium］　われわれの熟考された道徳的判断と，正義の理論をつきあわせ，それらが一致しなければ，正義の原理が導出される初期条件か現在の道徳的判断かどちらかを修正する。そのようなプロセスを繰り返すことでえられ

る，正義の原理と道徳判断の一致点のこと。盛山和夫はこの反照的均衡はロールズの理論内部ではなく，ロールズの理論そのものが実践する，いわばロールズの方法論そのものであると見なしている（『リベラリズムとは何か——ロールズと正義の論理』盛山和夫，勁草書房，2006年）。

❖より深く学ぶために

〈基本文献〉

『正義論　改訂版』ジョン・ロールズ，川本隆史・福間聡・神島裕子訳，紀伊国屋書店，2010年。

『不平等の再検討——潜在能力と自由』アマルティア・セン，池本幸生・野上裕生・佐藤仁訳，岩波書店，1999年。

『平等とは何か』ロナルド・ドゥウォーキン，小林公・大江洋・高橋秀治・高橋文彦訳，木鐸社，2002年

〈入門・解説書〉

『ロールズ——正義の原理』川本隆，講談社，1997年

『リベラルな共同体——ドゥオーキンの政治・道徳理論』小泉良幸，勁草書房，2002年

『リベラリズムとは何か——ロールズと正義の論理』盛山和夫，勁草書房，2006年

(高田宏史)

II-5

ナショナリズム (Nationalism)

ミラー
『ナショナリティについて』

David Miller, *On Nationality*（1995）

❖政治学とナショナリズム

　ナショナリズム研究を戦後リードしてきたのは，歴史学や社会学，人類学における研究であった。現実政治におけるナショナリズムの影響力の大きさに比して，政治哲学・政治理論の著作で規範的観点からナショナリズムの是非を取り扱った研究は比較的少なかった。一つの理由として，第二次世界大戦の悲惨な経験のために，ナショナリズムはファシズムや軍国主義と結びつけられて理解されることが多く，リベラル・デモクラシーを規範とすべき知識人がまじめにその是非を論じるまでもないとする風潮があったと指摘できるかもしれない。しかし，近年，とくに1990年代以降，政治哲学・理論におけるナショナリズムをめぐる議論は活発化しつつある。理論的には，共同体主義や多文化主義の議論などから由来する「文化」に対する注目の高まりがその背景にある。また現実政治との関連では，グローバル化の進展に伴い，ネイションや**国民国家**を中心的な政治主体とする見方の検討が求められるようになったためでもあろう。

　近年高まってきた政治学におけるナショナリズム研究の一つに，「リベラル・ナショナリズム」といわれる潮流がある。ナショナリズムを忌避してきた戦後の政治哲学・理論の傾向に抗して，ナショナリズムと，自由，平等，民主主義，多文化共生などのいわゆるリベラル・デモクラシーの諸理念との関係性を，規範的観点から改めて検討しようとするアプローチである。ここでは，リベラル・ナショナリズムの代表的論考であるデイヴィッド・ミラー（1946-）の

著作『ナショナリティについて』(1995) を中心に，ナショナリズムとリベラル・デモクラシーとの関係をめぐる議論を概観したい。

❖歴史学的・社会学的研究

　歴史学や社会学，人類学における研究において強調されてきたのは，ネイションや国民国家，あるいはそこにおける文化や伝統は，自然的かつ所与のものというより，近代化の中で人為的に構築されてきたものだということである。たとえばアーネスト・ゲルナーは，近代産業社会の登場とその運営の必要性からネイションへの所属意識や国民国家制度の成立を説明した。近代産業社会は，共通の言葉や文化，行動様式を身につけた多数の働き手を必要とする。小規模な村や町で暮らし，地方特有の方言や生活習慣を身につけていたそれまでの人々ではなく，もっと大きな社会で暮らしているという意識を持ち，いわゆる標準語や共通の行動様式を獲得している人々が労働力として多数存在しなくては，近代産業社会は成り立たない。こうした近代産業社会の要請からネイションへの所属意識や国民国家は作られてきたと論じたのである（『民族とナショナリズム』加藤節監訳，岩波書店，2000年）。またベネディクト・アンダーソンは，類似の観点から，ネイションや国民国家の成立に，出版文化や出版産業の興隆が大いに関係してきたという分析を行った。これらの興隆に伴い，共通の共同体への所属意識が作られ，そこではじめてネイションや国民国家という共有のイメージが形成されるようになったというのである（『想像の共同体』白石さや・白石隆訳，NTT出版，1997年）。

❖規範的研究の必要性——リベラル・ナショナリズム論

　以上のように，戦後の社会学や歴史学，人類学におけるナショナリズム研究では，ネイションや国民国家が人為的に作られた社会的構築物であることが強調されてきた。だが，ナショナリズム研究は，社会的構築物としてのネイションや国民国家の成立という事象を説明する記述的研究だけでは十分ではない。ある社会的構築物が必要な望ましいものなのか否か，あるいは望ましいものとなるためにはいかなる条件が求められるのか，などの規範的観点からの分析も

Ⅱ 自由民主主義の理念

また必要である。この必要性に基づき，リベラル・デモクラシーという価値理念に照らして，ネイションや国民国家の是非を規範的に吟味する作業を近年活発に行っているのが，政治理論・哲学におけるリベラル・ナショナリズムの潮流だといえる。

❖著者デイヴィッド・ミラーについて

デイヴィッド・ミラーは1946年生まれの英国の政治理論家で，現在はオックスフォード大学教授である。若い時分から，社会民主主義の立場に立つ社会正義論の研究者として名を知られていた。80年代後半から，ミラーは，リベラル・デモクラシーとナショナリズムの関係性に関する理論的研究を進めてきた。ミラーの議論は，グローバル化の進む現代において，国民国家という制度の意義を強調する点で，ある意味，反時代的性格を有する。しかしそれゆえに，ナショナリティや国民国家の是非をめぐる規範的議論の活発化に大きく寄与してきた。

❖ネイションの規定，およびナショナル・アイデンティティの性質

ミラーは，歴史学・社会学的研究と同様，ネイションが社会的構築物であることを強く意識したうえで，ネイションを規定する。ミラーによれば，ネイションは第一に「政治的な自己決定をおこないたいと強く願う人たちの共同体」（35頁）と規定できる。つまり自分たちだけで，少なくとも一定程度は自己完結的な政治社会を作りたいとする願望を持つ共同体である。この点で，ネイションは，単なるエスニック集団とは区別される。エスニック集団は，共通の祖先や文化を持つ人々のまとまりであると考えられるが，そうした政治的自決の願望は持たないからである。また，ネイションとステイト（state：国家，政府）との区別も明らかにする。ステイトとは，ネイションが持ちたいと願う統治機構を指すものだとする。加えてミラーは，ネイションのその他の特徴として，歴史的継続性，能動性（政治的決定を主体的に下すということ），領域性，公共文化の共有という点に言及する。

その後，ミラーは，**ナショナル・アイデンティティ**の包括性，および柔軟性

を指摘する（34-35頁）。包括性とは，ナショナル・アイデンティティは，うまく規定されれば，エスニシティをはじめとするさまざまな集団のアイデンティティや，多様な生活様式，生き方，思想信条，ジェンダーなどを包み込むことができるということを意味する。柔軟性とは，ナショナル・アイデンティティは，固定したものではなく，少なくとも原理的には，すべての諸々のマイノリティ（少数者）集団も参加する開かれた民主的熟議によって，あるいは政治的経験を共有していく中で，柔軟に変化していく可能性を持つということを意味する。

❖リベラル・デモクラシーの前提条件としてのネイション

　ミラーは，(1)（熟議的）民主主義，(2)平等（社会正義），(3)個人の自由・権利，というリベラル・デモクラシーの三つの核心的要素は，以下で各々について概観するように，すべてナショナルな政治的単位で最もよく実現されるのではないかという議論を提示する。

　(1)（熟議的）民主主義　ミラーは，熟議的民主主義の実現には，人々の相互信頼や連帯意識が必須であると考える。なぜなら民主的議論の過程には，見解を異にする陣営の人々も，単に党派的利益のためではなく，公共の利益を追求しているのだという信頼が相互になければならないからである（167-171頁）。また民主政治では，反対者の意見を取り入れつつ，自分たちの当初の主張を穏健化し妥協点を探ることがしばしば必要とされるが，このような政治的妥協が可能になるためには，一定程度の連帯意識や相互信頼がなければならないからである。ミラーは，現代では実際上，ナショナル・アイデンティティの共有の感覚のみが不十分ながらもこうした連帯意識や信頼感をもたらすと考える。それゆえ，熟議的民主主義の実現の条件としてナショナリティの重要性が導き出されると主張する。

　(2)平等（社会正義）　ミラーは，平等実現の実質的手段としての再分配的福祉との関わりで，ナショナリティの重要性を大いに強調する。ミラーは，ある社会において再分配政策を可能にするためには，人々の間に共通のアイデンティティに基づく強い連帯意識がなければならないと指摘する（149-151, 163-

Ⅱ　自由民主主義の理念

167頁)。再分配政策の基盤には，そもそも社会における不遇な者にたいする共感の念がなければならないからである。ミラーは，再分配政策を可能にする連帯意識をもたらす共通のアイデンティティとは，現代では，やはり実際上，ナショナル・アイデンティティのほかにはないと述べ，平等の理念を実現しやすい場はネイションだと主張する。

　またミラーは，マイケル・ウォルツァーに類似した個別主義的社会正義観をとるが，この観点からも平等とナショナリティとのつながりを論じている。ミラーによれば，ネイションには共通の政治的経験と公共文化が備わっている。そのため，そこに住む人々の間には，ものの見方や考え方に関してある程度の共通性が見出せるとする。この共通性は，社会正義の原理を共同で模索し運用していくための不可欠の素材となるものである。また人々には，自分たちのなじみやすい，社会正義構想を実現しようという強い動機が働く。ミラーはこうして，ネイションこそが，再分配政策を通じた社会正義の実現を目指す基本単位にふさわしいという論を展開する。

(3)個人の自由・権利　ミラーは，再分配を伴わない最低限の個人の自由や権利の保障であっても，ナショナリティによってもたらされる絆が必要だと論じている。このことが端的に明らかになる一例として，防衛の問題が挙げられる。個人の自由や権利を保護するためには，ステイトの枠組みが必要である。ステイトの枠組みが外敵から侵されたとき，枠組みを防衛する必要が当然ながら生じる。その防衛の任務に当たる者を確保するには，自由や個人権といった抽象的理念に対する愛着やそれを維持する枠組みへの忠誠のみでは足らない。つまりミラーは，いわゆる立憲的愛国心だけでは十分ではないと論じる。やはり自己の所属するネイションやその公共文化や伝統，実践の蓄積，およびそれを維持する政治制度に対する愛着と忠誠の念が必要だと指摘する（287-292頁）。

> 原典 ①　相互信頼，連帯意識，ナショナル・アイデンティティ
>
> 「社会正義を信じ，社会的に正しい政治に対する民主的支持の獲得に関心があるのであれば，さまざまな集団が互いに信頼しあうようになる条件にこそ注意を払わなければならない。いつか将来，相手が私

の正しい要求を支持してくれることが分かっているからこそ，私は今回は相手の正しい要求を支持できるのである。信頼関係は集団の内部だけでなく，集団横断的な連帯をも前提とするが，こうした連帯とは，ひとえにナショナリティのみがもたらしうる共通のアイデンティティにかかっているのである」(『ナショナリティについて』デイヴィッド・ミラー，富沢克・長谷川一年・施光恒・竹島博之訳，風行社，2007年，245頁)。

❖多元的社会とナショナリティの役割

　以上のようにミラーは，リベラル・デモクラシーの諸理念との関係から，ナショナリティを肯定的に捉える。しかしこうしたナショナリティ肯定論には，「現代の多くの社会は，立場の弱い諸種のマイノリティを含む多元的社会であるため，ナショナリティの肯定は，マイノリティの抑圧につながるのではないか」という懸念が提起されることが予想される。

　ミラーは，こうした懸念に対する自らの回答を，①保守的ナショナリズム，②急進的多文化主義，という二つの異なる立場と比較しながら明らかにしていく（第5章）。

　前者の保守的ナショナリズムとは，ナショナル・アイデンティティを固定したものと捉え，個人の権利よりも，その固定したナショナル・アイデンティティの維持とそれによる統合を重視する立場である。ミラーは，こうした保守的ナショナリズムは，ナショナル・アイデンティティやナショナルな伝統を誤って固定的に捉えてしまっており，熟議や政治的経験などによって柔軟に変化しうるものだという事実を理解しそこなっていると批判する。

　後者の急進的多文化主義とは，一国内で抑圧を被っているマイノリティに厳密に実質的な意味で平等を保障するために，抑圧を被っているマイノリティのグループ・アイデンティティに公的（政治的）承認を与え，そうしたマイノリティ・グループにたいし，集団代表制や積極的差別是正措置などを通じた特別な権利の付与が必要だと強調する立場である。その際，急進的多文化主義の見

Ⅱ　自由民主主義の理念

解では，ナショナル・アイデンティティは，差異を無視し，同質化を強要し，抑圧を生み出す人為的アイデンティティであると理解され，その解体が志向されるとミラーは捉える。

　ミラーは，急進的多文化主義は，ナショナル・アイデンティティと，エスニシティやジェンダーなどの集団的アイデンティティとは常に対立するものだと誤って理解しており，そうした集団的アイデンティティを包摂する可能性をナショナル・アイデンティティが有していることを見落としてしまっていると批判する。また，急進的多文化主義の議論は，しばしばナショナリティの観念を解体しようとするが，ミラーはそれが解体されてしまえば，集団間の連帯意識が失われ，急進的多文化主義者の意図とは逆に，マイノリティ集団のいっそうの排斥につながってしまうのではないかという疑念を提示する。

　前述のとおり，ミラーは，ナショナル・アイデンティティは，能動的な解釈に開かれた柔軟なものとなりうると想定する。また，エスニック・アイデンティティなどの集団のアイデンティティとナショナル・アイデンティティとは必ずしも排他的なものではなく両立しうると捉える。ナショナル・アイデンティティのこうした可能性を重視するゆえ，ミラーは，集合的解釈の作業を通じて，常に，既存のナショナル・アイデンティティの改善の作業を行い，一国内のすべてのマイノリティ集団を包含できるかたちにそれを整えていく途を模索すべきだと論じる。つまりミラーは，当該ネイションの伝統やそこで培われてきた公共文化を尊重しつつも，さまざまな人々の声を反映させる民主的熟議の過程を通じてナショナル・アイデンティティの解釈の作業を繰り返し，マイノリティをより包含しうる，よりリベラルでデモクラティックなものへとそれを変化させるように努めるという方策を採るべきだとする。そのほうが結果的に，マイノリティ集団の人々を排斥せず，彼らの地位を安定的に保全できるはずだと論じる。

原典2　マイノリティを包摂するナショナル・アイデンティティ

　「私の主張は，多文化社会では，集団的のアイデンティティとナショナル・アイデンティティとは共存すべきで，互いに共鳴しあえる各

> 々の形態を発展させることこそ課題であるというものである。このようなナショナリティの観念は，一言でいえばリベラルなものである。すなわちこの観念の下では，リベラルの擁護する自由と権利は，個々人がみずからのエスニック・アイデンティティや他の集団的アイデンティティを発展させ表明していくことができる手段として評価されていると同時に，ネイションの構成員であることとは何を意味するのかについての継続的な集合的議論と結びついているという意味で，リベラルなのである。また，このようなナショナリティの観念は，民主主義的でもある。全員がこの議論に平等な立場で参加すべきだと主張するかぎりにおいて，またこうした議論が生じる主要な（唯一でないとしても）場として公式の政治的論戦の場を認識するかぎりにおいて民主的なのである」（265-266頁）。

❖ネイションの自決，および他のネイションにたいする義務

　ミラーの国際秩序構想は，ネイションを軸とし，ネイションの自決を重視するところに，その特徴を見出せる（171-197頁）。各ネイションそれぞれが，独自の属性（文化や伝統，ならびに自然的・経済的状況など）を反映した政治社会を維持・運営できることを求める。また，なじみ深い社会正義構想を実現する機会を尊重され与えられるべきだと考える。それゆえミラーの立場からは，基本的には国民国家体制の支持が導かれるが，これは現行の国民国家体制そのものを是認するわけではない。現在，ある一国内のマイノリティの位置にあるネイションにたいしては，分離，あるいは連邦制の下での大規模な自治権の付与などの状況に応じた柔軟な措置がとられることを求める。

　ミラーは，国際社会における正義や義務についても，ネイションの自決を重視する観点から思考を進める。ネイションの自決は，自分たちだけでなく，他のネイションにも認められるべきものであるので，そこから他のネイションの人々にたいする義務が導かれるとする。ミラーは，問題なく導かれるものとして次の四つを挙げる。①他国に物理的に害を及ぼさないこと，②弱い立場にある国を搾取しないこと，③国際的な協約を守ること，④地震などの災害の際な

Ⅱ　自由民主主義の理念

ど必要なときに他国に人道的援助を与えること。

　加えてミラーは，しばしば国際社会の正義という観点から取り上げられる，天然資源の公正な配分という要請は，上記の四つの義務のように，他のネイションにたいする義務に含まれうるかを検討する。ミラーによれば，天然資源の公正な配分は義務としては認識しえない。なぜなら，前述のように，ミラーの見解では，社会正義構想とは，各ネイションの公共文化やそれをとりまく状況に基づき形成されるべきものであるゆえ，国際社会では，一国内でのように格差是正のための配分原理を特定することはできないからである。

　ただミラーは，ネイションの自決を重視する立場から，あるネイションが自決のための最低の経済的条件も満たせないような状態に陥っているときは，他の豊かなネイションには，困窮状態にあるネイションを援助し自決が可能になるラインまで引き上げる義務が生じると考える。つまりミラーによれば，人々は，ネイションの内部においては，当該ネイションの公共文化の解釈に基づき導出されるだろう社会正義構想に従って格差を是正し，他者を援助する義務を相互に負う。他方，他のネイションの人々にたいしては，彼らが独自のネイションを形成し，自分たちになじむ社会正義構想に基づく社会を作り出し運営していくことを可能にする最低限の基準まで引き上げる義務を負うのである。

❖グローバル化とナショナリティ

　ミラーは，グローバル化の進展著しい現代においてこそ，ナショナリティや国民国家の意義を冷静に再評価すべきではないかと問う。ミラーは，グローバル化の実現した世界で，自由と豊かさを享受できるのは，ほんの一握りのエリートだけではないかと指摘する。国境の垣根が低くなり，人の移動の自由が非常に活発化した世界では，企業や人は，なるべく税率の低い地域に移るだろう。また，そうした社会では，人々の間の連帯意識の確保は非常に困難になる。税率の引き下げを余儀なくされることと，人々の間の連帯意識や相互扶助意識の低下から，再分配的福祉はあまり機能しなくなる恐れがある。加えて，現在は，国の援助する放送局や美術館や博物館などの文化施設あるいは公共の学校教育制度で成立しているナショナルな文化も衰退するであろう。その結果として，

世界は、いわゆる「勝ち組」と「負け組」に二極分化することになるのではないかと指摘する。すなわち、一方は、利益を求めて世界を自由に移動することができる少数のエリートであり、他方は、言語やその他の能力の制約上、生まれ育った土地に留まらざるをえず、また福祉や教育制度の弱体化から生活環境の悪化を余儀なくされる大多数の中産階級以下の人々への二極分化である。ミラーは、グローバル化の進展する現代であるからこそ、人々の間に連帯意識をもたらし、再分配福祉や万人にアクセスしやすい文化的環境を提供するナショナリティの機能に改めて注目する必要があると主張するのである。

> **原典 3　グローバル化の下でのナショナリティの役割**
>
> 「福祉国家——そして実際のところ、マイノリティの権利を守る計画——はこれまでも、つねにナショナルな構想であったのであり、そうした構想は共同体構成員が互いに扶助しあい、平等な尊敬を相互に保障しあう基礎の上に正当化されてきたのである。ナショナル・アイデンティティが解体し始めているとすれば、普通の人々が能動的な市民である理由は減少するであろうし、政治的エリート層は現在まがりなりにもグローバル市場に歯止めをかけているナショナルな制度を今以上におおっぴらに取り崩すことであろう」(332頁)。

❖ミラーの議論の意義、および代表的な批判の論点

　ミラーの理論は、現代の政治哲学・理論の領域におけるナショナリズムや国民国家をめぐる規範的議論の活発化に大いに寄与している。しかし、だからこそ、ミラーの議論に対する批判もまた多い。先に取り上げた、ナショナリティを肯定的に取り上げることがマイノリティの抑圧につながってしまわないかという論点以外の代表的な批判として、以下のようなものが挙げられる。①同じネイションの者にたいしてだけに再分配的福祉の義務を負っているという主張を実質上是認してしまうため、既存の再分配制度の排他性の正当化に悪用されてしまわないか。とくに移民の不当な制限につながらないだろうか。②グローバルな相互依存関係がいっそう深まると予想される将来においては、現在はた

Ⅱ　自由民主主義の理念

とえ空想主義的に見えたとしても，ネイションに代わる何らかの新しい連帯意識の醸成を図る試みが強く求められているのではないだろうか。

　こうした論点をはじめ，ミラーの議論の各側面の妥当性の有無は，今後大いに議論され吟味されていくであろう。しかしグローバル化が進み，学問的にも実際の政治でも従来の国民国家体制の妥当性をめぐる議論が活発に行われる現在であるからこそ，ネイションという集団や国民国家という制度の潜在的可能性の再認識を求める『ナショナリティについて』におけるミラーの議論は，一読の価値があるのは間違いないと思われる。

❖用語解説

(1)　**ナショナリズム [nationalism]**　本文中で言及したような性格を持つ集団であるネイションというまとまりを重視し，ネイションを軸に政治的統合を図っていこうとする思想，およびそれに基づいて生じる運動や現象。

(2)　**国民国家 [nation-state]**　ネイションが，独自のステイトを持つことによってできた政治的統合体。本文中で述べているように，ネイションは，一定程度，自己完結的な政治社会を作り出すこと，つまり政治的自決を望むが，原理上，政治的自決の最も確実な手段とされるのが，ネイションがステイトを持ち，国民国家を建設することだとされてきた。

(3)　**ナショナル・アイデンティティ [national identity]**　一般に，アイデンティティとは，「私は何者であるか」という問いに対する解答を構成している意識のことを指す。ナショナル・アイデンティティとは，各人が持つ，「自分は，〜人だという意識」，つまり，あるネイションの一員であるという意識を意味する。

❖より深く学ぶために

〈基本文献〉

　『ナショナリティについて』デイヴィッド・ミラー，富沢克・長谷川一年・施光恒・竹島博之訳，風行社，2007年

〈入門・解説書〉

　『一冊でわかる　政治哲学』デイヴィッド・ミラー，山岡龍一・森達也訳，岩波書店，2005年，とくに第7章

　『新版　現代政治理論』W. キムリッカ，千葉眞・岡﨑晴輝訳者代表，日本経済評論社，

2005年,とくに第6章〜第8章
「リベラル・ナショナリズム論の意義と展望——多様なリベラル・デモクラシーの花開く世界を目指して」施光恒,『ポスト・ウォー・シティズンシップの構想力』萩原能久編,慶應義塾大学出版会,2005年

（施　光恒）

III

自由民主主義の制度・政策

1	立憲主義		ハミルトン, ジェイ, マディソン『ザ・フェデラリスト』
2	代議制		ジョン・ステュアート・ミル『代議制論』
3	政党		デュベルジェ『政党社会学』
4	官僚制		ウェーバー『支配の社会学』
5	政策形成		リンドブロム, ウッドハウス『政策形成の過程』

第Ⅲ部では，第Ⅱ部で検討した自由民主主義の理念を機能させるための（あるいは時に対立する）制度や政策，すなわち，立憲主義，代議制，政党，官僚制，政策形成について考察する。ハミルトン，ジェイ，マディソン『ザ・フェデラリスト』は，連邦制や三権分立などの仕組みを通じて権力と自由の両立を図り，近代立憲主義の確立に寄与した（Ⅲ-1）。ジョン・ステュアート・ミル『代議制論』は，政治的代表をめぐる論争において，進歩の観点から代議制の意義を理解し，教育ある代議士を選出するための選挙制度について考察する（Ⅲ-2）。デュベルジェ『政党社会学』は，政党を体系的に理解するための一般的なモデルを提出し，その政党組織論や政党システム論を通じて現代政党学の基礎を築いた（Ⅲ-3）。ウェーバー『支配の社会学』は，行政国家のもとで肥大化した近代官僚制の病理（「鉄の檻」）を，形式合理性や脱政治化，あるいは比較文化社会の視点から抉り出す（Ⅲ-4）。リンドブロムとウッドハウスによる『政策形成の過程』は，漸進主義の立場から，専門家による合理的な政策分析の限界を指摘し，民主的な政治的相互交流による社会問題の解決を目指した（Ⅲ-5）。

III-1
立憲主義 (Constitutionalism)

ハミルトン，ジェイ，マディソン
『ザ・フェデラリスト』

Alexander Hamilton, John Jay and James Madison, *The Federalist* (1788)

❖政治の中の立憲主義

　政治権力が恣意的に行使されるとき，専制政治が現れる。そこでは権力者は自らの利害関心から，人々の生命や自由，財産を侵害するかもしれないし，社会全体を疲弊させるような誤った政策を行うかもしれない。これを防ぐため，権力者は「法」に従って政治を行うべきであるという思想が生まれてくる。その「法」の内容や性格の理解は地域や時代によって多様であるが，とくに統治の基本となる法，すなわちconstitution（「基本法」「統治構造」「国制」「憲法」などと多様に翻訳される）をもって恣意的な権力行使を防ぐという思想，またはそのような政治を，立憲主義（constitutionalism）と呼ぶ。

❖近代立憲主義

　上記の意味での立憲主義の歴史は古い。西洋中世には政治権力に対する法優位の意識があったし（ゲルマン法思想におけるいわゆる「古き良き法」，英国における「法の支配」（rule of law）），中世教会法も権力組織を基本法に基づいて構成するという点で立憲主義と深い関係を持つ。また英国貴族たちが王に強いて誓約させたマグナ・カルタ（1215年）も立憲主義的文書といいうる。しかし近代になると，立憲主義はそれまでにない特殊な内容を持つことになる。それを列挙してみよう。

　①人為的な憲法典。かつては，権力を規制する法として，世界と人間とをつ

Ⅲ　自由民主主義の制度・政策

らぬく普遍的秩序たる自然法，もしくは現実の法制度の総体が想定されたが，近代立憲主義においては，人為的に制定された憲法典がそれに代わる（憲法典の成立を待って立憲主義が始まるとする見解もある）。

②諸個人の人権の保障。中世までの立憲主義は身分団体に付随する特権（身分特権）を保障するものであったが，近代立憲主義は多様な生き方をする諸個人の普遍的人権を保障しようとする。

③司法による保障。君主権力の制約は主に立法権の役割であったが，近代立憲主義においては司法権（裁判所）が「憲法の番人」として現れ，行政権・立法権をも制約する（**司法審査制**）。

ここでは，このような近代立憲主義の確立をいわば体現する古典を取り上げる。アメリカ合州国憲法の制定に寄与し，その解釈にも大きな影響を与えた『ザ・フェデラリスト』（1788）である。同書は，一人の著者がその政治思想や政治理論を展開したテクストではない。建国期アメリカの３人の政治家，アレグザンダー・ハミルトン（1757-1804），ジョン・ジェイ（1745-1829），ジェイムズ・マディソン（1751-1836）の手になる全85篇の政治的論評を集めた，いわば政治パンフレットである。ゆえに必ずしも体系的でなく，３人の執筆内容には矛盾もあり，反復も少なくない。それでも同書は，近代立憲主義に基づく政治制度の理解の深さにおいて，政治思想史や憲法学の古典となっている。

❖『ザ・フェデラリスト』の背景

まず同書が書かれた歴史的文脈を概観しよう。アメリカ合州国は英国植民地が独立して建国された。人口も宗教も政治機構も異なる13の邦（独立し主権国家となった植民地は「邦」（State）と呼ばれる。連邦憲法体制においてはさらに「州」と訳し変えられることが慣例である）は，戦争遂行のため United States of America（U.S.A.）という名の諸邦連合（Confederation）を創設し，その政府として連合会議（Congress）をおいた（1781年）。しかし邦が主権を持ち続けたので，U.S.A. は実質的には主権国家の連合であり，連合会議はいわば国際機関であった。

しかし常備軍も官僚組織も持たず，立法権も課税権も有さない連合会議は，

多くの難題に有効に対処できなかった。独立革命で高まった民主化の気運にのり，貧しい農民層は邦議会での発言力を増し，富裕層に不利な政策（紙幣濫発など）を強行し，ときには暴動をも起こした。また西部の土地の所有権をめぐり諸邦は厳しく対立し，さらに諸邦それぞれの勝手な外交は連合会議の対外的信頼を大きく低下させていた。政治指導者たちはこのような状況を「デモクラシーの行きすぎ」と見なし，危機感を募らせたのである。

この苦境に対処すべく，1787年，連合会議が各邦の代表を召集して開催したフィラデルフィア会議は，13邦の統合を強め新たな政体を創設することとし，議論を戦わせ妥協を重ねて，憲法案を起草した。憲法案は邦ごとに批准されるため，各邦で激しい論戦が起こった。憲法批准を主張する側は「フェデラリスト（連邦主義者）」を自称し，批准を否定する側は「アンチ・フェデラリスト」と呼ばれた。

1787年秋から翌年春にかけて，ハミルトンは，ジェイ，マディソンとともに，憲法制定の必要性を訴える論評をニューヨーク市の新聞に続けて発表した。彼らは「パブリウス」（Publius）という筆名を共同で用いたが，執筆分担はほぼ明らかである（ジェイの執筆は5篇のみで，半数以上がハミルトン，残りがマディソンの手になる）。これらをまとめたものが『ザ・フェデラリスト』である。そして1788年6月，13邦のうち9邦の批准を得て，アメリカ合州国憲法は成立することになる。

❖『ザ・フェデラリスト』の執筆者たち

ここで，『ザ・フェデラリスト』を執筆した3人について改めて簡単に紹介しておこう。ハミルトンは西インド諸島で生まれ，若くして才を認められ独立戦争でワシントンの副官に登用された。ニューヨークで弁護士として活動しつつ政界に関わり，フィラデルフィア会議に参加した。のちに合州国の初代財務長官となり，銀行創設など建国期の経済政策を確立することになる。最年長のジェイはニューヨーク邦出身の法律家であり，フランクリンとともにパリ講和条約を締結するなど，外交官として活躍した。後に連邦最高裁判所長官，ニューヨーク州知事となる。マディソンはヴァージニア邦の富裕なプランターの家

Ⅲ　自由民主主義の制度・政策

系で，政治理論に明るく，憲法案起草の中心となった。連邦下院議員となり，ハミルトンと政策的に対立していくことになる。後の第四代大統領である。

　このように世代も出身も異なる3人であるが，眼前の危機的状況に対して，①中央政府を創設し，強力な国家権力を構成すること，なおかつ，②自由が侵害されないよう，国家権力が適切に制限される制度を設計すること，という二つの対策をとる必要があるとの認識においては基本的に一致していた。

> 原典⟨1⟩　自由の保障と強力な政府との両立
> 「憲法会議の直面した困難な課題の中でも，ことに重要であったのは，いかにして自由と共和政体とを十二分に尊重しつつ，しかも政府に必要な安定と活力とを確保することができるかという点であった。……この両者をしかるべき割合で融合することがいかに難しいかを認めざるをえない」(『ザ・フェデラリスト』A. ハミルトン／J. ジェイ／J. マディソン，斎藤眞・中野勝郎編訳，岩波文庫，1999年，152-154頁)。

❖連邦国家創設の必要性

　執筆者たちがまず示そうとしたことは，国家連合［邦連合］（Confederacy of the States）にすぎなかったU. S. A.を，名実ともに連邦国家（United States）へと統合し，「強固にして効率的な政府」（第1篇）を生み出す必要性であった。第3篇から第37篇は，憲法案に示されている連邦国家が，現行の国家連合状態に比べ，外敵や内乱にたいする安全保障，「大共和国」に特有の政治的安定性（後述），通商・財政などの面で，機能的に優れていることを詳細に論証している。抽象的ではなく，あくまで具体的かつプラグマティックな記述は，政治パンフレットとしての同書の性格をよく示しているといえよう。

❖国家権力と人民

　連邦国家のこの強い権力を担うのは誰か。英国王権からの独立を果たしたアメリカでは，国家権力の正統性の源泉が人民であるという意味での人民主権は

常識化しており，それは憲法制定過程において「憲法制定権力」として制度化された（具体的にいえば，憲法案の批准を邦議会ではなく特別に召集される邦の批准会議に委ねることで，憲法制定権力が人民自体にあることを明確化した）。

執筆者たちはこの意味での人民主権を前提としたが，しかし，人民が直接に国家権力を行使する主体であるとは認めることはできなかった。多数者の派閥（faction）が少数者の権利を侵害することを恐れたのである。マディソンは，それゆえ，直接民主政（a pure democracy）ではなく共和政（a republic）を採用すべきだと主張する（第10篇）。ここで「共和政」とは代議政体，つまり一般市民によって選ばれた優れた資質を持つ代議員だけが政治を行う制度を意味する。代議政体は「デモクラシーの行きすぎ」を抑制するために採用されているのである。

> **原典 2　直接民主政における多数者支配の危険性**
>
> 「人民による政治の下で多数者が一つの派閥を構成するときには，派閥が，公共の善と他の市民の権利のいずれをも，自己の支配的な感情や利益の犠牲とすることが可能になる。それゆえに，人民による政治の精神と形体とを保持しつつ，このような派閥の危険性から公共の善と私的な権利の安全をはかることが，われわれの探究すべき重要な課題となる。……〔直接民主政では〕ある共通の感情あるいは利益が，ほとんどあらゆる場合に全員の過半数のものの共鳴するところとなろうから［一つの派閥ができやすく危険である］……」（59-60頁。〔　〕は翻訳者。［　］は引用者）。

❖国家権力の制限による自由の保障

執筆者たちが第二に示そうとしたのは，憲法案において，国家権力は適切に制限されているため，諸個人の自由が侵害されることは決してないということであった（それゆえに，憲法案に人権条項がないことは何らこの案の瑕疵ではないとハミルトンはいう（第84篇））。国家権力の制限は，大きく二つの権力分

割によって図られている。一つは連邦政府と州政府との間での，いわば空間的な権限分割（**連邦制**）であり（第41篇～第46篇），もう一つは連邦政府内部での，いわば機能的な権力分割（三権分立）である（第47篇～第83篇）。

(1)連邦制による制限　建国期の人々は，自ら直接に参加する小規模共和国での政治を理想とし（斎藤眞のいう「小共和国論」），代議員というものは直接参加できない場合のやむをえない代替物だと見なしていた。また英国との対立の経験を通じて，生活から地理的・感情的に離れた政府は専制に陥りやすいと考えていた。ゆえに，大規模な連合国家において，代議制で構成された連邦政府は危険視されたのである。邦主権を，そして邦連合としてのU.S.A.を保持すべきだとのアンチ・フェデラリスト派の主張はこの政治観を基礎としており，フェデラリスト派は人々の危惧を払拭しなければならなかった。

マディソンは第39篇で以下のように論じる。連邦政府の立法が直接に各市民に及ぶという意味では，憲法案が創設しようとする国家は，複数の主権国家（邦）が並立する国家連合ではもはやない。しかしその権限が憲法案に列挙されている項目だけに限定され，それ以外の権限は州に留保されるという意味で，連邦政府の権力もまた制限を受けており（「分割された主権」論），単一の主権が支配する単一国家でもない。それは連邦制に基づく国家，連邦国家だというのである。後のトクヴィルやヴェルカーが指摘したように，これは新しい国家形態の発明であった。

> **原典 ③ 連邦国家の性格**
>
> 「[[連合的（federal）政府と，国家的（national）政府との違いを作用の点で見るならば]政府が……人民個々人に対し，直接権限を行使することは，全体としてみればこの新政治機構が，国家的政府であることを示すものといえよう。……[しかし政府権限の範囲の点で見るならば]中央政府の管轄権は，憲法に列挙された一定の目的にのみ及び，その他のすべての目的については侵すべからざる潜在主権を各州に残している……この憲法案は，厳密にいえば国家的憲法でもなく，さりとて連合的憲法でもなく，両者の結合なのである」(186-188頁。[　]は引用者)。

1　立憲主義

(2)三権分立による制限　マディソンは，専制を防ぐために重要なことは，三権を互いに無関係に保つことではなく，一つの権力部門から他のそれへの侵害を防ぐことにあるという（第47，48篇）。ここでは立法権の抑制が主たる問題関心であった（「デモクラシーの行きすぎ」への危機感がここにも現れている）。

> **原典 4　三権分立**
>
> 「選挙による専制政府というようなものは，われわれがそのために戦ってかちとった政府ではない。単に自由な諸原則に基づいて樹立されるばかりでなく，そのなかで政府の諸権力が数部門の権力に分散され，適度の均衡を保ちながら，それぞれの部門が他の部門を効果的に制約し，抑止しあうことで，その法律上の限界を越えられないような政府こそ，われわれがかちとるために戦った政府なのである」（230頁）。

まず立法権が上院・下院の二つに分割され，両院の選出母体を変えることで（上院は各州2名ずつ州議会により選ばれ——これは連邦政府において州権を強める効果をも持つ——，下院は直接人民により選ばれる），立法権内部での勢力均衡が図られる。さらに強力な立法権と均衡すべく，行政権（人民が選ぶ選挙人によって選挙される大統領），司法権（大統領によって指名される終身職の裁判官からなる裁判所）がそれぞれ強化される。

立法権の抑制という点で，とくに注目されるのは司法審査制の導入である（第78篇）。ハミルトンによれば，独立した裁判所は「憲法の明白な趣旨に反する一切の立法行為を無効であると宣言」しなければならない。憲法は（批准会議の手続きからいって）人民の意思であるが，制定法は立法部の意思にすぎないからである。しかしハミルトンはさらに，人民自身の意思も，憲法には拘束されるという（もし人民が憲法に服従しえないなら，憲法を改正するほかない）。そして憲法解釈者としての司法部は，時には人民に抗してでも憲法を，また憲法に依拠する少数者を守る責務を負う。この意味での多数者支配の制限を任務とするからこそ，裁判官は十分な身分保障を与えられるのである。

131

Ⅲ　自由民主主義の制度・政策

「人民によって制定されつつも，人民の権力をも含むすべての権力を制限し規制する法」という新たな意味を与えられた憲法は，以後，裁判において強い権威と規制力を示していくことになる（1803年のマーベリー対マディソン事件で司法審査制を判例として確立した裁判官ジョン・マーシャルは，ハミルトンの賛美者であり同じ政党に属す盟友であった）。

❖多様性による自由の保障

マディソンは，権力分立という制度的保障に加えて，専制を回避するためには，「野望には，野望をもって対抗させる」こと，つまり公職につく者の利害心を互いに衝突させ続けて結果的に均衡を作り出す仕組みも必要だという（第51篇）。また，社会の中の多数者から少数者への抑圧も問題であるとし，少数者を守るためには（前述した代議政体の採用に加えて）市民たちが多様な利害・階層に分裂し，一つにまとまれない社会状態こそが好都合であるという。さらにハミルトンも第60篇で，連邦政府各部門担当者の選出方法の多様性と並んで，人民の利害の多様性が一部の社会層による専制を防ぐと論じている。

これらの記述の基礎には，国家機構においても社会においても，人々の一体性を保持するのではなく，人々の間に存在する多様な利害を衝突させ続け，それを均衡させることによって諸個人の自由が保護できるという興味深い洞察がある。これは当時としては新しい政治観であり（ここに多元主義的政治観の起源を見る見解もある），新しい問題解決方法の発見であった。そして国土が広大で人口が多いほど多様性は増し，この方法の実効性も増す。こうしてマディソンは「大共和国」こそ自由を守ると主張するのである（**大共和国論**）。

原典 5　多様性と自由

「共和国においては，単に社会をその支配者の圧制から守るだけではなく，社会のある部分を他の部分の不正から守ることも，大切なのである。……この弊害に対処する方法は……社会の中に非常に多くの相異なる市民を包含することによって，全体の多数が不当にも一つにまとまるなどということを，ありえないとはいわないまでも，およそ

> ありえそうにもないことにすることである。……その権利保障の程度は，利害や宗派の数がどれだけ多いかにかかっている。そして，さらにこのことは，国土の広さ，同一政府の下に包括されている人口の多さいかんにかかっている」(241-242頁)。

❖制度の設計者

　同書が書かれた当時には，よい政治を支える人間とは何か，それをどのように育成すべきかなどが盛んに論じられていた。しかし同書は，(私益に拘泥せず「国家全体の利益」を優先させる人間を高く評価してはいるが) 人間性の内実や育成などを正面から論じてはいない。同書の課題はあくまでも，連邦憲法案への不信感に満ちている人々に対し，その不信感を払拭できる制度——諸権力部門が均衡することで専制を回避する制度——を設計し提示することであった。メタレヴェルに立って制度を設計する者としてのこの相貌こそ，同書の執筆者たちを特徴づけるものである。

❖意義と批判

　最後に，近代立憲主義における同書の意義を改めて確認しておきたい。第一に，連邦国家を憲法という設計図によって構成しようとする同書の国家観は，近代立憲主義が国家を「作為」——アメリカ建国の実際においては，互いの利益を配慮し合い，妥協を重ね，説得のため弁説を尽くす，散文的な作為であったが——の対象として明確に位置づけたことを示している。第二に，多様性を擁護し均衡を作り出す制度として憲法を見る同書の憲法観は，近代立憲主義の目的は「価値観・世界観の多元性を前提とし，さまざまな価値観・世界観を抱く人々の公平な共存をはかること」(長谷部恭男)だとする現代憲法理論を準備するものであり，ジョン・ロールズなどの現代正義論にもつながる面を有している。第三に，同書で評価されている司法審査制は，近代立憲主義においては少数者保護のためには多数者たる人民の意思も拘束されうるという新たな規範を提起する意味を有する制度であり，とくに1970年代以降はヨーロッパ各国で

Ⅲ　自由民主主義の制度・政策

導入され活発に利用されている（カペレッティのいう「違憲審査制革命」）。

> 原典6　多様性の擁護
> 「人間の才能が多様であることにこそまた人間の利害関係が同一たりえない基本的な原因がある。そして，こうした人間の多様な才能を保護することこそ，何よりも政府の目的なのである」（55頁）。

　同書に対する厳しい批判の声も忘れるべきではないだろう。たとえば，同書が正当化しているのは，人民の政治的実践のないところにシステムだけを設計する試みであり，これが現代アメリカにまで続く政治の「管理化」への道を開いたのだと政治哲学的に批判するシェルドン・S.ウォリン。たとえば，連邦憲法の統治機構は均衡を不当に重視するもので十分に民主的ではないといい，より民主的な具体的制度論を展開するロバート・A.ダール。彼らの批判は同書に対する批判であるとともに，より一般的に，デモクラシーの立場から立憲主義の問題点を突くものであるともいえよう。この根本的な対決のどちらに与しどのように論じるかは，しかし，もはや本章の課題を超えた問題である。

❖用語解説

(1)　**司法審査制［judicial review］**　立法その他の国家行為が憲法に適合するか否かについて審査し，適合しない場合にはその行為を無効とする権限を司法部が有する制度。近代立憲主義の特質の一つであり，19世紀初頭にアメリカ合州国で確立され，第二次世界大戦後にヨーロッパ諸国で採用された。多数意見を反映している立法部の意思を司法部が覆しうることから，制度の民主的正統性が問題とされる。

(2)　**連邦制［federalism］**　複数の分国（州，ラントなど）が結合して一国家を構成し，中央政府と分国政府との間で権限を分割するという組織原理。またはそれに基づく政治制度。地方分権制の強められた姿と理解することもできる。アメリカ合州国を嚆矢とし，インド，ロシア，スイス，カナダなどで採用されている。

(3)　**大共和国論［the large republic theory］**　「大きな領土，多数の人口の国においてこそ自由な共和国がつくられる」とのマディソンの議論。当時広く受容されていた「自由な共和国は小規模でなければ成立し得ない」とのモンテスキューの見解とは逆に，

大規模な国家においては，①直接民主制ではなく代議制が採用されること，②人民の中の多様性が大きく，多数派が一派閥にまとまって少数派を抑圧することが起こりにくいこと，などを根拠にして，自由な大共和国としてのアメリカ合州国像を描いた。

❖より深く学ぶために

〈基本文献〉

『ザ・フェデラリスト』A. ハミルトン／J. ジェイ／J. マディソン，斎藤眞・中野勝郎編訳，岩波文庫，1999年（抄訳）

『ザ・フェデラリスト』A. ハミルトン／J. ジェイ／J. マディソン，斎藤眞・武則忠見訳，福村出版，1991年（全訳）

「アメリカ合衆国憲法」土井真一訳，『新版　世界憲法集』高橋和之編，岩波文庫，2007年

〈入門・解説書〉

『アメリカとは何か』斎藤眞，平凡社ライブラリー，1995年

『アメリカ共和国——アメリカ憲法の基本的精神をめぐって』チャールズ・A. ビーァド，松本重治訳，みすず書房，1988年

『アメリカ憲法は民主的か』ロバート・A. ダール，杉田敦訳，岩波書店，2003年

『アメリカ憲法の呪縛』シェルドン・S. ウォリン，千葉眞ほか訳，みすず書房，2006年

『個人と国家——いまなぜ立憲主義か』樋口陽一，集英社新書，2000年

『憲法とは何か』長谷部恭男，岩波新書，2006年

（片山文雄）

III-2

代議制（Representative Government）

ジョン・ステュアート・ミル
『代議制論』

John Stuart Mill, *Considerations on Representative Government* (1861)

❖ 政治的代表とは何か

　代表（representation）とは，その場に存在しない何か（X）を別の何か（Y）によって現前させることであり，代表制（representative government）とは〈YがXを政治的に代表する仕組み〉のことを指す。この〈何かを政治的に代表する〉という機能を果たしうるものとしては，君主，外交官，国旗などさまざまなものを挙げることができるが，近代においてその役割を中心的に担ってきたのは選挙で選ばれた代議士によって構成される議会であり，端的にいえば，代表制とは代議制とほぼ同義である。以下，近代イギリスにおける代議制論の古典であるエドマンド・バーク（1729-1797）の「ブリストル演説」（1774），ジェイムズ・ミル（1773-1836）の「政府論」（1825），ジョン・ステュアート・ミル（1806-1873）の『代議制論』（1861）を素材として，代議制論の歴史的な展開を辿りつつ，その現代的な意義について考えてみたい。

❖ 委任説と独立説

　まずは問題史的文脈を確認しておこう。そもそも代議士が有権者を政治的に代表するとは，どういうことを意味するのだろうか。ピトキンによれば，この問題は，政治的代表をめぐる二つの理論的対立を背景としつつ，歴史的には代議士と有権者の関係をめぐる所謂「**委任－独立論争**」（mandate-independence controversy）として浮上してきた。

ピトキンによれば〈代表されるX〉と〈代表するY〉の権利義務関係をめぐっては次の二つの理論的対立が存在する。すなわち①〈YがXを代表するためには，その前提としてYへの授権が必要であり，Yには独立した権力が与えられ，XにはYへの服従義務が課せられる〉というホッブズ的な授権説（authorization theory）と，〈YはXを代表することによって，結果的にXにたいする責任を負うことになり，逆にXにはYの責任を追求する権力が与えられる〉と考える責任説（accountability theory）との形式的な対立，そして②〈YがXを縮図的あるいは象徴的に反映しているかどうか〉という側面を強調する反映説（"standing for" theory）と，〈YがXの利益のために行動しているかどうか〉を重視する代行説（"acting for" theory）との実質的対立である。

　そして，この両者を背景としつつ歴史的に浮かび上がってきたのが，いわゆる「委任－独立論争」である。政治的代表において，代議士は，自分を選出した地元有権者が要求してくることと，自分自身が最善だと考えることのどちらを優先すべきなのか。この問題について，委任説（mandate theory）は代議士が有権者にたいして負っている責任を強調し，有権者の要求に十分に応じない代議士にたいしては，代表の仕方が適切でないという批判を展開する。これにたいし，独立説（independence theory）によれば，一国の議会において代議士が果たすべき役割とは，地元の個別的利益に追従することではなく，むしろ，より一般的な立場で審議に参加することにほかならない。そして，この論争の歴史的現場であった18世紀のイギリスに目を向けるならば，委任説は主にトーリー派の，独立説は主にウィッグ派の見解であり，両者のうちで政治的に優位を占め，以後の代議制論に決定的な方向性を与えたのは，ウィッグ派の独立説であった。

❖代表についてのウィッグ説──エドマンド・バーク「ブリストル演説」

　議会における国家全体の公共的利益についての審議（deliberation）を単なる各地域の個別的利益の集計（aggregation）から質的に区別し，代議士にたいする地元有権者の指図の禁止を唱えるウィッグ説は，古くはアルジャーノン・シドニー『統治論』（1698）にまで遡りうるが，その最も古典的な表現を，われわれはバーク「ブリストル演説」（1774）に見出すことができよう。

> **原典①　審議機関としての議会**
>
> 「議会は，対立する利益を代表する使節が各々の利益をごり押しする場ではない。議会は，全体の利益という単一の利益を有する単一の国民の審議機関（*deliberative* assembly）であり，そこで指針となるのは，特定の地域の目的や偏見ではなく，全体の一般的理性から導き出される一般的な善にほかならない。確かに，諸君は代議士を選ぶ。しかし，代議士は，選ばれると同時に，ブリストルの一員ではなく，議会の一員となるのである」（「ブリストル演説」『バーク政治経済論集』エドマンド・バーク，中野好之編訳，法政大学出版局，2000年，164-165頁。一部改訳）。

そして「議会の一員」たる代議士は「独立」した存在でなければならない。

> **原典②　独立説──代議士は地元の利益に囚われてはならない**
>
> 「たしかに，代議士が，地元の有権者たちと極めて緊密な繋がりを持ち，親密に交流し，率直に意思疎通することを，幸いであり名誉なことと感じるのは当然のことであろう。……有権者の見解は尊重すべきものであり，代議士は常にそれに耳を傾け，配慮しなければならない。しかし，代議士が，自己の判断力と良心の確信を犠牲にしてまで闇雲に追従し，投票し，支持しなければならないような権威的な指図や委任がなされるとすれば，それは，この国の法律の上では前代未聞のできごとであり，わが国の国制の秩序と精神の全体についての根本的な誤解から生じたとしかいいようがないのである」（「ブリストル演説」前掲書，163-164頁。一部改訳）。

また，このように地元の利益に囚われず「自己の判断力と良心」に従って公平無私に審議することが政治的代表たる代議士の本分であるとすれば，ある地区から選ばれた代議士の活動が間接的に別の地区の利益に貢献するということも十分にありうる。このように代議士が審議を通じて別の地域の利益に間接的に資することを，バークは「実質的代表」（virtual representation）と呼び，代議

士が自分の地元の利益に直接的に貢献する「現実的代表」(actual representation）と区別している。

> **原典 ③ 実質的代表と現実的代表**
>
> 「実質的代表とは，ある地域のひとびとの名の下に行動する代議士と，彼らがその名の下に行動している当のひとびととの間に，現実にはそのひとびとがその代議士を選挙で選んだわけではないにも関わらず，利益についての心の底からの一致があり，感情と欲求の共感による結びつきがあるような代表のことをいう。……それは，多くの場合において，現実的代表よりも好ましい。……というのも，実質的代表は，様々な歴史の変化や公共的利益の分散によって現実的代表があらぬ方向へ逸脱しそうになったとき，その逸脱を是正してくれるからである」(「サー・ハーキュリーズ・ラングリッジへの手紙」前掲書，777頁。一部改訳)。

　政治的代表の装置たる議会は「特定の地域の目的や偏見ではなく，全体の一般的理性から導き出される一般的な善」を扱う「審議機関」であり，そこにおいて代議士は，地元の個別的利益に束縛されることなく「独立」して「自己の判断力と良心」によって審議に参加する義務を負う。そしてその結果，時に代議士は，自分の地元選挙区を「現実的」に代表するだけでなく，他の選挙区をも「実質的」に代表することができる。——これが代表についてのウィッグ説の要諦であった。

❖功利主義の代議制論——ジェイムズ・ミル「政府論」

　ウィッグ説にたいしては，すでに18世紀後半において，フランスの人民主権論の影響のもと，ジョセフ・プリーストリやリチャード・プライスといった急進派によって批判が展開されていたものの，バーチも指摘するように，自然権理論に基づく人民主権論は，少なくともイギリスでは必ずしも大きな影響力を持ちえなかった。だが，19世紀に入ると，より根底的なウィッグ説批判が展開され，代議制論に新展開がもたらされることになる。そして興味深いことに，

Ⅲ　自由民主主義の制度・政策

　その担い手は，自然権理論を否定したジェレミー・ベンサムやジェイムズ・ミル（以下，ジェイムズと略す）ら功利主義者たちであった。

　功利主義とは，人間を「快楽と苦痛という二人の主権者」によって支配されていると考える自然主義的人間観，善悪を快楽と苦痛の量によって判断するヘドニズム，そして行為や規則の倫理的価値をそれらが結果的にもたらす成果によって評価する帰結主義という三つの考え方を中核とするものの見方である。ジェイムズは「政府論」（1825）において功利主義の立場から，統治の目的を「最大多数の最大幸福」であるとしたうえで，自らの代議制論の前提となる人間本性論について次のように述べている。

> **原典 4　功利主義の人間本性論**
>
> 　「われわれが既に確定し，議論の前提と見なしている人間本性についての見方は次のようなものである。人間の行動は意志に支配され，意志は欲求に支配されているということ，その欲求は，快楽の獲得と苦痛の除去という目的に向けられており，更にはこの目的を達成するための主な手段としての富と権力へと向けられているということ，これらの手段に対する欲求には限りがないということ，そして，この無限の欲求から流れ出る行動こそが，悪しき統治の構成要素であるということ，これである」（「政府論」『教育論・政府論』ジェームズ・ミル，小川晃一訳，岩波文庫，1983年，139頁。一部改訳）。

　「最大多数の最大幸福」を目的とする功利主義的統治にとって「快楽の獲得と苦痛の除去」それ自体は正しい目的である。しかし，「快楽の獲得と苦痛の除去」の追求は，とくに権力者の側において，「手段としての富と権力」へのエゴイスティックな欲求を無限に掻き立て，〈社会全体の利益〉を脅かしかねない。この厄介な問題について，ジェイムズは次のように論じている。社会は，社会全体で自己統治を行うことが事実上不可能であるため，統治権力を少人数の行政機関（執行機関）に信託せざるをえない。だが，権力を委ねられた者は例外なく，その権力を用い，他人の利益を犠牲にしてでも，自分の利益を得たいという欲求に駆られるだろう。このようにして生じた社会の利益と統治権力

の利益の齟齬を是正するために，社会は，抑制機関たる議会——ジェイムズはこの仕組みを「近代の偉大な発見である代議制」と高く評価している——を構成し，それによって統治権力のエゴイズムを抑え込まなければならない。ところが，肝心の議会の構成員たる代議士もまた人間である以上，エゴイズムから自由ではいられない。「権力を与えられれば，代議士と呼ばれるひとびともまた，あらゆるひとがそうであるように，可能ならば，その権力を，社会の利益のためにではなく，自分自身のために使おうとするであろう。ゆえに唯一の問題は，どうすればそれを予防できるかということ，言い換えれば，代議士の利益と社会の利益をどうすれば一致させることができるかということである」。代議士のエゴイズムによって生じる議会の利益と社会の利益の齟齬。この問題をジェイムズは，議員任期の短縮による有権者（社会）の代議士（議会）にたいする権力の強化——実際，任期が短くなれば代議士は有権者の利益を配慮せざるをえなくなるであろう——という，ある種の委任説によって克服しようと試みる。

>原<>典<⑤ 代議士の権力にたいする制約としての任期の短縮

「代議士について考えるとき，われわれはその二つの立場に着目することができる。まず，代議士は，代表という立場にあり，他人に権力を行使することができる。第二に，代議士には，社会の一員としての立場もあり，そこにおいて代議士は，社会の他の構成員から権力を行使される。……したがって，代議士が代表として悪政によって得ることのできる利益の量が，社会の一員として被る危害の量を上回ることがないように制度設計を行うことができれば，目的は達成されたといえるであろう。但し，既にみたように，［統治権力を］抑制する機関［としての議会］の権力を弱めることには限界がある。というのも，議会には，統治権力を委ねられている側のあらゆる抵抗を制圧できるだけの十分な権力が必要だからである。しかし，もしも代議士の権力の強さを弱めることができないのであれば，残された唯一の方法は，代議士の権力をその任期において弱めることである。……したがって代議士の任期の短縮こそが，この目的を達成するために考えられ得る唯一の手段である。代議士としての立場にとどまりうる期間が短けれ

> ば短いほど，短期間の悪政で得られる利益によって，［社会の一員として被る］長期的な損害を埋め合わせることが困難になるだろう。これは，支配する者の利益と支配される者の利益を可能なかぎり一致させるために昔から認められてきた方法である」(「政府論」149-150頁。一部改訳。［　］は引用者)。

　「最大多数の最大幸福」を実現するには，有権者が代議士を抑制することによって〈社会全体の利益〉を統治に反映させなければならない。——このようにジェイムズの議論は有権者の側の主導権を重視する委任説であると同時に，〈社会全体の利益〉の統治への反映を重視する「利益の代表」説でもあった。そして19世紀のイギリスでは，1832年，1867年の選挙法改正に見られるように選挙権拡大運動が成果を収めつつあり，現実の代議制の主導権も「支配される者」の側に移行しつつあった。

　だが皮肉にも，選挙権の拡大は，功利主義者ジェイムズが「快楽の獲得と苦痛の除去」の集計によって算出可能だと考えていた〈社会全体の利益〉内部の亀裂を顕在化させることになる。すなわち，労働者階級への参政権の拡大は，社会内部に潜在していた階級対立を顕にし，多数者である労働者階級の利益のみを排他的に統治に反映させる「階級立法」の危機を招いたのである。

　階級的利益の激しい対立が顕在化するなか，ジェイムズが自明視していた一体的な〈社会全体の利益〉という前提は引き裂かれ，「利益の代表」説はある種の破綻を余儀なくされる。しかし，19世紀後半になると，この階級対立による社会の分断という新たな状況を踏まえた代議制論の試みがなされることになる。その代表的なものが，次に検討するジェイムズの息子ジョン・ステュアート・ミル（以下，ジョンと略す）の『代議制論』（1861）である。

❖進歩のための代議制——ジョン・ステュアート・ミル『代議制論』

　ジェイムズが「政府論」を統治の目的と手段についての抽象的な議論から始めたのとは異なり，ジョンは『代議制論』を統治形態についての歴史的考察から始めている。ジョンによれば，まず第一に，統治形態は社会の歴史的発展段

階——なかんずく，国民の精神的資質のありよう——によって制約されており，人々は自らが置かれた歴史的条件の許す範囲内においてのみ統治形態を選択しうるにすぎない。第二に，ジョンは，〈歴史的時間には，政体を腐敗させ，専制へと堕落させる傾向があるため，ひとはこの時間の腐食作用に，統治機構の整備や公民的徳の涵養によって抵抗しなければならない〉という**共和主義**の知見（「時間の政治学」）を踏まえつつ，さまざまな統治形態の優劣を論じる際には，その統治形態に「後退を防ぐ」という意味での「進歩」の可能性が備わっているかどうかが決定的に重要であると述べている。

〈原典〉6 〈後退＝腐敗〉に抗するための〈時間の政治学〉

「進歩という言葉の意味は「前に進む」ということであるが，ここではそれと同じぐらい「後退を防ぐ」という意味を込めてこの言葉を用いたい。……政治とは，古代人が考えていたところによれば，次のようなことであった。すなわち，人間や，人間がつくったものには衰退へと向かう自然な傾向があるが，この傾向は，すぐれた制度によって巧みに制御すれば，永久に抑え込むことも可能であるということ，これである。……われわれは，ひとの世のできごとに，たえず流れてとどまらない，悪化に向かう流れがあるということを見逃してはならない。その流れは，人間の，あらゆる愚行，あらゆる悪徳，あらゆる怠慢，怠惰，無気力からなっている。この流れを制御し，それがすべてのものをのみこんでしまうのをくい止めるには，誰かが不断に，そして誰かが時折想い出したように，善良で高貴な目的に向かって尽力しなければならないのである。……堕落へと向かうものごとの一般的な傾向は，ひとたび始まると，次第に速度を増して進行し，ますます阻止し難くなり，ついには，歴史上しばしば繰り返されてきた惨状にいたるのである。……統治形態の長所を判断するためには，その統治形態についての，それ自体で最も望ましい理想を構成しなければならない。すなわち，その有益な傾向が有効になるために必要な条件が揃えば，他のいかなる統治形態にもまさって，あらゆる形態とあらゆる度合いの改良を支え，促進するような統治形態の理想を構成しなければならないのである」（『代議制統治論』J.S.ミル，水田洋訳，岩波文

Ⅲ　自由民主主義の制度・政策

　　庫，1997年，46-47，66頁。一部改訳）。

　統治形態を論じるには，その目的や手段について抽象的に論じるのではなく，それが成立しうる歴史的条件を踏まえ，さらには時間の腐食作用に抗し，絶えず進歩へと向かうような理想形態を構成しなければならない。こうした認識に立脚しつつ，ジョンは，当時のイギリスの統治形態が，一定の文明の進歩という歴史的条件のもとで成立した「言葉の正しい意味における代議制」——「国民の全体あるいはその大多数が，定期的に選挙で選出した代議士を通じて，究極的支配権力を行使すること」——であることを確認したうえで，その理想形態を「国民自身の徳と知性の向上」と「統治機構自体の資質」という二つの観点から検討している。いわく，イギリスの統治は，「後退を防ぐ」べく，①「国民自身の徳と知性」を向上させるという教育的効果をもたらすとともに，②「その時代に存在しているであろう優秀な資質」を可能な限り政治に反映しなければならない。そしてジョンは①について主に〈政治参加を通じての国民の政治教育〉という参加デモクラシー論を，②については選挙制度論を展開しているが，以下ではとくに②に着目しつつ，ジョンの代議制論の特質を探っておきたい（①の参加デモクラシー論についてはⅡ-3を参照）。

❖比例代表制と複数投票制——「教育ある」代議士への期待

　すでに述べたように，ジョンが1860年代に代議制を論じる際，直面せざるをえなかった最大の問題は，階級対立が激化するなか，多数者である労働者階級の個別的利益が他の階級の利益を犠牲にするかたちで統治に反映されてしまう「階級立法」という危機であった。そして，社会内部での階級的利益の激烈な対立が顕在化するなか，ジョンが提示したのは，バーチも指摘するように，ジェイムズ的な「利益の代表」説ではなく，多様な意見についての理性的な対話を重視する「意見の代表」説であった。すなわち，一般に意見は利益以上に多元的であり，意見の対立は利益の対立以上に克服しがたいと考えられがちであるが，階級的利益の根強い対立を克服するのが極めて困難であるのにたいし，

2 代議制

意見の対立については、「優秀な資質」を持つ少数者の知的なリーダーシップのもとでの理性的な対話によって、比較的容易に合意を導くことが可能ではなかろうか。そうした理性的対話の可能性に着目しつつ、ジョンは、単なる利益の集計ではなく、多様な意見についての理性的な審議によって合意を導くことができるような代議制を構想するのである。

そしてその主な具体的施策としては、選挙制度における比例代表制と複数投票制の導入を挙げることができよう。すなわち、まず第一に、トマス・ヘアが提案した比例代表制を導入し、選挙区という地理的制約を取り除き、意見を共にする多様な党派が支持者の数に比例して代表される仕組みを構築する。そうすれば、多数者のみならず少数者にも審議に参加する機会が与えられるし、地盤を持たず各地で孤立している有識者が全国から少しずつ票を集めて代議士になる可能性も高まるであろう（第7章）。次に、「教育ある」有権者に「二票またはそれ以上の」投票権を与える複数投票制を導入する。そうすれば「知識と知性において優れているひとびと」の政治的影響力が強化され、「無教育なひとびとによる階級立法」にたいする抑制になるであろう（第8章）。

ジェイムズが考えたように、もしも〈社会全体の利益〉なるものが容易に集計できるのであれば、代議士の役割は、それを統治に反映させることに限られるべきなのかもしれない。しかし、ジョンの考えでは、そもそも何を統治に反映すべきかということ自体が政治的な問題なのであって、その答え――ジョンはそれを「一般的善」「共通善」と呼んでいる――は、多様な意見をもとにした理性的審議の中においてはじめて明らかになるものであった。だとすれば代議士には、何よりも、そのような理性的審議を行うための知的資質と、そうした資質を自由に行使するための「独立」が必要となるであろう。そして、だからこそジョンの代議制論は、父ジェイムズの委任説よりも、バークの独立説に近い相貌を帯びることになる。

原典⑦ 「教育ある」代議士には「独立」を認めるべきである

「長い間の思索と実務の経験によって鍛えられた優れた知性がもたらす便益を、統治機能のために、最大限に獲得すること……もしこ

の目的が達成するに値するものであるとすれば，それ相応の対価も必要になるだろう。優秀な頭脳と深遠な研究は，ときとして研究とは無縁の平凡な頭脳が思いつくような結論とは異なる結論にひとを導くものでなければ，役に立っているとはいえない。つまり，平凡な有権者よりもなにか知的に優れた資質を持つ代議士に仕事を任せることが目的なのであれば，その代議士がときに自分を支持している有権者の大半の意見とは異なる見解を表明することがあったり，そういう場合に，代議士の見解の方が正しいことの方が多かったりするということは，予期しておかなければならないことである。したがって有権者が代議士に，次の選挙での再選の条件として，有権者の意見への絶対的な同調を要求することは，賢明なやり方ではない」（『代議制統治論』294-295頁。一部改訳）。

　委任説か独立説か，利益の集計か公共性についての審議か，利益の代表かそれとも意見の代表か。すでに刊行後150年を経ようとしているジョンの『代議制論』であるが，さまざまな利益や価値の対立がますます激化する現代において政治的代表とは何かを考える際に，同書がわれわれに語ることはまだまだ少なくないように思われる。

◇◇用語解説

(1) **委任-独立論争**［Mandate-Independence Controversy］　代議士と有権者の関係をめぐる委任説と独立説の論争。委任説が〈代議士は有権者の指図に拘束される委任代表である〉と唱えるのにたいし，独立説は〈代議士は，公共的利益を審議する議会の一員であるから，地元の個別的利益や有権者の指図からは独立でなければならない〉と説く。

(2) **共和主義**［republicanism］　人間をポリス的動物（political animal）と捉える古典古代の人間観の影響のもとに，ルネサンス期に成立した政治についての見方。政治とは「共通善」（common good）のために市民によって営まれる「共通のことがら」（res publica）にほかならないが，政体には常に自由なき専制へと堕落する「腐敗」（corruption）の危険性が伴うため，政体の自由を維持するためには，市民の政治参加を通じた公民的徳（civic virtue）の涵養と，立憲主義的な統治機構の整備が必要であると考える。

ただし，この語自体は19世紀以降になるとしばしば「君主制に批判的な思想」という形式的な意味で用いられるようになる。

❖より深く学ぶために

〈基本文献〉

『バーク政治経済論集』エドマンド・バーク，中野好之編訳，法政大学出版局，2000年
『教育論・政府論』ジェームズ・ミル，小川晃一訳，岩波文庫，1983年
『代議制統治論』J. S. ミル，水田洋訳，岩波文庫，1997年

〈入門・解説書〉

The Concept of Representation, Hanna Fenichel Pitkin, University of California Press, 1967
『代表』アンソニー・H. バーチ，河合秀和訳，福村出版，1972年
「代表制の政治思想史——三つの危機を中心に」宇野重規，『社会科学研究』（東京大学社会科学研究所紀要）第52巻第3号，2001年
「ミルの政治思想」関口正司，『日本イギリス哲学会研究叢書　J. S. ミル研究』杉原四郎・小泉仰・山下重一編，御茶の水書房，1992年
「J. S. ミルと共和主義」小田川大典，『共和主義の思想空間』田中秀夫・山脇直司編，名古屋大学出版会，2006年
『自由民主主義は生き残れるか』C. B. マクファーソン，田口富久治訳，岩波新書，1978年

（小田川大典）

Ⅲ-3

政党（Political Party）

デュベルジェ
『政党社会学』

Maurice Duverger, *Les Partis Politiques*（1951）

❖政治学と政党

　「政党は現代政治の生命線(ライフライン)である」(シグマンド・ノイマン)と言われたように，現代政治において政党は重要な役割を果たしている。かつて「政党」は「徒党」と同義と考えられ，否定的に捉えられていた。しかし18世紀後半，エドマンド・バークは「政党」を「徒党」から区別し，はじめて政党を肯定的に評価した。その後，デモクラシーの発達とともに，政党は重要な役割を演じるようになった。たしかに，政党政治の衰退といった診断もないわけではない。しかし政党は，現代デモクラシーにおいても依然として重要な役割を果たしている。政党に触れずに現代政治を語ることは，不可能に近い。ここでは，現代政党学の古典的著作であるモーリス・デュベルジェ（1917-）の『政党社会学』(1951)を取り上げて，政党学における同書の位置や内容，その後の現代政党学の展開を概観したい。

> **原典 1 バークによる政党の定義**
>
> 「政党とは，その連帯した努力により彼ら全員の間で一致している或る特定の原理にもとづいて，国家利益の促進のために統合する人間集団のことである」（『バーク政治経済論集』エドマンド・バーク，中野好之編訳，法政大学出版局，2000年，80頁）。

3　政党

❖現代政党学における『政党社会学』の位置

　デュベルジェ以前にも、重要な政党研究は存在した。たとえば、オストロゴロスキーは『民主主義と政党組織』(1902)において、イギリス、アメリカの政党組織を歴史学的方法で分析し、政党組織の発展とともに官僚制化が進行していくと指摘した。ロベルト・ミヘルスは『現代民主主義における政党社会学』(1911)において、ドイツ社会民主党の政党組織を社会学的に分析し、社会民主主義を標榜する政党でさえ「寡頭制の鉄則」が作用していると論じた（本書Ⅲ-4を参照）。また、マックス・ウェーバーは『職業としての政治』(1919)において、イギリスとアメリカの政党の発展過程を研究し、政党が貴族政党から名望家政党を経て近代組織政党へと発展していくと論じた。

　これらの業績は、政党そのものを研究対象とした先駆的業績であったが、アメリカやイギリス、ドイツといったように特定の国や特定の政党に関する記述的研究であり、政党全体に通じるような理論的体系性を欠いていたことは否めない。この点は、『政党社会学』の著者デュベルジェも明確に意識していた。たしかにデュベルジェも、既存の政党研究、とりわけアメリカを対象とした政党研究が重要な価値を持つことを認めている。にもかかわらず、「全体に通じる問題」(questions générales)は扱っていないと批判し、「一般理論」(théorie générale)の必要性を訴えた（『政党社会学』モーリス・デュベルジェ、岡野加穂留訳、潮出版社、1970年、ⅲ頁）。こうした問題関心を抱いたデュベルジェは、主として12カ国——イギリス、アメリカ、フランス、ドイツ、ベルギー、オランダ、スウェーデン、ノルウェー、デンマーク、スイス、イタリア、ソ連——の政党を比較政治学的に分析し、完璧ではなくとも「将来の詳細な研究を鼓舞激励」（ⅳ頁）するようなモデル構築を試みたのである。

　さて、『政党社会学』は、序論・結論のほか、二部構成となっている。第一部「政党の構造」は、政党内の構造を対象とした政党組織論である。第二部「政党制」は、政党間の関係を対象とした政党システム論である。後に述べるように、政党組織論は、パーネビアンコらによって発展させられつつある。他方、政党システム論も、サルトーリらによって格段の進歩を遂げている。しかしそれら

の研究は，デュベルジェの『政党社会学』を出発点としている。加えて，最新の政党理論であるカッツ＝メアの**カルテル政党**論でさえ，幹部政党から大衆政党へというデュベルジェの政党発展論の延長線上に位置づけることができる。要するに，現代政党学の重要な基礎を築いたことが，デュベルジェの最大の意義であるといえるだろう。

❖政党組織論──幹部政党と大衆政党

すでに言及したウェーバーは，政党の発展を支配体制の変化と関連づけて論じた。ウェーバーによれば，政党は，貴族が支配層であった時代の「貴族政党」から，新たに支配層として台頭した名望家による「名望家政党」を経て，政治的重要性を増してきた大衆を動員するための組織を備えた「近代組織政党」へと発展していった（『職業としての政治』マックス・ヴェーバー，脇圭平訳，岩波文庫，1980年）。

これに対して，デュベルジェは政党組織の基本単位に注目し，政党を「幹部政党」（partis de cadres）と「大衆政党」（partis de masse）に分類した。デュベルジェによれば，幹部政党は，制限選挙のもとで確立した政党であり，その基本単位は有力者（名士や資産家など）で構成される地方幹部会（コーカス）であった。幹部政党は地方幹部会の連合体であり，その組織構造は地方分権的であった。制限選挙のもとでは，有権者の数が少ないために，大衆を動員する必要がなく，地方幹部会の代表が議員として選出された。つまり，幹部政党は，議会エリートが内部から創設した政党であった。具体的には，19世紀に西欧諸国で出現した自由党や保守党，アメリカにおける共和党や民主党が幹部政党に該当する。

これにたいして大衆政党は19世紀後半から20世紀にかけて，参政権の拡大に伴い，有権者数が飛躍的に増加した状況下で登場した。大衆政党の基本単位は，有権者個人が党員として加入する支部であり，支部は党員から党費を徴収した。党の目的は労働者の政治教育とそれを通じての政治エリートの選出であった。したがって，大衆政党の組織構造は中央集権的であり，党組織は一般に党則で厳格に規定された。つまり，大衆政党は，選挙権の拡大を背景に，有権者を組

織化し党員を増やすことによって外部から形成された政党である。具体的には，西欧諸国の社会主義政党やカトリック政党が大衆政党に該当する。

しかし幹部政党も，幹部政党に留まり続けたわけではない。幹部政党として形成された政党も，参政権の拡大に伴い，一般党員の入党を許可するようになった。いわゆる幹部政党の大衆政党化である。こうした大衆政党化は，左派政党から右派政党へと拡大していった（いわゆる「左からの侵食」）。デュベルジェは，政党の形成期はともかく，大衆政党が政党の今後の姿であると予測したのである。

> 原典2 幹部政党から大衆政党へ
> 「19世紀の個人主義的な政党や権力分散的な幹部政党を惜しみ，そして現在の巨大な権力集中的で厳格な規律をもった政党を呪ったとしても，後者の政党の方だけが，現代社会の構造に適合しているという事実を変えることはできないわけである」（『政党社会学』モーリス・デュベルジェ，岡野加穂留訳，潮出版社，1970年，456頁）。

❖政党システム論——一党制，二党制，多党制

デュベルジェは『政党社会学』において，こうした政党組織論だけではなく，政党システム論も展開している。デュベルジェは『政党社会学』第二部において，政党の数を基準として，政党システム（政党制）を一党制，二党制，多党制の三つに分類したのである。①一党制（one-party system）は，全体主義政党や権威主義政党しか存在を許されていない政党システムである。たとえば，旧ソ連，ナチス・ドイツ，フランコ体制下のスペインである。②二党制（two-party system）は，主要政党が二つある政党システムである（二大政党制ないしアングロアメリカン・モデルとも呼ばれる）。たとえば，保守党と労働党のイギリスや，共和党と民主党のアメリカである。③多党制（multi-party system）は，フランスやイタリアのように，主要政党が三つ以上ある政党システムである。

こうした政党システムの相違は，何によってもたらされるのだろうか。デュ

Ⅲ　自由民主主義の制度・政策

ベルジェによれば，選挙制度にほかならない。たしかにデュベルジェも，政党システムは複雑な要素の産物であり，その一般的要因を挙げることは容易ではない，と認めている。しかし，各国に特有の政治的伝統，社会構造，宗教，人種分布，階級対立などを別とすれば，各国に共通する一般的要因があり，それが選挙制度だというのである。そのうえでデュベルジェは，小選挙区制（相対多数代表制）は二党制の発達を助長し，比例代表制は多党制の発達を助長する傾向があるとする「デュベルジェの法則」を示した。ただし，この「法則」にたいしては，選挙システムではなく，伝統的な社会的亀裂（social cleavages）が政党システムを規定しているとする，有力な仮説も存在する（リプセット＝ロッカンの**凍結仮説**）。

> **原典 3　デュベルジェの法則**
>
> 「(1)比例代表制には，多くの政党を形成する傾向があり……(2)二回投票制には，多くの政党を互いに連合させる傾向があり……(3)相対多数代表制には，二党制をもたらす傾向がある。……私の命題は，単にある選挙制度がある政党制をもたらす「傾向」があると述べており，必ずしも特定の選挙制度が特定の政党制をもたらすのではない，と強調している」（「デュベルジェの法則――40年後の再考」モーリス・デュベルジェ，『選挙制度の思想と理論』加藤秀治郎編訳，芦書房，1998年，244-245頁）。

それでは，デュベルジェは，二党制と多党制のいずれを評価していたのだろうか。デュベルジェは，実際には二党制が少数であることを認めつつも，政治における選択は通常，二者択一の形式をとると考え，それを体現する二党制を評価したのである。この点は，後に見るように，サルトーリが批判することになるだろう。

> **原典 4　二党制への評価**
>
> 「それにもかかわらず，二党制は事物の本質に一致するように思われる。つまり，政治上の選択は通常，二者択一の形式をとる。政党の

> 二元主義は常に存在するものではなくして，通常は大部分が，傾向の上での二元主義なのである。あらゆる政策は二種類の解決方法のうちの，一方を選択するということを意味している。つまり，いわゆる妥協による解決方法というものは，どちらかの方法にかたよることになる」(『政党社会学』238頁)。

　このように，デュベルジェの『政党社会学』は，政党組織論においても政党システム論においても，現代政党学の礎を築いた。しかし，その後の現代政党学は格段の進歩を遂げ，『政党社会学』の諸命題は乗り越えられていくことになる。そこで次に，現代政党学の到達点として，サルトーリの政党システム論とパーネビアンコの政党組織論へと進むことにしよう。

❖政党システム論の展開——サルトーリ

　すでに見たように，デュベルジェは，政党組織論のほかに，一党制，二党制，多党制という政党システム論を提示していた。この政党システム論を発展させたのが，イタリアの政治学者ジョヴァンニ・サルトーリの『現代政党学——政党システム論の分析枠組み』(1976)である(サルトーリは，同書の第二巻において政党組織論を展開する構想を抱いていたが，今のところ公刊されていない。ただし，第二巻の原型となる草稿の一部が公刊されている。"Party Types, Organisation and Functions," Giovanni Sartori, *West European Politics*, Vol. 28, No. 1, January 2005, pp. 5-32)。

　サルトーリは『現代政党学』の序文において，同書がデュベルジェの政党理論にたいする批判である，と明言している(v頁)。サルトーリが批判的なのは，何よりも，デュベルジェの二元論的立場だった。サルトーリによれば，デュベルジェは二元論的立場のせいで「驚くべき誤解をしでかしている」(228頁)。サルトーリによれば，二党制か多党制かという二元論では，たとえば，ファシズムによって崩壊したワイマール・ドイツの多党制と，そうはならなかったスカンジナビア諸国の多党制とを区別できない。こうした難点を避けるために，サルトーリは，三分類よりもきめの細かい政党システム論を提示しようとした。

Ⅲ　自由民主主義の制度・政策

　すなわち，サルトーリは，政党システムを政党の数だけでなく，イデオロギー尺度を加えて分析し，デュベルジェの三分類を七分類へと細分化・精緻化したのである。

　サルトーリは，〈一党制塊〉を一党制，ヘゲモニー政党制，一党優位政党制へと三分類している。サルトーリによれば，①一党制（single party system, one-party system）では，一つの政党だけが法律上も事実上も存在し，存在することを許されている。たとえば，ソ連共産党独裁の旧ソ連やフランコ体制下のスペインである。②ヘゲモニー政党制（hegemonic party system）では，複数政党の存在が認められているが，あくまでも第二次的政党，衛星政党としてのみ許されているにすぎない。衛星政党は，ヘゲモニー政党に対抗することはできず，政権交代は起こりえない。たとえば，共産主義下のポーランド，制度的革命党（PRI）政権下のメキシコである。③一党優位政党制（predominant party system）では，支配的な政党だけでなく，他の政党も存在することを許されているだけでなく，合法的で正当な挑戦者として支配政党と競合できる。しかし，結果的に支配政党が長期にわたって圧倒的優位を保持しているため，政権交代が起こらない。たとえば，1952年以後のインド，1955年以降の日本である。

　サルトーリは，二党制についてはとくに細分化してはいない。④二党制（two-party system）では，二つの大政党が絶対多数議席を目指して競合し，そのうち一方が実際に過半数議席の獲得に成功し，単独政権を組織している。政権交代の現実的可能性がある。たとえば，イギリスやアメリカである。

　しかし〈多党制塊〉については，サルトーリは，穏健な多党制と極端な多党制へと二分類している。⑤穏健な多党制（限定的多党制）（moderate pluralism）では，政党数は3～5で，イデオロギー距離が比較的小さく，大きな反体制政党は存在しない。連合政権軸は二極で，政党間競合は求心的なものになる。たとえば，スウェーデン，デンマーク，ノルウェーである。他方，⑥極端な多党制（分極的多党制）（polarized pluralism）では，政党数が6～8で，イデオロギー距離が非常に大きく，かなり大きな反体制政党が存在する。ここでは，政党間競争は分極的で，政党間競争は遠心的なものになる。たとえば，ワイマール・ドイツやイタリアである。

最後にサルトーリは，新しい政党システムを追加する。サルトーリによれば，⑦原子化政党制（atomized party system）では，他に抜きん出た政党がないまま数多くの政党が乱立している。極度の混乱期を除いてあまり存在しない。たとえば，マレーシアである。

このようにサルトーリは，デュベルジェの三分類を超えて，七分類を提示している。その際，サルトーリが意図したのは，デュベルジェの類型論を単に精緻化することではなかった。二党制だけではなく，政党間でイデオロギーが激しく分裂していない穏健な多党制も安定的であることを示すことだったのである。

> **原典 5　穏健な多党制への評価**
> 「二党制の場合はたった二つの政党しかないが，穏健な多党制の場合には一般に二極の連合政権組合せ代案が存在するのである。しかし，この相違は競合が求心的であるという事実を損なうものではないし，穏健な多党制の仕組みも〈穏健な政治〉の実現に資すという事実の価値を減ずるものでもない」（『現代政党学』（普及版）ジョヴァンニ・サルトーリ，岡沢憲芙・川野秀之訳，早稲田大学出版部，2000年，298頁）。

❖政党組織論の展開──パーネビアンコ

次に，同じくイタリアの政治学者アンジェロ・パーネビアンコの政党組織論を概観したい。パーネビアンコは『政党──組織と権力』(1982) において，政党システム論に比べて政党組織論が未発達であることに不満を表明し，政党組織論の展開を試みている。「政党はまず第一に組織であり，どんな視点をとるにせよ，そのまえに政党の組織を分析しなければならない」（1頁）。

『政党』は，結論に当たる章を持たないことが示しているように，一つの命題に要約できるような単純な書物ではなく，さまざまな刺激的アイデアに満ち溢れた複雑な書物である。同書の魅力は，そうした刺激的アイデアの一つひとつにあるといえるだろう。たとえば，パーネビアンコは従来の政党研究がイデ

Ⅲ　自由民主主義の制度・政策

オロギーを過度に重視し，あるいは逆に軽視しすぎたことを批判し，「集合的インセンティブ」と「選択的インセンティブ」という観点からイデオロギーと政党組織の関係を説明している。集合的インセンティブとは，党員と政党のイデオロギー的一体感を指し，選択的インセンティブとは，党員が得られる地位や報酬などを指す。政党が集合的インセンティブを過度に強調すると，選択的インセンティブに支えられた政党の組織は弱まりかねない。逆に，選択的インセンティブを強調しすぎると，集合的インセンティブに支えられた政党への信頼感が揺らぎかねない。こうしてパーネビアンコは，政党はこうしたジレンマに折り合いをつけなければならない，と論じるのである。

　これ以外にも，『政党』の中にはさまざまなアイデアが散りばめられているが，デュベルジェの政党組織論との関連では，次の二点が重要であろう。第一に，パーネビアンコは，政党組織の制度化の水準（政党組織の「固まり」方）は政党ごとに異なっており，しかも，そうした相違は政党組織の「発生期モデル」によって規定される，と主張する（下表を参照）。まず，政党組織が自然発生的に結成された「地域拡散型」政党は弱い制度になり，逆に，中心が周辺の政党結成を指導した「地域浸透型」政党は強い制度になりやすい。次に，発生期において，国内に政党指導者を正統化する外部スポンサーが存在していた「外部国内正統化型」政党は弱い制度になり，そうした外部スポンサーのいなかった「内部正統化型」政党や，いたとしても外国にいた「外部国外正統化型」政党は強い制度になりやすい。このようにパーネビアンコは，デュベルジェとは異なり，各政党の制度化水準はさまざまであり，そうした相違は発生期モデ

発生期モデル	制度化
地域拡散型	弱
地域浸透型	強
内部正統化型	強
外部国内正統化型	弱
外部国外正統化型	強

（出所）『政党』A. パーネビアンコ，村上信一郎訳，ミネルヴァ書房，2005年，73頁。一部改変。

ルによって規定されたものである，と論じている。

　第二に，パーネビアンコは，大衆政党以後の新しい政党組織についても，「専門職的選挙政党」論を展開している。1960年代後半，オットー・キルヒハイマーは，現代の政党が，特定の社会集団を代表する大衆政党から，あらゆる有権者層から支持を取りつけようとする包括政党へと変容していると論じた。しかしパーネビアンコにいわせれば，包括政党論も，政党組織そのものに生じた重要な問題，すなわち党官僚ではなく選挙戦略や広報の専門職が大きな影響力を持つようになったこと（専門職化）については示唆するにとどまっている（270頁）。こうしてパーネビアンコは，包括政党への変容が政党組織にもたらした「専門職化」を分析することで，政党組織論を発展させようとする。

　パーネビアンコによれば，現代の政党は，党官僚が重要な役割を果たす「官僚制的大衆政党」（mass-bureaucratic party）から，専門職が重要な役割を果たす「専門職的選挙政党」（electoral-professional party）へと変容している。専門職的選挙政党は，官僚制的大衆政党と比べた場合，次の五つの特徴を持っている。第一に，党官僚ではなく，選挙コンサルタントや広報戦略担当者といった専門職が中心的な役割を果たしていること。第二に，帰属意識を持つ有権者ではなく，意見に基づく有権者に依拠していること。第三に，党内指導者ではなく，選挙によって選ばれた公的代表が優越していること。第四に，党費や事業収入ではなく，企業団体献金や政党助成金によって財政をまかなっていること。そして第五に，イデオロギーではなく，争点と指導者が強調されること。それに関連して，イデオロギーの信奉者ではなく，出世主義者や利益集団代表が中心的役割を演じていることである。

❖現代日本政治と現代政党学

　このように現代政党学は，デュベルジェ『政党社会学』を出発点としつつも，格段の進歩を遂げている。こうした現代政党学の理論的蓄積は，現代日本政治を考えるうえでも有益な理論となっている。周知のように，現代日本の政党システムは，小選挙区比例代表並立制の導入を契機として，自民党の一党優位政党制から，自民党・民主党の二党制（二大政党制）へと移行しつつある。これ

Ⅲ　自由民主主義の制度・政策

が望ましいか否かは，必ずしも明らかではない。また，政党組織に関しても，サポーター制度（民主党）や協力党員制度（社会民主党）に見られるように，柔軟化ないしネットワーク化が進行しつつある。これが政党組織の発展を意味しているのか，それとも衰退を意味しているのか，定かではない。こうした現代日本政治を考えるうえで，政党それ自身を研究対象としてきたデュベルジェ以降の現代政党学は，有益な理論を提供してくれるであろう。

❖用語解説

(1) **カルテル政党**［cartel party］　カッツとメアが提示した現代の政党についての概念。彼らによれば，政党は，幹部政党から大衆政党を経て包括政党へと変容し，現在ではカルテル政党へと変容している。カルテル政党以前の政党論は，市民社会 – 政党間のつながりに着目したが，カルテル政党論は，政党 – 国家間関係に注目する。現代の政党を特徴づけるのは，現有議席に基づく政党助成金と，（政権）政党によるマス・メディア規制である。既存政党同士がいわばカルテルを結び，新規参入しようとする政党を妨げ，自らの生存を図ろうとしているというのである。

(2) **凍結仮説**［freezing hypothesis］　1967年にリプセットとロッカンが提示した西欧の政治システムについての仮説。彼らは，西欧の伝統的な四つの社会的亀裂（social cleavages）が1960年代の政党システムを規定していると論じた。四つの社会的亀裂とは，市民革命によって生じた①中央 – 地方，②政府 – 教会という二つの亀裂と，産業革命によって生じた③農村 – 都市，④労働者 – 経営者という二つの亀裂である。凍結仮説は，これらの社会的亀裂が20世紀初頭に導入された普通選挙によって政党システムに反映され，それが1960年代の政党システムにおいても「凍結」（固定化）されたまま持続していると主張する。

❖より深く学ぶために

〈基本文献〉

『政党社会学』モーリス・デュベルジェ，岡野加穂留訳，潮出版社，1970年

『現代政党学――政党システム論の分析枠組み』（普及版）ジョヴァンニ・サルトーリ，岡沢憲芙・川野秀之訳，早稲田大学出版部，2000年

『政党――組織と権力』A. パーネビアンコ，村上信一郎訳，ミネルヴァ書房，2005年

〈入門・解説書〉
『政党』岡沢憲芙,東京大学出版会,1988年
『現代の政党と選挙』川人貞史・吉野孝・平野浩・加藤淳子,有斐閣,2001年

(篠原　新)

III-4
官僚制 (Bureaucracy)

ウェーバー
『支配の社会学』

Max Weber, *Soziologie der Herrschaft* (1922)

❖ウェーバーの時代と官僚制

　一般に官僚制とは，狭義には，中央官庁の行政機構，あるいはそこに勤務する公務員のことであり，広義には，ピラミッド型の階層制構造を持つ組織のことである。現代の政治現象を考える際には，いずれの意味においても，官僚制に言及しないですますことはできない。とりわけ日本政治を語るうえでは，「官僚主導」体制の成立とそのメカニズムについての分析は不可欠であり，また1990年代以降，「官僚主導から政治主導へ」，あるいは「官から民へ」が繰り返し論じられてきたことは周知のとおりである。

　しかし政治学の古典において，官僚制が常にテーマ化されてきたかというと，そうではない。古来，政治学者たちは，それぞれのやり方で，自由，正義，デモクラシーなどについて議論してきた。しかしこうした研究対象のリストに官僚制が加えられたのは，比較的最近のことであり，この転換において決定的な役割を果たしたのが，マックス・ウェーバー（1864-1920）である。

　ウェーバーが成長したのは，ドイツ帝国の初代首相で，「鉄血宰相」と呼ばれたビスマルクの時代であった。ビスマルクは，後発国ドイツが先進諸国に追いつくために，国家主導による急激な「富国強兵」政策を推し進めた。しかし同時に，社会主義運動をおさえ込むという意図もあり，国家による社会保障制度の整備にも積極的で，医療保険や労災保険を導入した。こうしたなかで，行政は量的に著しく拡大し，質的にも大きく変化していく。このように変容した

国家は「行政国家」と呼ばれるが，ウェーバーは，まさにこうした変化を背景にして，官僚制を論じたのである。

> **原典 1　官僚制化の背景**
>
> 「行政の官僚制化の本来の地盤は，古来，行政事務の発達の特殊な態様に，しかもまず第一には，その量的発達にあった……。例えば，政治的領域において官僚制化の古典的地盤を形成しているのは，大国家と大衆政党とである。……しかし，官僚制化の機縁を与えるものとしては，行政事務の範囲の外延的・量的な拡大よりも，その内包的・質的な拡大と内面的な展開との方が，より重要である。この場合，行政事務の内面的発展の向かう方向とこの発展を生み出す機縁とは，極めて種々さまざまでありうる。官僚制的国家行政の最古の国たるエジプトにおいては，書記や官僚の機構を作り出す機縁をなしたのは，上から全国的・共同経済的に治水をおこなうことが，技術的・経済的にみて不可避的であったという事情である。次いで，すでに早くから，書記や官僚の機構は，軍事的に組織された巨大な土木事業の中に，その第二の大きな業務圏を見出した。多くの場合には，すでに述べたように，権力政策に起因する常備軍の創設とこれに伴う財政の発展と，この両者に由来するいろいろの要求とが，官僚制化の方向に働いている。このほかにも，近代国家においては，文化の複雑性が増大し，そのために行政一般に対する要求が増してくるという事情も，同様の方向に作用している」（『支配の社会学』Ⅰ，マックス・ウェーバー，世良晃志郎訳，創文社，1962年，84-89頁）。

なお，ウェーバーは**支配の諸類型**をめぐる議論も含めて，実にさまざまな文脈で官僚制について論じているが，このテーマに関する最も重要な論考は，彼の死後編纂された『経済と社会』（*Wirtschaft und Gesellschaft*）――その編纂の仕方については，今日，多くの問題が指摘されているが――に所収されている『支配の社会学』，とりわけその中の「官僚制的支配の本質・その諸前提および展開」と題される節である。したがって以下，この『支配の社会学』に沿って，ウェーバーの官僚制論を紹介していきたい。

Ⅲ　自由民主主義の制度・政策

❖ミヘルス『政党の社会学』

　上記の引用で,「大国家」とともに「大衆政党」が挙げられていることに,当惑した読者がいるかもしれない。しかし,組織の事務の量的拡大と質的複雑化という視座から考えるならば,国家の行政も,政党組織も,また自動車メーカーや銀行などの大企業も,大規模組織という点においては,共通の課題と問題をかかえているということができる。そして実際,科学的管理法から古典的組織論,そして現代組織論へと至る,アメリカ行政学理論においては,政府の行政組織と私企業の組織は基本的にパラレルに論じられることになる。

　そしてそもそも官僚制（bureaucracy）という言葉が,「執務室」を意味するbureauと「権力,支配」を意味するcracyからなるというのは,こうした連関をよく表している。なぜ「現場」ではなく,「執務室」が権力を持つのかといえば,それは,組織が大規模化すればするほど,それを一貫して,無駄なく,合理的に経営していくための管理の中枢が必要とされるからである。

　ウェーバーがこうした問題に関心を抱くようになる一つのきっかけは,ドイツ社会民主党を研究し,『政党の社会学』(1911)を書いたロベルト・ミヘルス(1876-1936)との交流であった。当時,急激な工業化に伴って社会問題が深刻化し,またそれと平行して選挙権が拡大していくなかで,ドイツ社会民主党は目覚ましい勢いで組織を拡大していた。ミヘルスはこうした運動に自ら身を投じるなかで,ある矛盾に直面する。それは,民主化や平等を唱える社会民主党の組織自体が,一部の少数者に権力が偏重する階層制構造をなしているという事態である。彼はこうした現象から「寡頭制の鉄則」(ehernes Gesetz der Oligarchie)を導き出すが,これはまさに民主化が大規模政党をもたらし,それが不可避的に官僚制化していくという連関を指し示すものである。今日,私たちにとって,大規模な政党は自明な存在である。しかしこうした大規模政治組織は,ミヘルスやウェーバーにとっては,まったく新しい現象であり,そうした現象に直面するなかで,ウェーバーは官僚制の理論を築き上げたのである。

4 官僚制

❖近代・ザッハリッヒカイト・単一支配

　官僚制化は，組織の大規模化とともに進展する。しかしこのことだけを強調するのであれば，古代エジプトや中国の歴代の王朝における巨大な行政組織と，近代国家の官僚制の区別はなくなってしまう。ウェーバーは家産官僚制と近代官僚制という二つを区別し，後者の特徴として，個人の趣味，好み，気まぐれといったパーソナルな要因によって左右されない性質を指摘し，これを「ザッハリッヒカイト」という語で言い表す。

　ドイツ語のザッハリッヒカイト（Sachlichkeit）は，「物」「事柄」を意味するザッヘ（Sache）の形容詞形ザッハリッヒ（sachlich）が名詞化されたものであり，あえて日本語にすれば，「即対象性」「没主観性」，あるいは「客観性」ということになるが，研究者の間ではそのままザッハリッヒカイトとカタカナ書きされることが多い。なお，マルクス主義（とりわけルカーチ）における物象化（Versachlichung），あるいは芸術における新即物主義（Neue Sachlichkeit）も，それぞれ意味しているものは大きく異なるが，いずれにしても近代社会における「物」的性格に焦点を合わせようとするものである。

　官僚制に話を戻せば，ウェーバーは，前近代的な官僚制においては，支配者と官吏のパーソナルな関係とそれに由来する恩恵，特権，そしてピエテート（恭順）のネットワークが支配的であり，そこにはザッハリッヒカイトの契機が乏しいとする。これにたいして，近代の官僚制においては，そうした人格的，したがって恣意的な規制に代えて，誰にたいしても客観的，中立的に妥当する「規則」，そしてそれに基づく明確な「権限」と「階層制構造」の原則が貫徹されるとし，こうした性格を**形式合理性**という概念によって表現するのである。

　　　◇原◇典◇2◇　近代と官僚制
　　「近代文化の特質，わけてもその技術的・経済的下部構造の特質は，正にこの・効果の「計算可能性」なるものを要求している。完全な発展をとげた官僚制は，特殊的な意味において，「怒りも興奮もなく」sine ira ac studio という原理の支配下にもあるわけである。官僚制が

Ⅲ　自由民主主義の制度・政策

> 「非人間化［パーソナルな関係からの離脱］」されればされるほど，換言すれば，官僚制の徳性として賞讃される特殊の性質——愛や憎しみおよび一切の純個人的な感情的要素，一般に計算不能なあらゆる非合理的な感情的要素を，職務の処理から排除するということ——がより完全に達成されればされるほど，官僚制は，資本主義に好都合なその特殊な特質を，ますます完全に発展させることになる。個人的な同情・恩恵・恩寵・感謝の念に動かされた，旧秩序のヘル［支配者］の代りに，近代文化は正に，文化が複雑化し専門化すればするほど，それを支える外的装置(アパラート)のために，人による偏頗のない・したがって厳に「没主観的(ザッハリッヒ)」な専門家を要求する」（93-94頁。［　］は引用者）。

　こうした特徴を持つ近代官僚制は，精確性，迅速性，明確性，継続性，統一性，摩擦の防止といった点において，他の組織形態に比べて技術的に優れている。ウェーバーはこのように論じ，そうであるから官僚制は合議制や名誉職的組織形態を駆逐して進展し，ひとたび成立するならば，打ち壊すことは極めて困難であると指摘する。そしてこうした意味での官僚制化が進めば進むほど，官僚制は「素人」である市民や政治家からの具体的な要求を「非合理」で「感情的」なものとして斥けつつ，固有の論理性をもって自らを閉鎖化し，「単一支配的」（monokratisch）傾向を帯びることになるというのである。

　ある特定の個人による支配は，その支配者を打倒することによって転覆しうる。しかし，そうした人格性や恣意性を極小化することによって成立する近代官僚制は「匿名的」な権力となり，それを構成する「人」が変わっても，その「外枠」自体はいささかも変化せず，したがってそこからの「解放」の可能性は論理的に塞がれることになる。ウェーバーの「鉄の檻（殻）」（stahlhartes Gehäuse, Iron Cage/Shell of Steel）というメタファーは，まさにこうした近代官僚制の様態を指し示すものである。

❖官僚制化と政治の貧困化

　すでに述べたように，前近代の家産官僚制との対比において，ウェーバーは

ザッハリッヒカイト，あるいは形式合理性という近代官僚制の特徴を強調する。しかしこれにたいする評価は，両義的たらざるをえない。なぜなら，近代官僚制は権力者の気まぐれや恣意性を排除するという点においてポジティヴな意味を持つが，「鉄の檻」や**逆機能**（マートン）などの点においてネガティヴな側面を持つからである。後者の側面に関連して，ウェーバーの政治理論においてとりわけ重要な論点となるのが，脱政治化の問題である。

　行政は，いかに客観性，中立性を標榜しようとも，そこから完全に政治性を除去することはできない。ところが，官僚制の単一支配は，こうした政治性の痕跡を消し去り，一定の「政治的」，すなわち別の可能性もありうる選択を，非党派的，非政治的という装いのもとで貫こうとする傾向を持つ。ウェーバーは社会科学方法論の著作において，「価値自由」（Wertfreiheit, value-free）論を展開し，「客観性」を僭称する社会科学であっても，それは常に一定の（主観的な）価値観点から構成されたものであると繰り返し論じたが，官僚制に関しても同様に，そこにおいて政治性，党派性が隠蔽される危険性があることを問題にするのである。

> **原典 3**　「ザッハリッヒには理由づけできない」脱政治化
>
> 「「職務上の秘密」(アムツゲハイムニッセ) という概念は特殊官僚制的な発明物であり，正にこの——右のごとき特殊な性質をもつ分野［外交や商業政策など，対外的勢力関心が問題になる場合］以外では，純客観的（ザッハリッヒ）には理由づけられえないところの——態度ほど，官僚によって熱狂的に擁護されているものはない。官僚が議会と対立するときは，彼らは確実な勢力本能から，その固有の手段（例えばいわゆる「国政調査権」(アンケートレヒト)）によって利害関係者から専門知識を獲得しようとする議会の一切の企てに対して，反対闘争をおこなう。十分に情報を与えられていない・したがって無力な・議会の方が，——この無知が官僚自身の利益と何らかの仕方で調和する限りは——，官僚にとっては，一層都合がよいのである」(123-124頁。［　］は引用者)。

　一般的に，ある政治社会の目標が一義的，あるいは少なくともその選択の幅

Ⅲ　自由民主主義の制度・政策

が狭い状況においては，こうした政治性，党派性は問題になりにくく，したがって効率性や中立性の原則の名のもとに官僚主導政治が定着しやすい。これにたいして第一次世界大戦後のドイツや，冷戦構造の終焉とバブル崩壊を同時に経験した1990年代の日本などのような変革期にある社会においては，政治的な方向性をめぐる党派的な議論が求められることになる。

　しかし，優秀な官僚層（「お上」）による政治指導が長く継続していたところでは，市民は，さまざまな対立の中で熟慮し，ある一つの選択肢を悩みつつ選び取っていくという経験を欠くことになる。第一次世界大戦後の新たな秩序形成について論じた論文「新秩序ドイツの議会と政府」（1918）において，ウェーバーは，ドイツ教養市民層を基盤としたプロイセンの官僚制の知的・道徳的優秀性を確認したうえで，そうであるがゆえに生じた「政治の貧困」を問題にする。そしてこうした事態に抗して彼は，さまざまな目的（価値）の対立，それをめぐる討論，そしてそれを踏まえた妥協という意味での政治を復権しようとするのである。

　「官僚主導」から「政治主導」への転換のために，ウェーバーは，国民から直接選出される大統領が必要であるとし，人民投票的指導者民主制の構想を唱えた。こうした議論は，共産党幹部の特権的支配（ノーメンクラツーラ）を崩そうとし，そのために大統領制を導入した旧ソ連のゴルバチョフ，あるいは議院内閣制のもとで官僚制に対抗する強い政治指導を求める「首相公選制」論にも引き継がれていく。ただ，ウェーバーの死後のことではあるが，この強い大統領制を悪用する形でヒトラーが権力を掌握したということもあり，この構想をいかに評価するかについては意見が分かれるところである。

❖官僚制と文化，あるいはウェーバーの儒教論

　ウェーバーの功績の一つは，すでに述べたように，官僚制を「近代」との関係において説明したことである。しかし，彼の代表的な研究である『プロテスタンティズムの倫理と資本主義の精神』（1904/05）がそうであるように，ウェーバーの議論の特徴は，近代的な諸制度を，宗教を中心とした文化的な背景との関連において論じる点にある。

4 官僚制

　官僚制に関しては，ウェーバーの中国論である『儒教と道教』がとりわけ重要である。官僚主導政治の問題が，恣意性の排除，効率性という中立的な装いのもとで政治の貧困化をもたらすことにあるとするならば，こうした問題は近代的な官僚制においてのみならず，むしろそれ以上に，調和と統一性の社会哲学である儒教において際だった形で顕在化することになる。ウェーバーは，儒教国家においては，社会的な対立が構造的に排除され，したがって意見の複数性が成り立ちえないがゆえに，知識を持ち，道徳的で，そうであるから権力を持つとされるエリート官僚層（読書人）の支配が帰結するという。

　こうした社会においては，政治的な相互批判の可能性が排除され，したがって「お上」の決定の誤謬が問われえない。そうであるからウェーバーは，儒教的な観念を前提にした官僚制国家においては，そこでたまたま妥当してきた伝統が相対化されたり，批判的な検討を受けたりすることなく継続し，「呪術の園」（Zaubergarten）が温存されると論じる。党派性を縮減しようとする近代官僚制は，この点において期せずして儒教国家における官僚制と近似してくる。ウェーバーの議論が迫力を持つのは，古代の中国の官僚制についての分析が彼の時代のプロイセンの官僚制への批判的視座と結びつく点にある。

　たしかにウェーバーは「近代」官僚制の議論の基礎を提供した社会科学者である。しかしこうした点にばかり注目してしまうと，彼の『支配の社会学』に豊富に盛り込まれている比較文化社会学的な知見が看過されてしまう。第二次世界大「戦後」の社会科学の課題が「近代」をめぐるものであったとすれば，冷戦の終焉以降，社会科学，とりわけ政治学は文化の多様性や差異の問題への応答を求められている。こうしたなかで，いかなる文化的背景のもとで，いかなる官僚制が形成されるのかという，ウェーバーの比較文化社会学的な設問はますます重要な意味を持つといえよう。

原典 4　儒教的官僚制の問題

「中国文化の統一性というものは，本質的には，一つの身分階層——すなわち，官僚制的な古典文学的教養と，すでに上述した特有の貴人理想 Vornehmheitsideal をもつ儒教倫理との担い手たる階層——

III 自由民主主義の制度・政策

> の統一性にほかならない。ところで，この身分倫理の功利的合理性には，一つのはっきりとした限界があった。すなわち，それは，伝統的・呪術的な宗教心とこれに関する儀礼書とを，身分的習律——とりわけ先祖や両親に対するピエテート［恭順］の義務——の構成要素として承認しているのであり，この点に，その功利的合理性は一つの超えがたい限界をもっているのである」（244頁。［　］は引用者）。

❖ジレンマの政治思想

　近代官僚制に関しても，儒教国家における官僚制においても，ウェーバーは常に脱政治化を問題にしている。そしてこれにたいして彼は常にジレンマを突きつけることによって対抗しようとする。

　ウェーバーは近代の官僚制支配にたいして，人民投票的指導者民主制の導入を主張したが，しかし彼は官僚制的なザッハリッヒカイトを否定し，カリスマ的指導者への全面的帰依を求めたわけではない。むしろウェーバーは，官僚制的な組織の「合理性」を絶対視することなく，政治的な「世論」との緊張関係，ジレンマを指摘し，あくまでそこに注意深く立ち続けることを求めるのである。

> 原典⑤　官僚制とデモクラシー
> 「およそあらゆる「民主制的な」潮流——ということは，この場合，「支配」の極小化を目ざす潮流という意味であるが——は，必然的に分裂的たらざるをえない。「権利の平等」と恣意に対する権利の保障の要求とは，往時の家産制的支配にみられる・恩恵に発する個人的な自由裁量を排斥して，行政の形式的・合理的な「没主観性（ザッハリッヒカイト）」を要求する。しかるに，「エートス」は，それが個々の問題について大衆を支配するときは，……具体的なケースと具体的な人とに志向した・実質的「正義」への要請を伴って，官僚制的行政の形式主義および規則に縛られた冷酷な「没主観性」と不可避的に衝突し，更にこの理由から，合理的に要求されたものを感情的に非難する，ということにならざるをえない」（99頁）。

ジレンマを突き詰めつつ、それを止揚しないという思考は、ウェーバーの思想の特徴をなしており、これはたとえば、信念の純粋性・一貫性を貫くことを求める「信条倫理」と、行為の結果にたいして責任を負うことを求める「責任倫理」の対抗関係についての有名な議論にも見られるものである（『職業としての政治』を参照）。そしてこうした思考は、とりわけ日本の政治を考えるうえで重要である。明治時代以来、政治（家）の「非合理」な諸要求から超越した「公」を担う唯一の存在として官僚制が理解されてきたとすれば、1990年代以降は、一連の「官」の不祥事を背景として、官僚バッシングがなされ、「政治主導」が唱えられている。しかし、官僚制をあがめ奉ることも、悪の権化にすることも、ともに問題である。重要なことは、官僚制を一枚岩的な実体として捉えることではなく、それが孕む対立性、抗争性を隠蔽することなくむしろ活性化させながら、開かれた公共空間を切り開くことである。私たちがいまウェーバーから学ぶべきなのは、こうした抗争性とジレンマの政治思想であるように思われる。

❖用語解説

(1) **支配の諸類型**［Typen der Herrschaft］　支配は、それが成り立つためには、「正当性」（Legitimität）にたいする信仰によって内面的に支えられる必要がある。ウェーバーはこのように論じ、その純粋な型として「合法的支配」「伝統的支配」「カリスマ的支配」の三つを挙げる。そして形式的に正しい手続きで定められた規則によって、任意の法を創造し、変更することを特徴とする「合法的支配」の最も純粋な型として官僚制的支配を位置づけている。

(2) **形式合理性**［formale Rationalität］　実質合理性は、ある特定の人（あるいは社会）におけるパティキュラーな善の観念を意味し、これにたいして形式合理性は、そうした「実質的」な善の観念を共有しない人たち（あるいは複数の社会）の間で、そうした価値観の共約不可能性にもかかわらず成り立つような「中性的」な規範を指す。たとえば、（個人の良心の問題に踏み込まない）近代法、「価値自由」な科学、そして近代官僚制がその代表的なものである。

(3) **逆機能**［dysfunction］　アメリカの社会学者ロバート・マートンは、『社会理論と社会構造』（1949）において、行政組織においてはしばしば規則遵守自体が自己目的化し（「目的の転移」）、形式主義的で杓子定規となり、迅速な適応能力が欠けるとし、これ

Ⅲ　自由民主主義の制度・政策

を官僚制の「逆機能」と呼んだ。ウェーバーが19世紀後半からの官僚制化，したがって前近代から近代への転換を説明しようとして官僚制の合理性を強調したとすれば，官僚制の非合理な側面を強調するマートンが直面していたのは，これとは異なる現実，すなわちニュー・ディール以降，決定的となる「大きな政府」とそこにおける「意図せざる結果」だったのである。

❖より深く学ぶために

〈基本文献〉

『支配の社会学』Ⅰ・Ⅱ，マックス・ウェーバー，世良晃志郎訳，創文社，1962年
『職業としての政治』マックス・ヴェーバー，脇圭平訳，岩波文庫，1980年
『政治論集』1・2，マックス・ヴェーバー，中村貞二・山田高生ほか訳，みすず書房，1982年
『儒教と道教』M. ウェーバー，木全徳雄訳，創文社，1971年

〈入門・解説書〉

「軍国支配者の精神形態」丸山眞男，『丸山眞男集』第4巻，岩波書店，1995年
『官僚制の時代——マックス・ヴェーバーの政治社会学』W. J. モムゼン，得永新太郎訳，未來社，1984年
『行政学［新版］』西尾勝，有斐閣，2001年
『闘争と文化——マックス・ウェーバーの文化社会学と政治理論』野口雅弘，みすず書房，2006年

（野口雅弘）

III-5
政策形成 (Policy-Making)

リンドブロム，ウッドハウス
『政策形成の過程』

Charles E. Lindblom, Edward J. Woodhouse, *Policy-Making Process*, 3rd ed. (1993)

❖政策形成の表層的・一面的理解を超えて

　環境問題，貧困問題，消費者問題……等々，世の中には解決すべき課題が山積している。その解決を任務としているのが政府であり，問題解決のための手段が政策である。しかし，そうした期待とは裏腹に，日々の報道から見えてくるのは，一部の人々にとってのみ都合のよいように見える政策や，有効性に乏しい政策しか打ち出せない政府の姿である。こうした事態はなぜ生じるのであろうか。また，こうした事態を改善するにはどうしたらよいのだろうか。この問いにたいして，しばしば聞かれるのは次のような見解である。
・政策が失敗するのは，官僚が無能だからだ。
・私益を追求する利益集団こそが諸悪の根源だ。利益集団など世の中に存在しない方がいい。
・より多くの情報に基づいて，合理的で体系的な政策を作ればうまくいくのではないか。

　もし読者がこれらの見解に賛同するなら，是非一度，『政策形成の過程』を手にとってみてほしい。ただし，それは，同書で上記の見解が肯定されているからではない。逆に，否定もしくは不可能とされているからこそ，同書をオススメするのである。『政策形成の過程』は，政策形成についての表層的・一面的な理解から読者を解放してくれる，刺激に満ちた良書である。

Ⅲ 自由民主主義の制度・政策

❖著者について

『政策形成の過程』の著者の一人，チャールズ・E. リンドブロム（1917-）は，長年，イェール大学で経済学や政治学の教鞭をとる一方，学問領域の既成枠にとどまらない，水準の高い研究を生み出し続けた。1975年から1976年にかけて比較経済学会の会長を，1980年から1981年にかけてアメリカ政治学会の会長を歴任したのは，彼の研究が学際的というだけでなく，それぞれの領域で高く評価されたことの証である。彼の名は，彼が主唱した**漸進主義**（incrementalism）とともに，学界に深く刻み込まれている。

もう一人の著者，エドワード・J. ウッドハウス（1946-）は，レンセラール工科大学の教授である。彼は，概念としての有用性に疑問が呈されるに至った漸進主義を混乱から救い出し，有用な概念へと再構成することを試みるネオ・インクリメンタリスト（neo-incrementalist）の一人である（"Reframing Incrementalism: A Constructive Response to the Critics", A. Weiss and E. J. Woodhouse, *Policy Science*, Vol. 25 No. 3, August 1992）。

❖『政策形成の過程』について

『政策形成の過程』は，リンドブロムの理論をベースにしながら現実の政策形成過程を分析した書である。ロバート・ダールが編集した現代政治学叢書の一冊として出版されて以来，政治学の代表的テキストとして多くの読者を獲得してきた。ただし，各目次を比較すればわかるように，同書の内容は，初版（1968年），第2版（1980年），第3版（1993年）と版を重ねるごとに大きく変化している。これは，リンドブロム自身の認識が変化していったこと，さらに，第3版でウッドハウスが共著者に加わったことに起因すると考えられる。以下，こうした「変化」に着目する形で，（必要に応じてリンドブロムの他の論考によって説明を補いつつ）同書をより深く理解するための解説を試みることにしたい。

❖分析の限界

　政策形成に関するリンドブロムの理論は，政策分析によって政治を代替させようとする考え方，そして政策科学の主流をなしてきた総攬モデル（synoptic model）への批判として提示された（なお，『政策形成の過程』では「総攬モデル」という表現は用いられていないが，説明の便宜上用いる）。総攬モデルとは，PPBS（Planning-Programming-Budgeting-System：計画事業予算制度）に代表される合理的・科学的意思決定アプローチに共通して見出される思考手順をモデル化したものである。それは，①解決すべき問題を設定する，②問題解決のための手段選択の基準となる諸価値を明確にし，一元的な価値体系を構成する，③これらの価値を実現するために可能なすべての手段（＝政策案）を列挙する，④これらの各手段を選択した場合に生じるであろうすべての結果を予測する，⑤先に構成した価値体系を基準としてすべての結果を比較し，最大の効果を得られるものを選択する，というものである。このモデルに基づいて政策形成をより「科学的」なものにすること，それこそが政策科学の中心的な課題であり続けてきた。

　しかし，リンドブロムによれば，このモデルは不可能で不合理な作業を人間に強いるものにほかならないという。なぜなら，人間の知的能力に限界がある一方，政策的課題はあまりに複雑であるため，あらゆる情報を収集・分析することは不可能に近いからである。とくに，将来起こりうるであろうすべての結果を予測することは到底不可能である。それゆえ，このモデルに基づいて分析をしても，政策案は必然的に誤りを含んだ，不完全なものにならざるをえないという。また，総攬モデルに基づく分析には，膨大な時間や費用がかかってしまうという問題もある。

　さらに，政策分析から自動的に「正しい政策」が見出せるわけではないという点にも留意すべきである。たとえば，「1～2％の失業を減少させるためにインフレ率を上げるという危険を冒すべきか」という問いに対し，「インフレ率が△％上がれば，失業率は○％下がる」というような分析を行うことは可能かもしれない。しかし，そこから「インフレ率を上げるべきかどうか」につい

Ⅲ 自由民主主義の制度・政策

て，価値観の異なるすべての個人・集団を納得させうるような一義的な答えが導き出せるわけではない。人々の価値観は多様であり，単一の選好基準は存在しないのである。また，もう一つ留意すべきは，何が「本当の」問題なのかを確定するに際して，政策分析は何も語りえないという点である。ロサンゼルス暴動を例にとると，法と秩序の問題，民族差別の問題，貧困と失業の問題，警察官の訓練不足の問題等々，いずれの問題として位置づけるかによってこれにたいする政策対応も大きく異なることになる。しかし，政策分析はそうした問題定義には役立たないのである。

以上のような限界ゆえに，「政治を政策分析によって置き換える」という方策は実現可能性を欠いており，そのような方向への努力は，問題改善につながるどころか，多様な価値や利害の存する多元的民主社会にとって大いに危険である，というのがリンドブロムの主張であった。『政策形成の過程』（第3版）でも，そうしたスタンスに変化はない（30頁）。では，リンドブロムが代替案として示す，実現可能でかつ規範的な政策形成のあり方とはいかなるものなのであろうか。

❖戦略的分析（漸進主義）と政治的相互交流

「政治を政策分析によって置き換える」ということは，分析の結果得られた「最善」の政策案がそのまま政府の政策になることを意味する。これにたいし，①政治に関与する関係者（政府組織，個々人，利益集団）が各々に分析（意思決定）を行う場面と，②複数の関係者によって展開される相互作用的な社会的調整過程である「**政治的相互交流**」（political interaction）の場面の2段階で政策形成をとらえる，というのがリンドブロム理論のポイントである。現実の中から見出された当該理論は，政策形成過程を理解し分析するための「記述モデル」としての側面と，あるべき理想的な状態を示す「規範モデル」としての側面とを併せ持っていると考えられる。

前者（意思決定）の場面において関係者各々が行うとされるのが，「戦略的分析」である（38-43頁）。（なお，ここでいう「戦略的分析」とは「分節的漸進主義」のことである。参照，用語解説(1)）。そのエッセンスは，①現状にかなり

近い選択肢（＝政策案）に限定して考えること（＝大きな変化を及ぼすような政策案ははじめから考えないこと），②考えられる選択肢を包括的に検討するのではなく，処理可能な数の選択肢に限定して，それを厳密に考慮すること，③差し迫った政策課題に問題を限定することによって，分析要因の数を少なくし，複雑性を縮減すること，④争点に対する1回限りの対応ではなく，「試行錯誤」を繰り返し，見直しを加えながら継続的に問題解決を試みることである。なお，「試行錯誤」は，「人間の予測能力が及ばない部分を経験によって補うことにより，その他の点では手に負えないほどに複雑な問題を単純化し，鮮明にしようとする，固有の正当性をもった戦略」であるとされる（43頁）。

　以上のような戦略的分析は意思決定の場面において必要不可欠なものだという。人間の知的能力に限界がある以上，問題の複雑性・不確実性に対処するためには，問題そのものを処理可能なところまで単純化し，検討すべき変数を限定化する必要があるからである。しかし，そうであるがゆえに，個々の戦略的分析は，不完全なものにとどまらざるをえない。政策に関わる人々は「個別利益（＝私的目的＋彼らが「公益」だと考えるもの）の追求者（partisans）」にほかならないため，彼らが行う分析もまた常に，偏った情報収集と物の見方に基づいた限定的な分析にとどまるのである。

　しかし，リンドブロムによれば，民主的政治システムは，このような個々の「戦略的分析」の限界を乗り越え，社会全体にとって好ましい結果をもたらす「潜在的知性」を秘めているという。すなわち，民主的政治システムにおいては一定の関係者間で政策内容についての合意ができなければ公式の政策決定に到達しえないため，関係者には，これまで投入した時間，エネルギー，その他の資源が無駄にならないよう，他の関係者の合意を取りつけるインセンティブが働くことになる。その結果として生じるのが「政治的相互交流」である。関係者は，互いに合意を目指し，説得や駆け引きなど他者への行動操作を試みる。また，そこでは，余計な敵対的反応が生じないよう，関係者のほとんどが「理性的である」と考えるような範囲で自らの要求を行うといった配慮も生じる（36-37頁）。かくして，それぞれ独自の価値判断や利害を有する関係者同士の意見や提案が影響しあうことで，より広範な考え方やニーズが政策の中に取り込

まれることになる，というのがリンドブロムの主張なのである。

> **原典 1　関係者の限定的役割と政治的相互交流**
>
> 「政治が成功するとすれば，それはまさに，関係者のそれぞれが限定された役割を担うことができるように，責任が分担されているからである。各人は複雑な問題について限られた視点から意見を述べるものであるが，多様な関係者から出される意見や提案が互いに影響し合うことによって，より広範囲の考えが代表されるようになる」(45頁)。

　ここにおいて，リンドブロムが現実の「政治」過程の中に市場メカニズム類似の「自動制御機構」を見出しているのは明らかであろう。すなわち，市場において「見えざる手」が「資源配分の最適化」という形で個人的利益の追求を社会全体の利益に転化するように，「政治」過程においても，関係者各々が自己の価値を追求し，相互に民主的な交渉を行っていけば，社会全体として最も望ましい価値配分が達成される，というのがリンドブロムの見立てなのである。政策科学の主流アプローチが政策形成にとっての不確定要素たる「政治」をできるだけ排除しようとしてきたのにたいし，リンドブロムは，逆に，「政治」を活用することで分析の限界を補完し，政策形成の「合理化」を図ることができる，と主張したわけである。

　もとより，こうしたメカニズムがうまく機能するためには，政治的平等など一定の条件が充足されなければならない。この条件がどの程度充足されていると見なすかが，現実の政策形成過程を分析・評価する際の重要なポイントとなる。リンドブロムの「変化」はこの点に大きく関係している。

❖漸進主義批判とリンドブロムの見解

　リンドブロムの理論は，大きな反響を呼んだが，批判も少なくなかった。批判は主として漸進主義に対して向けられた。たとえば，①漸進—非漸進をどのように識別するのか，②目標志向性が欠如しているのではないか，③漸進主義は現状追認（保守主義）の理論ではないか，④理論的適用範囲が限定されているのではないか（環境変動が大きい場合の意思決定には適用できないのではな

いか), ⑤合理的・包括的な分析を軽視しすぎているのではないかといった批判がそれである。それぞれ重要な批判であるが、初版以降、『政策形成の過程』がどのように変化し、何が変化していないかを考察するうえでとくに重要なのは、③の批判である。

この批判に答える形でリンドブロムが行ったのが、漸進主義的政治と漸進主義的分析との識別であった（参照、用語解説(1)）。その含意は、「漸進主義的分析は、必ずしも漸進主義的政治を帰結するわけではない」ということである。『政策形成の過程』でも「比較的短期間で多くの小さな改革を求める」方策の有効性が強調されているように（40頁）、漸進主義的分析を短期間で繰り返すことによって、最終的に大規模な変革につなげることは可能なのである。要するに、「漸進主義は、保守主義的な理論であるどころか、変化を促進する理論である」というのがリンドブロム自身の見解である。その見解は今日に至るまで変化していない。

❖公共問題の解決はなぜ効果的に進まないのか——第2版での変化

しかし、他方で、1970年代以降、現実政治に対するリンドブロムの認識は大きく変化した。漸進主義に基づいてよりよい方向に進歩していくはずだったにもかかわらず、現実はそうならなかったからである。その原因としてリンドブロムが着目したのは、財界の特権的地位や政治的不平等、エリート層による市民の教化などの問題であった。すなわち、政治的相互交流が行われる際の構造に問題があるがゆえに、考慮されるべき意見（一般市民の声）が排除されてしまい、期待された変化が生じなかった、というのがリンドブロムの認識であった（つまり、前述のように漸進主義的分析の評価には変化がないが、政治的相互交流に関しては、当初の予定調和的な見方に変化が生じたわけである）。

このような構造的格差についての認識こそ、『政策形成の過程』の初版と第2版の最も大きな違いである。すなわち、初版では、構造的格差の問題は、意識されていたものの、さほど重視されてはいなかった。これにたいし、第2版では、「政策形成における経済界の特権的地位」「政治的不平等」といった章が新たに設けられるなど、一般市民の意見が政策に反映されるには多くの障害が

あることが強調されたのである。第3版でも同様の認識が維持されており、構造的格差問題は、とくにその第Ⅲ部で詳細に論じられている。

> **原典 2　政治的相互交流と権力の不平等性**
>
> 「もちろん、これは「よい」政策を保証するものではない。関係者の中には、重大な意見が公平に代表されないままに放置され、自らの役割を十分に果たせない者もいるだろうし、権力の不平等性により、ある検討事項に不釣合いな力点が置かれるかもしれない。また、ある関連性をもった意見が、時として完全に無視される場合もありうるだろう」（45頁）。
>
> 「貧困、犯罪、軍備競争、エネルギー資源の浪費、環境汚染、そしてその他の多くの問題は、何十年も、何世紀も解決を見ないまま今日に至っているのは明白である。そのため、現実が、民主的相互交流、および戦略的分析を通してその達成が可能となる潜在的知性に接近していると考えるのは、ばかげたことである」（47頁）。

なお、公共問題の解決が効果的に進まない原因はほかにもある。選挙が、問題や政策の選択肢についての世論を形成したり、伝達したりする仕組みとしてはあまり優れた手段といえないこと（第4章）、公選職公務員（議員等）は、自らの都合によって政治制度を決めるので、市民の要求に応答するインセンティブを持たないこと（第5章）、官僚制組織にたいする権限の委任は不可避であるだけでなく好ましくもあるが、それによって政策形成の知性や市民への応答が損なわれる危険性があること（第6章）なども見落とせない問題である。

❖構造改革のための処方箋——第3版の特徴

『政策形成の過程』第2版は、その最終章が「端的に言って、公衆による統制は、緩やかで間接的なものである。……いずれにせよ、公衆の統制は弱い」という言葉で締めくくられていた。第2版の全体トーンは、かなり悲観的であった。これにたいし、第3版では、「よりよい政策形成を目指して」と題した第Ⅳ部において、より前向きに具体的な処方箋が描かれている。

第一の処方箋は，政治的相互交流の質の改善に資するよう，政策分析のあり方を変えることである（第11章）。それは，政策専門家（政策関係者にアドバイスを行う人々）にたいする行動指針の形で示されている。

> **原典③　政策専門家に求められること**
>
> 「中立に留まることを目的とするよりもむしろ，思慮深く，また責任ある個別利益の追求を目的とせよ。本質的に未知である将来について，正確な予測を示そうとするよりもむしろ，政治に関与する人々に対し，不確実性に対処することのできる政策を形成することを促すようにせよ。とうてい受け入れ難い錯誤に対してどのように予防措置を講じるか，柔軟性をどのように構築するか，そして経験からの学習をどのように促進するかについて，助言を与えよ。現行の政治経済システムと政策形成過程を受け入れてしまうのではなく，利権を保証されているところへ異議を唱えよ。政治的エリートだけに向けた分析を目的とするのではなく，一般市民が思考能力を改善させることは，人類の最高の希望であるということを認識せよ。要するに，政策専門家の主要な職務の一つは，意見の競合を強めることでなければならないのである」（197頁）。

　第二の処方箋は，政治過程を公共問題の改善に利害を有する多様な人々に幅広く開放し，これまで考慮外とされてきた彼らの意見が平等に取り扱われるようにすることである。そのための方策として，以下の3点が挙げられている（第12章）。第一に，経済界の特権的地位を制限することである。たとえば，訴訟費用を企業の課税控除対象から外すこと，大企業への新たな課税とそれを原資とした非営利組織への助成，企業内分権がその方法として挙げられている。第二に，政治的不平等の縮小である。選挙献金等，富裕層から政治家への資金提供を制限すること，定期的に選挙区割りを変更すること，所得と富の再分配を強化すること，拒否権の分散を改善するために議院内閣制に移行することなどが，その具体策である。第三に，一般市民が問題関心を高め，多様な意見を持つことで，より平等な意見の競合を促すことである。効果的な言論の自由を

Ⅲ　自由民主主義の制度・政策

阻む金銭の影響力を削減すること，社会科学者たちがより広範な調査に従事することによって市民の関心を刺激することなどが，そのための方策として論じられている。ここには，漸進主義から「小さなステップ」というニュアンスを取り除くことを提唱しているウッドハウスの影響を見てとれるように思われる。

> **原典 4　政策形成過程における意見の多様性と平等性**
>
> 「政策形成は，権力を共に担うという環境の下で，無数の関係者が相互に交流することによって生み出される政治的な過程である。したがって最も重要なのは，社会過程と権力関係が，社会の広範な問題や可能性に関して利害や見解を持っている人々の間の，理性的な調査や討論，および相互調整を促進するように築かれているのかどうかである。潜在的に意味のある参加が，特定の社会集団や意見に対して差別的に力を貸すような組織的偏向によって蝕まれたり，排除されたりしている時には，知性は十分に発揮されないだろう」（202頁）。

❖ガヴァナンスの政治学としての魅力

　以上見てきたように，『政策形成の過程』（第3版）は，リンドブロムの研究の歩みが凝縮された極め付きの一冊といってよいだろう。同書は，版を重ねるとともに「変化」していったが，他方で，「不変」的な問題意識によって裏づけられているのも事実である。それは，「人間の知的能力に限界がある中で，政策形成に伴う不確実性にどのように対処していくべきか」，そして「いかにして公共問題を解決し，よりよい社会にしていくか」という問題意識である。戦略的分析（漸進主義）と政治的相互交流という概念セットも，そうした問題意識から生み出されたものであった。

　ところで，近年，政府機構を通じた問題解決能力の限界が明らかになるなかで，各種公共問題に対処する複合的な組織間ネットワーク形成が図られるようになってきた。行政学の領域では，こうした状況を「ガヴァナンス」という概念で捉えるのが一般的になっている。もとより『政策形成の過程』は，こうした状況を意識して書かれたものではない。けれども，上で述べた同書の根底に

ある不確実性への対処，公共問題の解決という問題意識は，「ガヴァナンス」概念の背景にある問題意識と大いに重なり合っている。また，「集権的な調整と相互調整」を論じた箇所（96-99頁）のように，ガヴァナンスの意義を理解するうえで有益な，示唆に富む記述も散見される。同書を「ガヴァナンスの政治学」の先駆的業績として位置づけ，そうした観点から読み直してみると，その魅力はさらに増すのではないだろうか。

❖用語解説

(1) **漸進主義**［incrementalism］　インクリメンタリズム，増分主義，漸変主義，漸増主義とも訳される。リンドブロムによれば，漸進主義（広義）には，大きく分けて，「小さなステップによる政治的変化」という意味での「漸進主義的政治」と，政策分析としての「漸進主義的分析」とがある。後者には，A)現行政策と少しだけ異なる政策案についてのみ考慮するという「単純な漸進主義」と，B)①現状から少しだけ異なる政策案のみの考慮，②分析する政策選択肢の数の限定，③政策目的および他の価値の分析と問題の経験的側面との接合，④対処を要する病理への分析の集中，⑤試行錯誤，再試行の連続，⑥考慮すべき重要な結果数の限定，⑦政策形成における多くの参加者間での分析の分担などの戦略を特徴とする「分節的漸進主義」（disjointed incrementalism），C)複雑な政策問題を単純化して取り組むために選択された一群の戦略からなる分析である「戦略的分析」の三つがある。単純な漸進主義は分節的漸進主義の要素の一つであり，分節的漸進主義は戦略的分析のありうる形態の一つとされる。なお，分節的漸進主義以外の戦略的分析としては，ハーバート・サイモンの充足モデル（satisfying model），アミタイ・エチオーニの混合走査モデル（mixed scanning model）などを挙げることができる（"Still Muddling, Not Yet Through", C. E. Lindblom, *Public Administration Review*, Vol. 39 No. 6, November/December 1979, pp. 517-518）。

(2) **政治的相互交流**［political interaction］　政策形成のために行われる関係者間の社会的調整過程。リンドブロムの他の論文等では「相互調節」（mutual adjustment）という語で語られることが多い。政治的相互交流は，政策分析作業にたいする負荷を小さくするという効果を有している。総攬モデルが，複数の価値・目的間の調整・序列化という問題を分析の段階で解決しようとするのにたいし，リンドブロムの議論では，諸価値・目的間の調整・序列化問題は，政治的相互交流の場面で解決されることが期待されているからである。別の角度から見ると，このことは，戦略的分析が政治的相

Ⅲ　自由民主主義の制度・政策

互交流とワンセットでなければ有効性を発揮できないことを意味している。

❖より深く学ぶために

〈基本文献〉

『政策形成の過程——民主主義と公共性』チャールズ・E.リンドブロム／エドワード・J.ウッドハウス，藪野祐三・案浦明子訳，東京大学出版会，2004年

〈入門・解説書〉

「C.E.リンドブロム」谷聖美，『現代政治学の理論（上）』白鳥令編，早稲田大学出版会，1981年

「インクリメンタリズム」谷聖美，『政策決定の理論』白鳥令編，東海大学出版会，1990年

「政策決定論の展開と今後の課題（二・完）」谷聖美，『岡山大学法学会雑誌』第32巻第2号，1982年

「インクリメンタリズムの再検討」北村純，『行動科学研究』第51号，1999年

「政策変更とインクリメンタリズム」北村純，『都市問題』第86巻第11号，1995年

「インクリメンタリズムの論理構造」森田朗，『千葉大学法経研究』第10号，1981年（『制度設計の行政学』森田朗，慈学社，2007年に再録）

「リンドブロムの『多元的相互調整』論における『平等』」新明邦俊，『社会システム研究』第3号，2000年

（嶋田暁文）

Ⅳ 現代政治の諸問題

1	近代・啓蒙・理性	◈	ホルクハイマー，アドルノ『啓蒙の弁証法』
2	フェミニズム	◈	ペイトマン『秩序を乱す女たち』
3	多文化主義	◈	レイプハルト『多元社会のデモクラシー』キムリッカ『多文化時代の市民権』
4	エコロジー	◈	ドブソン『緑の政治思想』
5	戦争と平和	◈	ウォルツァー『正戦と非正戦』
6	市民教育	◈	『クリック・レポート』

第Ⅳ部では，現代政治が直面するさまざまな諸問題を取り上げる。ナチズムや大衆社会の現実と対峙したホルクハイマーとアドルノの『啓蒙の弁証法』は，近代の神話性を暴き，理性や啓蒙が野蛮へと退行する危険を鋭く指摘した（Ⅳ-1）。ペイトマン『秩序を乱す女たち』は，フェミニズムの立場から，社会契約論をはじめ，これまでの政治理論が暗黙に前提してきた男性中心的な性格を根源的に批判した（Ⅳ-2）。レイプハルト『多元社会のデモクラシー』とキムリッカ『多文化時代の市民権』は，非同質的な多元社会や多文化時代におけるデモクラシーやシティズンシップの可能性を探究する（Ⅳ-3）。深刻化する環境問題に取り組むドブソン『緑の政治思想』は，社会変革を目指すエコロジズムの立場から環境運動を批判し，持続可能な社会の青写真を描こうとする（Ⅳ-4）。ヴェトナム戦争を背景に書かれたウォルツァー『正戦と非正戦』は，「正しい戦争」とは何かを厳しく問い，政治における責任や正戦論の両義性の問題を突きつける（Ⅳ-5）。『クリック・レポート』は，政治における市民教育の必要と意義を訴え，デモクラシーを支える「活動的シティズンシップ」の理念や実践的なカリキュラムを提起する（Ⅳ-6）。

IV-1

近代・啓蒙・理性
(Modernity Enlightenment and Reason)

ホルクハイマー，アドルノ
『啓蒙の弁証法』

Max Horkheimer, Theodor W. Adorno, *Dialektik der Aufklärung: Philosophische Fragmente* (1947)

❖ 啓蒙と政治

「光で照らし出す」(enlighten) という語源のとおり，**啓蒙**とはそもそも**理性**の光によって普遍的な知を探し当てようとする知的運動の謂であった。18世紀に最盛期を迎えたこの運動は非合理な因習を手厳しく批判する一方，世界のすべてを合理的な自然法則のもとに認知しうると主張する。人間はそれによって自然を支配し，さらなる自由と繁栄を手にするであろう。「文明化」と呼ばれるそのプロセスは必然的な歩みであり，それこそ人間が探求するに値する唯一の幸福というべきものであろう。――啓蒙が語る言葉の一つひとつはまさしく希望の光に満ち溢れていた。それはどこまでも楽観的であった。

また，啓蒙思想は人間を理性的存在と見なし，個人の尊厳や各人の平等の理念を高らかに謳いあげることによって，政治の領域にも極めて甚大な影響を及ぼした。その主張は公正で公平な政治体制の構想へと結びつき，圧政からの脱却を求める人々にとっての福音になっていった。そして，その福音は，実際にフランス革命をはじめとするラディカルな政治的変革を促す精神的バックボーンとなったのである。ここでもまた，啓蒙思想は人間の自己解放の旗手であり，「近代」という時代の創始者であった。

❖ 『啓蒙の弁証法』の登場

ところが，その成果を引き継いだはずの20世紀は，啓蒙の理念とは裏腹の現

Ⅳ　現代政治の諸問題

実を引き起こした。非人道的な全体主義国家の台頭，未曾有の大量殺戮をもたらした二つの世界大戦……これらはみな，啓蒙が約束した明るい「夢」を打ち破って余りあるほどのインパクトを与えたのである。フランクフルト学派の社会哲学者マックス・ホルクハイマー（1895-1973）とテオドール・W.アドルノ（1903-1969）が直面したのは，ほかならぬこのような現実であった。

　彼らはとりわけナチス・ドイツの登場に衝撃を受け，そこに啓蒙の遺産の死滅を見ていた。この二人のユダヤ系ドイツ人からすれば，啓蒙化されたはずの大衆がすすんで反ユダヤ主義の狂気に身を投じようとする光景は，それこそ理性の放棄すなわち「自然への頽落」（『啓蒙の弁証法』ホルクハイマー／アドルノ，徳永恂訳，岩波文庫，2007年，13頁）であり，啓蒙が克服したはずの野蛮な神話的支配の再来でしかなかったのである。ところが，亡命の地アメリカもまた，彼らに救いをもたらすことはなかった。この「頽落」の影は，彼らによると，啓蒙の後継者として空前の繁栄を謳歌していたアメリカのうちにもはっきり認められるものだったのだ。こうして彼らは絶望的な気分にうちのめされつつも，啓蒙そのものの妥当性を問う言説を紡ぎあげていく。第二次世界大戦中にアメリカで完成され，戦後まもなくオランダで刊行された啓蒙の自己反省の書，それこそ『啓蒙の弁証法』（1947）であった。

❖二つのテーゼ

　『啓蒙の弁証法』の総論をなす「啓蒙の概念」の冒頭，ホルクハイマーとアドルノはこう問いかける。「何故に人類は，真に人間的な状態に踏み入っていく代りに，一種の新しい野蛮状態へ落ち込んでいくのか」（7頁），と。彼らによれば，現前の悲劇は啓蒙思想に，人間に明るい未来を約束した理性そのものに起因するものであった。

原典 1　啓蒙の自己崩壊

「われわれは，社会における自由が，啓蒙的思想と不可分のものであることを，いささかも疑うものではない。……しかしながらわれわれは，次のこともそれに劣らず明白に認識したと思う。つまり啓蒙的

> 思想は，その具体的な歴史上の諸形態や，それが組み込まれている社会の諸制度のうちばかりではなく，ほかならぬその概念のうちに，すでに，今日至るところで生起しているあの退行への萌芽を含んでいるのである」(11頁)。

　彼らはこの事態を説明するために，啓蒙とその対立概念たる神話の関係性を暴露するところへと向っていく。それは次の二つのテーゼによって表現されるはずのものであった。
　「すでに神話が啓蒙である」(15頁)。
　彼らによれば，啓蒙と神話はその表面上の対立関係にもかかわらず，人間の自己保存のために自然支配を志向する点で一致していた。啓蒙は自然を理解し支配するために特殊を普遍「概念」へと還元するが，同じことは神話にも見られるものだったのである。神話のように自然現象のうちに何らかの超自然的存在を想定するということは，それ自体自然現象を「概念」へと分離すること，すなわち「客観化的規定の原形態」(43頁)になっているというわけだ。「こうして神話が生命なきものを生命あるものと同一視したように，啓蒙は生命あるものを生命なきものと同一視する」(43頁)。得体の知れない自然の恐怖から逃れ出るために，人間は神話や啓蒙において自然を概念化し支配しようとしていた。その意味では，啓蒙とは「ラディカルになった神話的不安」(43頁) とでもいうべきものだったのである。
　「啓蒙は神話に退化する」(15頁)。
　啓蒙は理性によって自然を普遍概念のもとに知悉しようとする。彼らによると，それは端的に自然を数学化することを意味していた。そこでは現実のすべてが数的概念のもとに画一化され，人間の思考までもが「もの」扱いされる。啓蒙の深化はこの「数学的形式主義」(62頁) をさらに徹底し，それによって規定しえないものを次々と排除する。啓蒙はこうして「社会生活のあらゆる局面に硬直をもたら」しつつ，人間に「規格化された行動様式」のみを「唯一の自然で作法にかなった理性的なもの」(64頁) として押しつけるのだ。理性はここで人間を非合理的な神話から解放するという本来の使命を裏切り，逆に人間に

Ⅳ　現代政治の諸問題

画一化という暴力的な神話を強制する「新しい野蛮」に堕している。手段の目的化によって生じた理性のこの逆説こそ，著者たちのいう「啓蒙の弁証法」という事態にほかならなかったのだ。

❖神話と啓蒙

　第一のテーゼについては，続く「オデュッセウスあるいは神話と啓蒙」の章でさらに詳しく説明されている。ホルクハイマーとアドルノは神話と啓蒙の対立しつつも一致した性格をホメーロスの『オデュッセイア』から読み取っていた。この叙事詩はオデュッセウスがトロヤ戦争後，さまざまな誘惑に抗して帰郷を果たす物語であるが，「多端な運命と対決しつつ，自我が唯ひとり生き抜いてゆく姿」には，神話からの脱却を目指す「啓蒙の姿が浮彫りにされている」(108頁)。オデュッセウスは神話的な誘惑の性質を認識し，それを逆手にとって危機を脱しようとする。「彼は計算ずくでわが身を賭けることによって，その賭けの相手の力をうまく否定してしまう」(113頁)。著者たちの見るところ，その姿は啓蒙の「主体性の原史」(119頁)のアレゴリーであった。

　彼らはとりわけ，人間を理性以前の状態に引き戻す海の怪物セイレーンの歌声への抵抗策として自分の体を帆柱に縛りつけさせたオデュッセウスの姿のうちに，啓蒙の主体の重要な契機を見出している。セイレーンの歌声の魔力に魅了されつつそれを断念するということは，彼らによると，外なる自然の支配のためには内なる自然の抑圧が求められるということを意味していた。しかしながら，感性的欲求の抑制によって自己保存を図るということは，畢竟保存すべき主体を抑圧するという意味において，自家撞着に陥っているといわざるをえないであろう。

原典 ②　自己保存の自家撞着

　「文明化をおし進めるあらゆる合理性の核心たる，この自然の否定こそ，増殖する神話的非合理性の細胞をなしているものであって，つまり，人間の内なる自然を否定することによって，外なる自然を支配するという目的ばかりか，自らの生の目的すら混乱し見通せなくなっ

1 近代・啓蒙・理性

> てしまう。……人間の自己の根拠をなしている，人間の自分自身に対する支配は，可能性としてはつねに，人間の自己支配がそのもののために行われる当の主体の抹殺である。なぜなら，支配され，抑圧され，いわゆる自己保存によって解体される実体は，もっぱら自己保存の遂行をその本質的機能としている生命体，つまり，保存さるべき当のものに他ならないからである」（118-119頁）。

　そうなってしまえば，人は何のために外なる自然を支配するのかをも理解できなくなるであろう。「人間が自分自身を自然としてもはや意識しなくなる瞬間に，人間がそのために生きて行くすべての目的，社会の進歩，あらゆる物質的・精神的力の向上，さらには意識そのものさえ，すべては価値を失ってしまう」（118頁）。その結果，手段であったはずの自然支配は自己目的化する。こうして「支配のための支配」が無限に再生産されることによって，人間の内なる自然はますます抑圧されることになる。このことからもわかるように，啓蒙は主体形成の原点においてすでに「自然の否定」の契機を孕んでいるのであり，その意味で神話との親縁性を断ち切れないものだったのである。

❖道徳と啓蒙

　ホルクハイマーとアドルノによれば，先の第二のテーゼは「計算的思考の法廷」（183頁）たる理性の脱価値化によって実現するという。「ジュリエットあるいは道徳と啓蒙」の章において，彼らはその完成をカントの理性批判のうちに見出している。理性の自己立法を唯一の定言命法とするカントの道徳哲学は，価値の源泉としての内なる自然を抑圧する形式的理性に基づくものである以上，もはや内容ある目的を持ちえない。そこで理性は「目的を欠いた，それ故にまさしくあらゆる目的に結びつく合目的性」（191頁）になるのだ。

> 原典 3　理性の道具化
>
> 　「理性は，［自身に由来しない］内容的な諸目的を，精神に加えられる自然の力ないし理性の自己立法に対する侵害としてあばくからこそ，

Ⅳ　現代政治の諸問題

> そういう形式性を持つものだけに，理性は，かえって個々の自然的関心の意のままになってしまう。思考は完全に道具になり，自然へと逆戻りする」（189頁。[　] は引用者）。

　実際，理性のこのような性格は，カントとは相容れないように思われるサドの性的倒錯やニーチェの権力礼賛の言説のうちに姿を現すことになる。たとえば，サドの『ジュリエットの物語あるいは悪徳の栄え』(1797) の女主人公ジュリエット。彼女は「戦闘的啓蒙主義の娘」(204頁) として合理的論証に耐えないキリスト教の教えを拒絶し，精神的愛を罵倒して物質的性愛を賛美する。その彼女が作り上げた「快楽のための快楽」を重視するセックス・チームは，内容なき自己目的運動になっている点でカントの道徳的リゴリズム（厳格主義）の申し子であり，既存の道徳を拒絶して「価値の転倒」(205頁) を目論んだ点ではカントの理性批判の立派な応用例であった。もっとも，それはカント哲学と違って「退行への知的喜び，「神への知的愛」ならぬ「悪魔への知的愛」，つまり文明をそれ自身の武器を逆手にとって撃つという快楽」(201頁) だったわけだが。

　ジュリエットはさらに「強者が弱者を圧迫し掠奪する」(209頁) のを自然なことと主張するが，それは「自己保存を旨として成長をとげた悟性が生の法則を認めることがあるとすれば，それは強者の法則である」(208頁) と喝破したニーチェの主張に一致する。『啓蒙の弁証法』の見るところ，サドやニーチェが成し遂げたとことは理性の徹底である一方，有無を言わさぬ権力の賛美に行き着くという意味では理性の解体でもあった。こうして「カント，サドにニーチェという啓蒙の仮借ない完成者たち」(16頁) の言説において，理性による「自己保存の原理，つまり個々の市民の対象化された衝動は，もはや自己崩壊とまったく区別できない破壊的な自然力に他ならないことを暴露した。自己保存と自己崩壊との区別は見分けがたくなった」(194頁)。いわゆる全体主義なるものは，かかるコンテクストのうえに現れた悪夢だったのである。

1 近代・啓蒙・理性

❖啓蒙の自己欺瞞──文化産業

ところが，人間には理性とはまた別の能力が存在する。ホルクハイマーとアドルノによれば，人間の美的感覚やその結晶としての芸術は，理性のように自然を数的概念のもとに対象化するのではなく，自然への**ミメーシス**（模倣）をとおしてその姿を客体化する営みであった。それは理性の主客二元論的な自然認識を相対化しうるという点では「現実を超越する契機」（271頁）だったのである。ところが，彼らがアメリカで目にしたものは，この芸術的な美がかかる批判能力を失って啓蒙の「頽落」に奉仕している姿であった。「文化産業──大衆欺瞞としての啓蒙」の章はその衝撃を伝えている。

彼らがアメリカで見たもの，それはラジオ，映画，雑誌をとおして消費される大量の情報や娯楽であった。彼らはそれらのメディアを独占資本に牛耳られた「文化産業」と呼び，それによって芸術的な美が大衆化され商品化されてしまったという。文化産業は独占資本の支配に反発する精神を根絶するために，規格化され平均化された情報を提供し続ける。それによって大衆は想像力や自発性を麻痺させられ，意のままに操られるようになってしまうのだ。

> 原典 4　文化産業の正体
>
> 「浮かれているということ［文化産業がもたらす娯楽にふけること］は現状を承認していることだ。それはただ，社会の動きの全体に対して目をふさぎ，自己を愚化し，どんなとるに足らない作品でも備えているはずの，それぞれの枠の中で全体を省みるという逃げることのできない要求を，最初から無体にも放棄することによってのみ可能なのだ。楽しみに耽るということは……悪しき現実からの逃避なのではなく，残されていた最後の抵抗への思想からの逃避なのである。娯楽が約束する解放とは，思想からの解放であり，また否定からの解放なのである」（296-297頁。［　］は引用者）。

彼らによれば，アメリカのこの現実は道具的理性が芸術の領域をも「支配のための支配」に組み入れたことを意味していた。それはまた，現状を肯定し体

制の中に個人を解消する限りにおいて，ナチスの大衆支配と何ら異なるところがなかったのである。啓蒙そのものが芸術における啓蒙の別の可能性を自ら封じるさまはまさしく「啓蒙の自己欺瞞」というほかないものであった。

❖啓蒙の限界——反ユダヤ主義

　ホルクハイマーとアドルノはつづく「反ユダヤ主義の諸要素——啓蒙の限界」の章で，ユダヤ人を啓蒙の外にある存在，そしてそれゆえに啓蒙化された大衆の憎悪の的になったものとして規定している。彼らによれば，ユダヤ人は宗教的慣習の中で主体と自然（客体）を融合させるミメーシス的存在であり，主客の峻別によって自己保存を図る啓蒙の主体とは正反対の性格をしていた。ユダヤ人のそのような性格は啓蒙化された「人々の凶暴さを喚び出す。なぜならそれは……人々がそこで生き延びるために，自ら忘れざるをえなかった古い不安を，目のあたりに見せつけるからだ」（377頁）。もっとも，啓蒙の主体もまた外なる自然との融和を望むミメーシス的欲求を心密かに持っているのであって，それを抑え込もうとする自己規制の感情がますますユダヤ人憎悪を駆り立てることになる（病的投射）。こうして啓蒙の主体はユダヤ人の抹殺によって自身の欲求を充足させるようになってしまうのである。

　このようなユダヤ人嫌悪は，国家や独占資本に対する大衆の不満をそらす格好の材料となった。著者たちによれば，大衆の不満は啓蒙がもたらした支配と抑圧，そしてそのうえに寄生する支配者たちに起因するはずなのに，文化産業によって正常な判断力を失った大衆はそれを見抜けないという。その結果，大衆は産業資本がユダヤ人に押しつけたレッテルの是非をも冷静に判断しえなくなってしまう。経済的不正の一切の責任を負う「贖罪の山羊」（362頁）としてのユダヤ人の像は，こうして集団的パラノイア（偏執病）に感染しやすくなった大衆の間で急速に広まっていく。そして，ユダヤ人にたいする病的な憎悪が反ユダヤ主義として政府公認のイデオロギーになったとき，大衆はすすんでユダヤ人排除に身を投じることになるのだ。著者たちによれば，ユダヤ人殺しとは，その意味では抑圧された大衆の「気晴らし」とでもいうべきものだったのである。

1 近代・啓蒙・理性

> **原典 5** 反ユダヤ主義の深層
>
> 「反ユダヤ主義的な行動様式が呼びおこされるのは，目をくらまされ，自律的主体性を奪われた人間たちが，にもかかわらずさまざまな行動の主体として解き放たれるような状況においてである。そういう主体たちが行う行為は——その当事者にとっては——，殺人行為でありながら，それでいて……無意識的反応にすぎない。反ユダヤ主義は使い古された型であり，文明の儀礼である。そしてポグローム［ユダヤ人虐殺］は文字どおり『儀礼殺人』である。ポグロームのうちに，そのポグロームに停止を命じることができるはずのもの，つまり省察や意味づけや，はては真理などの無力さが，まざまざと示される。そして殺人というたわけた気散じのうちに，人が順応している生のしたたかさが確証される」（356-357頁。［ ］は引用者）。

　彼らによれば，反ユダヤ主義とは，啓蒙そのものを震源としているという意味において「啓蒙の限界」を示すものであり，さらにいえば「啓蒙の弁証法」が「客観的に狂気へと転化する」（416頁）ことの明白な証左でもあった。してみれば，反ユダヤ主義とは，決して一過性の「事件」ではないというべきであろう。それはむしろ文明社会の「鬼っ子」なのであって，人間がそこに踏みとどまろうとする限り，いつであれ再生産されうる深淵なのである。

❖現代の黙示録

　以上に見たように，『啓蒙の弁証法』は神話に遡る人間の知的発展を啓蒙の歩みと見なし，全体主義によって頂点に達したその問題性を告発しようとするものであった。といっても，それは啓蒙の価値をトータルに否定するものでは決してない。啓蒙の暴力的側面を批判しつつも，ホルクハイマーとアドルノは「啓蒙についてのある積極的概念」（15頁）を注視することによって，かろうじて啓蒙の立場に踏みとどまろうとしていたのである。彼らによれば，理性の暴力的性格は主客の峻別による内なる自然の抑圧に端を発していたわけだが，理性にはかかる支配の契機ばかりでなく，「支配の緩和」（84頁）のための契機も含まれていた。啓蒙は理性のもう一つのはたらき——現実から距離をとりつつ

Ⅳ　現代政治の諸問題

冷静な認識と判断を下そうとする反省的理性のうちに自己省察の契機を携えているのである。

> 原典 6　反省的理性の可能性
>
> 「取るに足らぬ感覚与件も，思考の持ちうる限りの生産性を全開させ，他方，思考の方も，ためらうことなく圧倒的な印象に身を捧げるような，そういう媒介のうちでのみ，全自然をも包み込んでいる病める孤独が克服される。思考によって微動だにしない確実さのうちにおいてではなく，知覚と対象とのあらかじめ把握された統一のうちでではなく，それらの反省された対立のうちに宥和の可能性があらわれてくる。区別をつけることは，外界を自分の意識のうちに持ちながらも，それを他者として認識する主体のうちでおこる。だからして理性の生命に外ならぬあの反省作用は，自覚的な投影という形で遂行されるのである」(390-391頁)。

　とはいえ，このような自己反省によってもなお，道具的理性のリスクは存在し続ける。彼らは「精神が，自らの本質が支配にあることを自認し，自然のうちへ帰ろうとする謙虚さを持つことによって」(84頁)，すなわち内なる自然を主体の構成要因と見なすことによって，「文明と自然との宥和」(232頁)への道が開かれるとしているが，それは問題の解消を意味しているわけではないのである。啓蒙を無条件に信頼しえないのと同様，人間はもはや啓蒙を離れて自然（主体性なき神話世界）へと回帰することもできない。とするならば，目下のところ，われわれは啓蒙を批判しつつもそのうえに立ち続けるというアポリアを引き受けざるをえないということになってこよう。そこでわれわれは何をなしうるのか。また，何をなすべきなのか。『啓蒙の弁証法』はこの問いにはほとんど何も語っていないが，それは啓蒙の遺産のうえに生きる現代のわれわれに託された課題であろう。彼らの議論はいささか強引で妥当性を欠くと思われる部分もないわけではないが，このような課題を喚起するという点では，今日のわれわれに実に多くのことを示唆している。その意味では，同書は政治ばかりでなく人間社会全体のあり方を根本的に問い直す「現代の黙示録」として，今

なお色褪せぬアクチュアリティーを持ち続けているのである。

❖用語解説

(1) **啓蒙[enlightenment]** 封建的かつ宗教的な因習にとらわれた人々を合理的な理性の導きによって，正しい知識と公平な社会へと導き出そうとする知的運動。主として18世紀の西欧で展開し，近代的な自由主義や民主主義を成立させる精神的バックボーンとなった。

(2) **理性[reason]** 定義そのものが西洋哲学の論争の的であり，学説によってその意味は大きく異なってくるが，一般的には感覚的な能力にたいして，概念を用いて思惟する能力のことをいう。『啓蒙の弁証法』では，認識する主体と認識の対象である客体を分かち，自然を数的概念のもとに理解する概念化能力であるとともに，事物を相対化して批判的に考察する反省的能力であるとされている。

(3) **ミメーシス[mimesis]** 模倣あるいは再現のこと。プラトンが自然をイデアの模倣であると主張し，アリストテレスが諸々の芸術を人間の行動や感情の模倣であると主張したことから，特に西洋芸術理論の基礎をなす概念とされた。『啓蒙の弁証法』では，理性のようにすべてを概念化するのではなく，未知のものを未知のものとして理解する能力とされている。

❖より深く学ぶために

〈基本文献〉

『啓蒙の弁証法——哲学的断想』ホルクハイマー／アドルノ，徳永恂訳，岩波文庫，2007年

『権威主義的国家』マックス・ホルクハイマー，清水多吉編訳，紀伊國屋書店，2003年

『理性の腐蝕』マックス・ホルクハイマー，山口祐弘訳，せりか書房，1987年

『ミニマ・モラリア——傷ついた生活裡の省察』テーオドル・W. アドルノ，三光長治訳，法政大学出版局，1979年

『否定弁証法』テオドール・W. アドルノ，木田元・三島憲一ほか訳，作品社，1996年

〈入門・解説書〉

『ホルクハイマー』小牧治，清水書院，1993年

『アドルノ／ホルクハイマーの問題圏——同一性批判の哲学』藤野寛，勁草書房，2000年

『アドルノ 批判のプリズム』徳永恂編著，平凡社，2003年

『アドルノ』マーティン・ジェイ，木田元・村岡晋一訳，岩波現代文庫，2007年

(馬原潤二)

IV-2
フェミニズム (Feminism)

ペイトマン
『秩序を乱す女たち』

Carole Pateman, *The Disorder of Women* (1989)

❖政治学とフェミニズム

　フェミニズムが，男女差別を批判して女性の解放を目指す思想と運動であることは，よく知られている。このような問題が提起されたのは欧米では300年前にさかのぼるという説もあるが，「フェミニズム」や「フェミニスト」という呼び名が使われるようになったのは，19世紀後半になってからであるという。ともあれ，近代以降，フェミニズムはまず，男性にのみ与えられてきたさまざまな権利を女性にも拡大し，男女同権という形での平等を実現しようとして発展してきたことは事実であろう。

　ところが，20世紀後半になると，フェミニズムをめぐる事情は複雑になってくる。女性にたいして男性と同等の権利が法的に保障されたとしても，女性だからという理由で被らなければならない差別や抑圧がなくなったわけではない。1960年代から登場した新しいフェミニズム（「第二波フェミニズム」と呼ばれる）は，男女を同じに扱うという平等に異を唱え，むしろ男女の差異を強調するようになった。なぜなら，社会全体が男性を基準に動いている現実の中で，女性が男性と「平等」に扱われるためには，結果的に，男性の基準に女性が一方的に合わせることを強いられることになり，それは女性の解放にはつながらない，という主張が噴き出したからである。と同時に，シモーヌ・ド・ボーヴォワール（1908-1986）が『第二の性』で告発したように，「女性らしさ」や「女性的なるもの」は，必ずしも生まれながらにして女性に備わっているわけでは

なく，特定の社会的・文化的環境の中で作られたものだ，という認識も登場してくる。今日いう「ジェンダー」の考え方である。この視点からすれば，女性の本質，男性の本質などというものは，天然に存在するものではない。こうして，男女の差異や女性としてのアイデンティティを強調するフェミニズムは，ジェンダーという視点からは批判されざるをえない。一口に**フェミニズム**といってもさまざまな潮流があり，多様な観点が複雑に対立しあっているというのが実情だろう。

　さらに厄介な問題がある。それは，以上のようなフェミニズムの問題が，政治学の分野で語られるようになったのは，この学問の長い歴史から考えればごく最近になってからだということである。フェミニズムやジェンダーに関する研究は，社会学や文化人類学，あるいは「女性学」の分野では極めて多くの蓄積がある。しかし政治学の場合は，事情が大きく異なっている。多くの政治学者は一般的に，フェミニズムを，政治学で取り上げるべき対象とは考えてこなかったのである。その理由をここで詳細に述べることはできないが，無視できない要因を一つ挙げるとすれば，現実の政治家や政治学研究者の多くが男性であったという事実だろう。つまり彼らは，フェミニズムの提起する問題が「問題である」と受けとめることが難しいのである。女性の政治学研究者が比較的多い欧米でも，政治学におけるフェミニズムの議論は必ずしも十分ではない。日本の場合は，そもそもフェミニズムがどのような問題提起をしたのかについて，きちんとした知識が一般に定着しているとはとてもいえまい。

　だがフェミニズムは，伝統的な政治学にたいしてかなり根源的な挑戦を突きつけてきた。女性であれ男性であれ，政治学を学ぼうとする者は今日では，フェミニズムに賛同するにせよそれを批判するにせよ，フェミニズムがいかなる問題を政治学に提起し，どのような貢献をしたのかを，最低限知っていなければならないだろう。ここではそれらを理解する一助として，キャロル・ペイトマンが政治学におけるフェミニズムの重要性をさまざまな角度で考察した論文集『秩序を乱す女たち』(1989)を取り上げることにしたい（なお，邦訳名は仮題である）。

Ⅳ　現代政治の諸問題

❖キャロル・ペイトマンについて

　キャロル・ペイトマン（1940-）は，1990年からアメリカのカリフォルニア大学ロサンゼルス校で教鞭をとる，英国生まれの政治学者である。女性として初めて，世界政治学会（IPSA）会長を務めた。1970年に『参加と民主主義理論』（寄本勝美訳，早稲田大学出版部，1977年）を出版し，参加デモクラシー論の先駆者として知られたペイトマンは，労働者の自主管理を重視する立場からリベラル・デモクラシーをラディカルに批判したほか，政治的義務に関する著作も出版した。しかしながら，1980年代に至って，彼女自身が政治学におけるフェミニズムの重要性を深く認識するようになり，その観点から，従来のデモクラシーや福祉国家を批判する議論を展開。ここで取り上げる『秩序を乱す女たち』のほか，社会契約論が男性中心的であることを論じた『性的契約』(1988)，また古典的な政治理論・政治思想をフェミニズムの観点から再解釈する共編著『フェミニズム的解釈と政治理論』(1990) などがその成果である。残念ながら，ペイトマンのフェミニズム的な著作の邦訳はまだほとんど存在せず，日本では十分に紹介されているとはいえない。

❖政治理論の家父長制的な性格

　ペイトマンは何よりも，政治理論がフェミニズムとは無関係に研究されていることを問題視する。フェミニズムは，権利（ライト），正義（ジャスティス），労働（レイバー）といった，政治理論にとって重要な概念について新しい問題提起をしてきた。たとえば，「胎児には権利があるのか」，「とくに女性が悪影響を被るような不正義は存在するか」，「家事労働と資本主義経済の間には結びつきがあるのか」等々である。これらの問題提起は，政治理論における概念や専門用語の根源的な再検討を迫るはずであるが，しかし政治理論家たちはそのようには受け取らない。確かにフェミニズムは，議論のための新しいトピックを提供したかもしれない。だがそれらは，既存の政治理論の枠組みの中で取り扱うことが可能である。さもなければ，それらは政治学が扱うべき問題ではない——彼らはこのように考えてしまいがちなのである。

2 フェミニズム

　ペイトマンによれば，フェミニズムの視点に立つとき，従来の政治理論が隠蔽してきた一つの根本問題が見えてくる。それは，男性による女性の統治という**家父長制**の問題である。「権力（パワー）」も「統治（ガヴァメント）」も，政治学上の重要な概念であるし，多くの政治理論家たちはこれらの概念について多くの議論を蓄積してきた。しかし政治理論家は往々にして，女性に対する男性の権力を「政治的な」権力だとは見なさない。ゆえに，フェミニズムの側でどれだけ家父長制的な権力や統治の問題が議論されても，それらは主流の政治理論研究にはほとんど反映されない。だがペイトマンは，見えないところで政治理論の性質を規定しているものこそ家父長制であること，および，何が「政治的なもの（ザ・ポリティカル）」であるかという考えそのものが家父長制的に作り出されていることを，批判するのである（*The Disorder of Women*, Carole Pateman, Polity Press, 1989, pp. 2-3）。

　その場合，ペイトマンが議論の対象にするのは，近代デモクラシーの基礎にある社会契約の考え方である。社会契約論では基本的に，生まれながらにして自由かつ平等な「人間（メン）」あるいは「個人」が相互に契約を結ぶことで市民社会を創出する，というストーリーが展開される。現代の政治理論家たちは，この「人間」あるいは「個人」が，万人を含む一般的・普遍的なものであるとして，社会契約論の古典的なテクストを読んでいる。だが，ペイトマンにいわせれば，それは誤読である。なぜなら，17世紀のロックにせよ18世紀のルソーにせよ，生まれながらにして自由かつ平等な「人間（メン）」とは男性であると考えていたからであり，女性ははじめから男性に従属するものとして契約から排除されていたからである。もともとの社会契約論で考えられているのは，男性同士の「兄弟愛的な」契約にすぎないのである。

原典 1　兄弟愛的な社会契約

　「政治理論家たちは，（少なくとも潜在的には）万人を包含する普遍的な領域としての市民社会の創出について，また，リベラルな国家——あるいはルソーの言う参加的な政治体——における政府の権威という意味での政治的権利の起源について，おなじみの説明をしている。だが，これは「原初的な（オリジナル）」政治的権利ではない。社会契約とは，市民

IV 現代政治の諸問題

> 社会を家父長制的あるいは男性的(マスキュリン)な秩序として作り上げる兄弟愛的な協約(フラターナル・パクト)である——人々は，このことを暴露するストーリーの一部については沈黙している。このことを暴露するためには，男性が女性に対して行使する家父長制的な政治的権利の起源に関する，抑圧されたストーリーを語るところから始めなければならない」(p. 33)。

ゆえに，政治理論それ自体が家父長制的な性格を帯びていることを明らかにすることが，政治学において重要な課題であるとペイトマンは考えるのである。

❖「公」と「私」の区分をめぐって

「人間」あるいは「個人」として男性を想定する近代政治理論は，女性を公的領域から排除してしまう。これに関連して取り上げなければならないのは，フェミニストたちがしばしば批判の対象としてきた，「公(パブリック)」と「私(プライベート)」の区分についてである。

通常，「公的領域(パブリック・スフィア)」とは，国家や政治社会，あるいは市場経済の領域を指すものとされ，他方，「私的領域(プライベート・スフィア)」はそれとは対照的に，家庭内関係や男女間の性的関係などといった親密な領域のことと考えられる。そして，政治学の研究対象は「公的領域」であって「私的領域」ではないとされる。主流の政治理論では，この二つの領域は切り離されていて，「公的領域」それ自体のみの考察が可能であり，そこには性的関係は含まれないものと見なされている。しかし，一見して性差に中立的な公的領域だが，ペイトマンからすれば，それは女性を排除することによってはじめて成立する領域である。公的領域は私的領域と相互依存関係にあるのであって，独立に存在できる領域ではない。何が「私的」であるかを決めることで「公的」なるものが決まるのであり，逆もまた同様である。そして，あたかも万人を包含する中立的・普遍的な領域に見える公的領域は，じつは男性的(マスキュリン)な領域であり，政治的権利を行使する「市民」は男性が想定されている。公的領域は，女性を私的領域に閉じ込めることによって成り立っているのであり，その意味で公／私という区分そのものが性的関係に依存した産物なのである。

2 フェミニズム

　一般的に，なぜ女性が私的領域の住人であると考えられるかといえば，女性には政治的生活に必要な能力が欠けていると見なされがちだからである。男性には，公的領域を担う市民としての能力・資質（シティズンシップ）がある。男性は，理性によって自身の感情を乗り越えることができ，個別の利害を超えた正義の感覚を発達させることができる。他方，女性は自らの身体的本性（出産能力）とそれに伴う性的情念（特定のものにのみ向けられる愛情など）を乗り越えることはできず，ゆえに男性のように政治的道徳性を発展させることはできない——これが，女性を公的領域から排除する理由として多くの社会契約論者が抱いてきた考え方である。ペイトマンがいう「秩序を乱す女たち」（the disorder of women）とは，こうした存在と考えられる女性は政治的秩序を脅かすものであり，ゆえに公的世界に入れてはならないとする，社会契約論者の家父長制的な想定を批判的に表現したものである（pp. 4, 17-19）。

　「公＝男」「私＝女」という区分こそ，ペイトマンを含む多くのフェミニストたちが繰り返し批判する二分法である。女性が私的領域に閉じ込められるのは，女性が本来的にそこにふさわしい存在だからではなく，公／私という区分が極めてイデオロギー的に作られたものだからである。実際には，家庭などの私的領域にも，男性が女性に行使する権力関係が存在するのであり，公と私の区分は決して明確で不変的なものではない。通常，私的・個人的な事柄は政治的ではないと考えられがちであるが，第二波フェミニズムは，女性を私的領域の住人としてしまうことがすぐれて政治的意味を持つことをえぐりだした。それが，有名な「個人的なことは政治的である」（The Personal is the Political）というスローガンである。

原典 2　「個人的なことは政治的である」

　「「個人的なことは政治的である」というスローガンは，有効な視点を提示している。つまり，その視点から，自由主義的な家父長制における公と私のあいまいな点について言及することができ，またより厳密にフェミニズム的な解釈の観点から，政治的なるものの概念のフェミニズム的オルターナティヴを提起することができる。このスローガ

IV 現代政治の諸問題

> ンの主たるインパクトは，公と私に関する自由主義的な主張が持つイデオロギー的な性格を暴露することにあった。……フェミニストたちは，個人的にかかわる諸環境がいかに，公的ファクターや，レイプや堕胎に関する法や，「妻」という地位や，子育てや福祉の恩恵の配分や家庭と職場での労働の性別分業に関する諸政策によって，構造的に作られているかという点を強調してきた。ゆえに，「個人的な」諸問題は，政治的手段と政治的活動によってのみ解決しうるというのである」(p. 131)。

❖福祉国家とフェミニズム

　ペイトマンの家父長制批判は，福祉国家をめぐる議論にも関連してくる。通常，福祉国家とは，労働者階級の生活を国家が保障するものとして想定されてきた。資本家階級 vs. 労働者階級という「階級」区分は，マルクス主義の影響を受けた左派的な立場の論者が，経済社会の不平等・不公平を考える際に依拠する見方である。ペイトマンはマルクス主義者ではないが，1970年代の参加デモクラシー論では，彼女はやはりこの「階級」区分をよりどころにして，企業において労働者が自ら意思決定し自主管理を行う「産業デモクラシー」が重要であると論じていた。しかし，1980年代以降のペイトマンは，従来の「階級」区分が十分に認識してこなかった別の区分，つまり「性 的」(セクシュアル)区分を問題にするようになった。福祉国家は，女性を家事労働という私的領域に閉じ込める家父長制的な性格を持っている，というのである。

　ペイトマンによれば，「階級」区分で想定されてきた労働者階級とは，やはり男性である。男性である労働者は妻を「所有」し，外へ仕事に出る。一方，妻としての女性は，家庭内においてもっぱら家事労働（＝私的領域における無償労働）に専念する。こうした性別役割分業は，これまで吟味すべき問題とは考えられてこなかった。むしろ，自明のものとされてきたのである。もちろん，女性の中にも，資本主義経済の中で賃労働に従事している人々はいる。しかし，通常は男性と女性が一緒に働くことはなく，女性が就ける仕事は特定の職業に

限定されてしまう（しかも，上司は男性でありがちであり，労働組合のリーダーも男性の場合が多い）。このような，性的に隔離された分業は，構造的に女性を，男性に経済的に従属せざるをえない立場に置いてしまうというのである（pp.8, 185-195）。

そしてペイトマンは，このような構造がやはり福祉国家の家父長制的な性格によるものだと考える。つまり，男性は，経済的に自立した所有者(オーナー)であると想定されている。男性が国家からの福祉を期待できるのは，国家に「貢献」するからである。その「貢献」の究極は，いざ戦争などが起こった場合に自ら武装して戦い，国家のために死ぬことであり，そのような義務を果たすからこそ男性には「市民」としてのシティズンシップが与えられる。要するに福祉とは，義務という形で国家に「貢献」する男性が，失業などで労働市場に参加できなくなった場合を想定しての「保険」なのである。ところが女性は，男性と同等に国家に「貢献」することを，はじめから期待されていない。女性は男性と異なり，自立した所有者ではなく，十全なシティズンシップも与えられていない。むしろ，女性は生まれながらにして男性に従属している，という家父長制的な前提が，福祉国家を支えているというのである。

原典 3　家父長制的な福祉国家

「"女性は武装しえないし，また進んで武装する意志もないであろう" というのが，広く信じられていることである。このことは，女性の参政権に対する激しい反対の中核にあった議論であるし，女性が軍における戦闘要員になることへの現代的な反対意見の中にもその影響を見出すことができる。女性は，男性の持つ究極の義務を共有しない。女性にとってそれに相当する義務は何であるか，という問いは現代の政治理論家たちによって不問に付されてきた。……その答えを見出すことは困難ではない。つまり，女性の責務は，彼女らの性に適するものでなければならない。国家のために死ぬという男性の責務は，国家のために子を産むという女性の責務に相当するとされるのである」（p.11）。

Ⅳ　現代政治の諸問題

　こうして，男性と「異なる性」である女性は，福祉国家においても，男性と同等の扱いを受けることがない，という状況に置かれることになるのである（もちろんペイトマンは，女性が自立したシティズンシップを享受するために，福祉国家が果たした役割を否定しているわけではないが）。

❖フェミニズムの隘路

　社会契約，権利，義務，労働，シティズンシップといった政治学上の基本概念にたいして，フェミニズムは，それらが男性中心的に構成されていることを明らかにすることで根源的な疑問を投げかけてきた。だが，それらを批判的に再検討したうえで，フェミニズムが何を目指すのかという問題に移ると，そこには複雑で困難なディレンマが横たわっている。女性が男性と同じ権利やシティズンシップをえて，男性と同等に扱われる政治社会を目指すのか，それとも，女性が（男性より劣ったものと見なされるのでなく）女性としての価値を十分に認められることを目指すのか。この二つは，じつは必ずしも両立しない。ペイトマンはこのディレンマを，18世紀のフェミニスト，メアリ・ウルストンクラフト（1759-1797）の名前を用いて「ウルストンクラフトのディレンマ」と呼んでいる。つまり，少なくともフランス革命期以降のフェミニズムは，容易に両立しがたい二つの主張を同時に掲げてきた。一方では，性差に中立なシティズンシップを，男性のみならず女性にも拡張すべきであるとの主張。他方では，女性の母親としての仕事（家事・育児などの無償労働）を，男性にはない女性独自の能力として認め，それに基づいたシティズンシップを女性に付与すべきであるとの主張，である（pp. 196-197）。前者の主張は論理的に，今日的な「ジェンダー・フリー」の考え方に行き着く。後者はむしろ，男性との違いを強調することで「差異の政治」「アイデンティティの政治」へと連なっていく。ペイトマンはこのディレンマを認識しているが，解決することに成功していない，という批判は，たとえばシャンタル・ムフなどによってなされている。しかしこのディレンマは，ペイトマンのみの問題ではなく，政治理論にたいするフェミニズムの問題提起に真摯に向き合おうとする者が，引き受けていかなければならない重い課題であろう。

2 フェミニズム

❖用語解説

(1) **フェミニズム** フェミニズムは決して，一枚岩のイデオロギーではない。その内部には，さまざまな潮流が存在する。主なものを挙げるならば，リベラル・フェミニズムは，自由，平等，正義などの自由主義的価値を，法の改正や社会の改良を通じて，男性だけでなく女性にも拡大しようという，比較的伝統的な立場。マルクス主義フェミニズムは，資本主義経済に潜む男女差別の問題（家事労働や再生産，労働市場における女性の周辺的な地位など）に焦点を当てようとするもの。ラディカル・フェミニズムは，前の二者が十分に取り上げなかった性暴力やポルノグラフィ，あるいは生殖をめぐる女性の自己決定権といった問題を重視した立場であり運動であった。「○○的」とつくフェミニズムにはじつに多くのものがあり，それぞれが相互に重なりあったり対立しあったりしている。

(2) **家父長制［patriarchy］** 政治や経済を担うのは，所有権を持つ自立した男性であり，女性は男性の所有物として男性に従属するのが自然である，という考え方に基づいた社会や家庭のあり方。女性をもっぱら家庭内の存在と見なす，根深い考え方でもある。

❖より深く学ぶために

〈基本文献〉

The Sexual Contract, Carole Pateman, Cambridge: Polity Press, 1988
Feminist Interpretations and Political Theory, Mary Lyndon Shanley and Carole Pateman eds., Cambridge: Polity Press, 1990
『秩序を乱す女たち』キャロル・ペイトマン，山田竜作訳，法政大学出版局，近刊
「「神は男性を助けるべき者を定めた」――ホッブズ，家父長制そして婚姻の権利」キャロル・ペイトマン，中村敏子訳，『思想』910号，2000年，85-108頁

〈入門・解説書〉

『家父長制と資本制』上野千鶴子，岩波書店，1990年
『フェミニズム』江原由美子・金井淑子編，新曜社，1997年
『フェミニズムの政治学』岡野八代，みすず書房，2012年
『正義・ジェンダー・家族』スーザン・オーキン，山根純佳ほか訳，岩波書店，2013年
『中断された正義』ナンシー・フレイザー，仲正昌樹監訳，御茶の水書房，2003年
『政治的なるものの再興』シャンタル・ムフ，千葉眞ほか訳，日本経済評論社，1998年

（山田竜作）

IV-3
多文化主義
(Multiculturalism)

レイプハルト
『多元社会のデモクラシー』
Arend Lijphart, *Democracy in Plural Societies*（1977）

キムリッカ
『多文化時代の市民権』
Will Kymlicka, *Multicultural Citizenship*（1995）

❖多文化時代の政治理論

　政治に関して一つの常識ともいうべき見方がある。それは，国内に民族的・言語的・宗教的な亀裂をはらんだ社会においては，政治の安定は期待できないというものである。

　たとえばジョン・ステュアート・ミル（1806-1873）は次のように述べている。「異なった諸民族によって形成されている国では，自由な諸制度はほとんど不可能である。同胞感情のない国民のあいだにあっては，ことにかれらが異なった言語を読み書きしているばあいには，代議制統治の運用に必要な，統一された世論が存在しえない」（『代議制統治論』J. S. ミル，水田洋訳，岩波文庫，1997年，376頁）。

　多民族国家や多言語国家ではナショナル・アイデンティティが欠如しているがゆえに議会制民主主義が十分に機能しえないとすれば，ヒト・モノ・カネ・情報の国境を越えた移動が常態化し，もはや多文化社会を与件とせざるをえなくなった今日，デモクラシーはいかにして可能であろうか。あるいは多民族国家はマイノリティをどのように統合すべきであろうか。

　ここで取り上げる二人の政治学者は，ともに『代議制統治論』から先の一節を引用しながら，こうした政治学上の支配的見解に異議を申し立てる。すなわ

ち，オランダ出身の政治学者アーレンド・レイプハルトは『多元社会のデモクラシー』(1977) において，社会的同質性を民主政治の安定条件とする従来の民主主義理論に挑戦し，カナダの政治哲学者ウィル・キムリッカは『多文化時代の市民権』(1995) において，マイノリティからの権利要求に十分に対応できない自由主義を鍛えなおそうとするのである。

キムリッカは今日，**多文化主義**（multiculturalism）の代表的論客として知られている。多文化主義とは，国民国家の内部における複数の民族集団にたいして，その文化やアイデンティティを尊重することを通して，多民族・多文化の共生を目指す考え方であり，1970年代以降，カナダ，アメリカ，オーストラリアなどでは政策レベルでも採用されている。レイプハルトの学説は，時代的なズレもあって，狭義の多文化主義に分類されることは少ない。けれども，多文化社会における政治的安定やマイノリティとの共存を模索するという点を多文化主義の最大公約数と見なせば，レイプハルトも広義の多文化主義の理論家として位置づけることができよう。

❖英米型デモクラシーと大陸型デモクラシー

レイプハルトは『多元社会のデモクラシー』の冒頭で，民主政治の安定に関するアリストテレス以来の伝統的な見方に言及している。

> 原典 1 デモクラシーの常識
>
> 「多元社会で安定した民主政治を達成し維持するのはむずかしいということは，政治学において確定ずみの命題である——それはすなわち，アリストテレスの「しかるに国はできるかぎり等しく同様である人びとからなりたつことをめざす」という金言にさかのぼる歴史をもっている。社会的同質性と政治的同意とは，安定したデモクラシーの必要条件ないし安定したデモクラシーへの強力な助けとなる要因とみなされている。反対に，多元社会内での深い社会的分断と政治的な差異は，民主主義国家における不安定と崩壊の原因になると主張されている」（『多元社会のデモクラシー』アーレンド・レイプハルト，内山秀夫訳，三一書房，1979年，13頁）。

Ⅳ　現代政治の諸問題

　レイプハルトによれば，多元社会（plural society）とは宗教的・イデオロギー的・言語的・地域的・文化的・民族的・人種的な差異によって分断された社会のことをいう。政党・利益集団・労働組合・メディア・学校など，種々の組織はこの分断のラインに沿って系列化されているので，一つひとつの区画（segment）は独立した閉鎖系を構成することになる。

　このように政治文化が断片化した社会では，区画間のイデオロギー対立が激化しやすく，政策上の合意に至ることが難しいため，デモクラシーは安定しないというのが，いわば政治学上の常識であり，1960年代アメリカの比較政治学はこの多元社会の特徴を，ドイツ，フランス，イタリアなどのヨーロッパ大陸諸国のうちに見出していた。

　こうした見方には，英米型のデモクラシーを理想化する，ある種のエスノセントリズムが潜んでいる。英米型デモクラシーは，利益集団間で激しい競争が繰り広げられながらも，多様な利益を集約する二大政党が存在し，頻繁に政権交代が行われることをもって安定したデモクラシーと見なすモデルである。競争を重視しながらも，社会が全体として深刻な分裂に至らないのは，そこにアングロ・サクソン的な価値観に根ざした社会的同質性が存在しているからにほかならない。逆に，そのような同質性を欠いたヨーロッパ大陸諸国のデモクラシーは，多党制のもとで利益集約を図ることができず，恒常的な不安定と停滞によって悩まされることになるというのである。

❖多極共存型デモクラシーの四原則

　しかしレイプハルトは，ヨーロッパ大陸諸国の中でも，それまでの研究がほとんど無視してきたオーストリア，ベルギー，オランダ，スイスといった小国を取り上げ，それら四カ国が政治文化の分断を抱えた多民族国家であるにもかかわらず，比較的安定した民主政治を維持していることに注目する。そしてこれを**多極共存型デモクラシー**（consociational democracy）と呼んで，以下の四つの原則によって定義する。

　(1)**大連合**（grand coalition）　これは「多元社会のあらゆる重大な区画の政治指導者たちが，その国を統治するのに，大連合に協同する」ということであり，

単純多数派の支持を得た政府与党と大規模な野党が衝突するイギリス型の民主主義とは対照的な政権運営を意味する。具体的には，議会制における大連合内閣，重要な諮問機能をそなえた大評議会や大委員会，大統領制における大統領と最高公職者たちの大連合といった方法がある。レイプハルトが取り上げたヨーロッパ四カ国は，いずれもこれら三つの方式を組み合わせて採用している。

(2)相互拒否権（mutual veto）　大連合によって政権が運営されているとしても，そこにおける意思決定が多数決で行われるならば，事実上，少数派の利益は無視されることになるだろう。そこで意思決定は全会一致を基本とし，少数派には拒否権が与えられなければならない。これはオランダとスイスでは非公式のルールにとどまるが，オーストリアでは連合委員会における意思決定は全会一致とすることが公式に確認されており，またベルギーでは言語集団に関する諸問題については各集団の拒否権が憲法で保障されている。

(3)比例制原理（proportionality）　政治的代表の選出や公務員の任命，政府補助金の配分の方法としては，比例制原理が用いられる。これによって，「勝者総取り」を基本とする多数決原理よりも中立的で公平な配分が可能になる。また比例制原理は，政策決定過程においてあらゆる集団がその勢力に比例して影響力を行使することをも含意している。

(4)区画の自律性（segmental autonomy）　各区画に共通する問題は，それらの区画全体の合意によって処理されなければならないが，もっぱら区画の内部にのみ関係する問題については，それぞれが自律的に政治的決定を行う。当然ながらその帰結として，「自律性は，すでに多元的な社会の多元性を高める」ことになる。

❖エリートの役割

レイプハルトは，多数決原理に立脚したデモクラシーに代わるモデルとして，以上の四原則に基づく多極共存型デモクラシーを提示した。これら四つの原則が単純な多数決にたいする留保となって，少数派に配慮したデモクラシーが実現するというのである。

しかし注意すべきことは，多極共存型デモクラシーによって政治文化の分断

は抑制されるどころか,逆に各区画の亀裂はいっそう深まっていくという点である。まさにここにおいて,各区画を代表するエリートの調整能力が決定的に重要となる。

> 原典 2 エリートの役割
>
> 「多極共存型デモクラシーは,各区画をへだてている深い亀裂があるにもかかわらず,区画の指導者たちによる協同をともなっている。指導者たちは,民主主義的慣行にたいする献身はもとより,国の統一を維持することへの少なくとも何らかの献身を思うことを,この型のデモクラシーは要求している。指導者たちはまた,抑制と妥協の精神で,他の区画の指導者たちと協同する努力をする基本姿勢をもたねばならない。同時に,彼らは自分自身の支持者たちの支持と忠誠を持続しなければならない。したがって,エリートはたえず,あるむずかしい均衡のとれた行為を果たさねばならないのである」(77頁)。

このように,エリートは各区画の対立を超えて,さまざまな利害関係の調整にあたり,合意に基づく政策決定を行わなければならない。その際,各区画間の亀裂が深刻であればあるほど,エリートは社会が分裂の危険性をはらんでいることを自覚せざるをえないので,かえって協力や妥協が容易になるとされる。

❖異文化交流の否定

ここにもまた,ある種の常識に対する挑戦が見てとれるかもしれない。今日では多くの場合,文化的背景を異にするさまざまな集団が交流を深めることは,異文化理解にとって不可欠であると考えられている。異文化交流が自らの文化を相対化する契機となって,互いの差異を尊重する寛容さが培われる。あるいは逆に,異文化接触の結果として社会全体が同質化していくとすれば,それはそれで政治的安定にとっては好ましいといえるだろう。いずれにせよ,異文化コミュニケーションは一般に歓迎されるべきものとして理解されている。

ところがレイプハルトは,区画相互の大衆レベルにおける交流については否定的なのである。そこには異文化交流が惹起するかもしれない負の帰結に対す

る警戒がある。「多元社会の各区画間にはっきりした境界があるということは，相互の接触を制限し，その結果，恒常的に敵対心が潜在的に持続する機会を制限して，現実の敵意になって噴出しないようにする，という利点をもっている」(111頁)。他者との接触は必ずしも相互の理解や尊重をもたらすとは限らない。むしろ他者への不信と敵意を助長し，社会的緊張が高まるかもしれないのである。そこでレイプハルトは，大衆レベルでの異文化接触はできるだけ抑制し，各区画を架橋する役割をエリートに限定するのである。

❖多極共存型デモクラシーの問題点

レイプハルトは，往々にして理想化されがちな英米型デモクラシーへのオルターナティヴを提示することで，社会的同質性を欠いた多民族国家におけるデモクラシーの可能性を示唆した。実際，多極共存型デモクラシーは，単にヨーロッパ四カ国の政治的事実の記述にとどまらず，非西欧諸国や第三世界への適用をも視野に入れた規範理論として提示されている。

しかし，そこに問題がないわけではない。多極共存型デモクラシーの安定は，ひとえにエリートによる協調と妥協に依存しており，区画間の交流のルートは完全に一元化されている。いわばこれはエリートへの全権委任を意味する。区画を超えた大衆レベルでの相互理解が不在であるため，エリートのディスコミュニケーションはただちに国家全体の緊張を高めることになるだろう。こうしてみると，多極共存型デモクラシーは，じつは極めて脆弱な基盤の上に成り立っているといわなければならない。

❖キムリッカ『多文化時代の市民権』

次にキムリッカに移りたい。冷戦構造の崩壊は，一方では米ソのイデオロギー対立のもとに覆い隠されていた民族問題を再燃させ，他方では移民や難民などのグローバルな人口移動を加速させた。もはや「一国家＝一民族＝一文化」といった国民国家の擬制を素朴に信じることはできない。キムリッカとともに多文化主義の代表的論客とされるチャールズ・テイラーも述べているように，「すべての社会がますます多文化的になりつつあり，また同時に相互に浸透性

を増しつつある」(『マルチカルチュラリズム』チャールズ・テイラーほか，佐々木毅・辻康夫・向山恭一訳，岩波書店，1996年，86頁)。

　このように現代国家はすべて，多かれ少なかれ「多文化的」(multicultural) なのであるが，キムリッカは『多文化時代の市民権』でこれを二つのパターンに区別している。一つは「民族的マイノリティ」(national minority) による文化的多様性であり，もう一つは「エスニック集団」(ethnic group) がもたらすそれである。

　民族的マイノリティとは，一定の地域に集住していた先住民の文化的共同体であり，後により大きな国家に組み込まれていったという経緯を持つ。一般に彼らは，言語や土地の使用に関して独自の権利を主張し，多数派の文化とは別個の共同体として存続することを目指す。キムリッカが好んで主題化するカナダのケベック人はこの典型である。このような民族的マイノリティを内部に抱える国家を，キムリッカは「多民族国家」(multination state) と呼ぶ。それにたいしてエスニック集団は，生来の土地を離れ，自らの言語や生活様式を放棄して，別の土地に移り住んできた移民である。こうしたエスニック集団をマイノリティとして包含する国家は「多数エスニック国家」(polyethnic state) と呼ばれる。

❖集団別権利

　キムリッカは以上のようにマイノリティ集団を区別したうえで，それぞれが正当に主張しうる集団別権利を三つに分類している。

　(1)自治権 (self-government rights)　これは民族的マイノリティにたいして，言語や教育など一定の範囲において自主的な決定権を認めるというものである。連邦制もこの自治権を承認するための一つの有力な方策であるが，民族的マイノリティの要求が極端な場合には分離独立を望むこともありうる。

　(2)エスニック文化権 (polyethnic rights)　これはエスニック集団が固有の文化を維持していくために，公費助成を行ったり，ある種の法律の適用を免除したりといった積極的措置を求める権利である。ただし，このエスニック文化権はあくまでも国家の基本原則に抵触しないかぎりにおいて認められるので，移

民が自治を要求することは許されない。

(3)特別代表権（special representation rights）　これはマイノリティ集団にたいして議会の一定の議席数を確保することによって，全国規模の決定において不利益を被ることがないようにするものである。特別代表権は，民族的マイノリティであれ，エスニック集団であれ，何らかの歴史的事情によって不利な立場に置かれてきた集団であれば要求することができる。

❖多文化主義と自由主義

集団的権利を保障することによって複数の文化の共存を目指すのは，多文化主義の一般的特徴であるといってよい。その中でキムリッカが際立っているのは，あくまでも自由主義の立場から，多文化主義の理論を展開している点にある。一見すると，集団的権利を認めることは，個人の自由と自律を最優先する自由主義の根本原則に抵触するように見える。実際，これまでの自由主義者の多くは，マイノリティ集団をめぐる諸問題に関して「好意的無視」（グレーザー）とでもいうべき態度を決め込んできた。

> **原典 3　自由主義とマイノリティ問題**
>
> 「多くの自由主義者は，新たに「人権」を力説することによってマイノリティをめぐる対立が解消されることを望んでいた。特定の集団の成員に与えられる特別な権利を通じて，弱小の集団を直接に保護するのではなく，どの集団に属しているかを問わず，すべての個人に基本的な市民的・政治的権利を保障することによって，文化的マイノリティは間接的に保護されるだろう。……自由主義者たちは，これらの個人権がしっかりと保護されているところでは，特定のエスニック・マイノリティや民族的マイノリティの成員に，それ以上の権利を付与する必要はないと考えたのである」（『多文化時代の市民権』ウィル・キムリッカ，角田猛之・石山文彦・山﨑康仕監訳，晃洋書房，1998年，3頁）。

かつて宗教戦争を抑止するべく案出された「教会と国家の分離」にならって，

Ⅳ　現代政治の諸問題

自由主義者は民族的・文化的差異をめぐる衝突を回避するために「民族と国家の分離」を支持した。国家はいかなる民族集団をも特別扱いせず，すべての個人に基本的人権を保障しさえすれば，結果的にマイノリティの保護は実現されるというのである。

　しかしながら，現実の多民族・多文化社会の内部では，公用語一つ取り上げてみてもわかるように，あらゆる集団にとって完全に中立的な制度やルールというものはありえない。集団的価値に対する国家の中立と不介入は，マイノリティにたいする主流社会の同化圧力を放置する口実になってしまう。「だから「好意的無視」の理想は，じつのところ，好意的ではないのである。それは，多数派の成員が直面しない不利益に民族的マイノリティの成員が直面している，という事実を無視しているのである」(166頁)。

❖自由と文化

　こうしてキムリッカは，集団への帰属を度外視した普遍的権利の保障からさらに踏み込んで，マイノリティの集団的権利を主張しようとする。だが，集団的権利の保障と個人の自由はどのように整合するのであろうか。ここで重要になるのが「社会構成的文化」(societal culture) という概念である。

> **原典 4　社会構成的文化**
>
> 「社会構成的文化とは，公的領域と私的領域の双方を包含する人間の活動のすべての範囲——そこには，社会生活，教育，宗教，余暇，経済生活が含まれる——にわたって，諸々の有意味な生き方をその成員に提供する文化である。この文化は，それぞれが一定の地域にまとまって存在する傾向にあり，そして共有された言語に基づく傾向にある。／私がこれを「社会構成的文化」と呼んだのは，それが共有された記憶や価値だけでなく，諸々の共通の制度と慣行をも含んだものであるということを強調するためである」(113頁)。

　キムリッカによれば，個人の生き方の選択は決して真空状態の中で行われるのではない。行動の選択肢を提供し，生き方を選択するための文脈を与えるの

は，われわれがその中で生まれ育った文化である。また個人のアイデンティティというものが，そうした選択の積み重ねによって確立されていくのだとすれば，社会構成的文化はアイデンティティ形成の基盤でもある。

　自由主義は個人の選択の自由を何よりも優先するが，そうした選択肢を提供するのが文化である以上，文化への帰属こそ自由の条件ということになる。したがって，自由主義は多文化主義の要求する文化保護や集団的権利と矛盾なく接合しうるのである。

❖対内的制約と対外的防御

　ただしキムリッカは，マイノリティの集団的権利を無制限に認めているわけではない。キムリッカは集団的権利を「対内的制約」(internal restrictions) と「対外的防御」(external protections) という二つの側面から分析している。

　前者は，ある集団がその成員にたいして異論を封じることにより，共同体の安定を確保するというものである。この場合，たとえば家父長制によって女性を抑圧している共同体であっても，文化の独自性の名において個人の自由を制約することが許されるのか，といったことが問題となる。後者は，ある集団がその外部の決定によって不安定にさらされないように，自文化を保護するというものである。この場合には，マイノリティの共同体に外部の人々が大量に移住すると自治が脅かされるという理由で，流入制限が認められるか，といったことが争点となる。結論としては，キムリッカは個人の自律を最優先する自由主義の立場から，対内的制約については否定し，対外的防御だけを是認するのである。

❖多文化主義の問題点

　最後にキムリッカの多文化主義に関する若干の問題点を指摘しておこう。第一に，キムリッカの理論が民族的マイノリティ（先住民）を中心に展開されており，エスニック集団（移民）の権利については概して冷淡なことである。それはキムリッカが，自発的意志によって移住してきた移民を前提にしているからであり，移民は受け入れ国の社会構成的文化に適応することが当然視されて

IV 現代政治の諸問題

いる。けれども，現実にはすべての移民が自発的意志で移動するわけではない。「移動者の権利」については，より実態に即したかたちで議論されなければならない。

　第二に，アイデンティティをめぐる問題がある。そもそも多文化主義は「一国家＝一民族＝一文化」という国民国家の虚構を暴露し，その抑圧性を批判するところから出発したはずである。ところが，一枚岩的なナショナル・アイデンティティに対抗して民族やエスニシティの文化を持ち出す場合，後者は虚構性を免れた実体として措定される傾向がある。

　この点に関して，たとえば井上達夫や西川長夫などの論者は，民族的・文化的アイデンティティが内部の差異を抑圧することによって，国民国家の形成・維持に関わる問題が反復されてしまうことを危惧している。社会の統一のために「アイデンティティの共有」が不可欠であることはキムリッカも認めているが，それが多様なアイデンティティの涵養といかに両立可能であるかは，今後さらに探求される必要があるだろう。

❖❖用語解説

(1) **多文化主義**［multiculturalism］　この用語自体は1960年代に登場したものだが，1971年にカナダのトルドー首相が議会で行った演説が「多文化主義宣言」として有名。そこでは英語系住民とフランス語系住民の双方に配慮した二言語主義が提唱されており，これ以降，多文化主義は政策レベルで採用されることになる。

(2) **多極共存型デモクラシー**［consociational democracy］　比例代表制，多党制，連立内閣，政府と労使の協調体制（コーポラティズム），政府と議会の均衡などを特徴とするデモクラシーのこと。これと対照的に，小選挙区制，二大政党制，一党単独内閣，利益集団の自由競争，議会にたいする政府の優越といった特徴を持つ場合，多数決型デモクラシーやウェストミンスター型デモクラシーなどと呼ばれる。後にレイプハルトは，*Democracies*, Yale University Press, 1984において21カ国の政治制度を比較分析した際，当初の仮説よりも複雑な結果を得たことから，多極共存型デモクラシーと区別して「コンセンサス型デモクラシー」（consensus democracy）という用語を用いるようになる（cf. *Passion, Craft, and Method in Comparative Politics*, Gerardo L. Munck and Richard Snyder, The Johns Hopkins University Press, 2007, pp. 234-272）。こうした分析は *Patterns of Democracy*, Yale University Press, 1999（邦訳『民主主義対民主主

義』)においてさらに精緻化されるが,いずれにせよレイプハルトは,多元社会だけでなく,あらゆる社会においてコンセンサス型デモクラシーが多数決型デモクラシーよりも優れていると判断している。

❖より深く学ぶために

〈基本文献〉

『多元社会のデモクラシー』アーレンド・レイプハルト,内山秀夫訳,三一書房,1979年

『民主主義対民主主義――多数決型とコンセンサス型の36ヶ国比較研究』アレンド・レイプハルト,粕谷祐子訳,勁草書房,2005年

『多文化時代の市民権――マイノリティの権利と自由主義』ウィル・キムリッカ,角田猛之・石山文彦・山﨑康仕監訳,晃洋書房,1998年

『新版 現代政治理論』W. キムリッカ,千葉眞・岡﨑晴輝訳者代表,日本経済評論社,2005年

〈入門・解説書〉

『マルチカルチュラリズム』チャールズ・テイラーほか,佐々木毅・辻康夫・向山恭一訳,岩波書店,1996年

『普遍の再生』井上達夫,岩波書店,2003年

『〈新〉植民地主義論――グローバル化時代の植民地主義を問う』西川長夫,平凡社,2006年

(長谷川一年)

IV-4
エコロジー (Ecology)

ドブソン
『緑の政治思想』

Andrew Dobson, *Green Political Thoughts* (1990)

❖ 政治学とエコロジー

　現代政治において，エコロジーは重要な概念の一つになっている。しかし，この概念が吟味されることは少ない。エコロジーという言葉は，せいぜい「環境に優しい」ということと同義語と考えられている観がある。しかし，環境への意識が高まる中で，エコロジーの名のもとで，これまで何が見落とされてきたのか，問い直すことが必要となっているといえよう。こうした問題について考える際，アンドリュー・ドブソン（1957-）の『緑の政治思想』（*Green Political Thoughts*）は，重要な示唆を与えてくれるだろう（『緑の政治思想』は第4版まで改訂されているが，ここでは邦訳が依拠した第2版までの議論を整理したい）。ドブソンは，環境政治理論に関する多数の著作を公刊しており，「緑の政治思想」の代表的な政治理論家と見なされている。ここでは，ドブソンの『緑の政治思想』を通じて，エコロジーというテーマについて考えていきたい。

❖ 『緑の政治思想』の視角──政治イデオロギーとしてのエコロジズム

　『緑の政治思想』の初版は1990年に公刊された。それは，地球サミット（「環境と開発に関する国連会議」）が開かれる少し前，国際社会の関心が東西冷戦から地球環境へと移っていく時期であった。国家を超えて「環境」という価値の重要性が共有されはじめた時期に，ドブソンは，これまでの環境政治をめぐる議論を整理し，「環境主義」（environmentalism）──改良主義，ライト・グリ

ーン、とも呼ばれる——と、「エコロジズム」(ecologism)——急進派、ダーク・グリーンとも呼ばれる——とを明確に区別した。ドブソンが企図したのは、後者のエコロジズムを政治的イデオロギーとして位置づけることであった。イデオロギーと聞けば、マルクス主義的な「虚偽意識」をイメージする向きもあるかもしれない。しかし、ここで彼が意味しているのは、もっと広く世界観のことであり、体系性を持った政治的な思考のことである。彼によれば、イデオロギーの要件は次の三つである。

　要件Ⅰ　社会についての分析的記述の提示
　要件Ⅱ　あるべき社会形態の処方
　要件Ⅲ　あるべき社会へ移行するための戦略

そのうえで、ドブソンは、次のような作業を踏まえて、理念型としてエコロジズムを提示する。すなわち、①エコロジズムのようなイデオロギーとそうでないものを区別する、②エコロジズムというイデオロギーを構成しうる諸言説を整理する、③自由主義や社会主義といった他のイデオロギーとの比較、検討を行う、という三つの作業である。

また、ドブソンは、エコロジーを抽象的・思弁的な思想として論じるのではなく、あくまで実践的な政治思想として語っている。このような観点からドブソンは、環境哲学の議論について、人間と人間のつながり、人間と環境との間の実践的な関係について十分な考慮を払ってこなかったと批判する。環境哲学においては、自然における人間の存在という生態系中心主義から出発し、そこから導かれる人間の倫理的態度を論じることが中心的であった。そこでは、個人の意識や自覚が強調される。しかしドブソンは、それはエコロジズムを形而上学化することになり、結果として社会変革への戦略という実践との距離を広げている、と批判する。こうしてドブソンは、自然を利用し、同時にその制約の中で生きざるをえない存在として人間を位置づけながらも、環境問題を考え、社会を変革していく人間の役割を認めた「弱い人間中心主義」(weak anthropocentrism)の立場を表明する。そして、エコロジズムが重要であるのは、それが社会を変える政治的実践を提示する政治的イデオロギーであることだと主張する。

Ⅳ　現代政治の諸問題

> **原典 1　環境哲学への批判**
>
> 「私がまさに言及した「社会的実践の変革」(changes in social practice) は、環境運動の内部では、その哲学的な「一翼」よりもその政治的な「一翼」の関心事であると主にみなされている。私が環境哲学に関して批判しているのは、理論的なものを実践的なものから引き離すというこうした傾向であり、あるいはより適切な言い方をすれば、両者を結びつけることを公然と拒否していることなのである」(『緑の政治思想』A.ドブソン, 松野弘監訳, ミネルヴァ書房, 2001年, 99頁)。

❖環境主義とエコロジズム

　『緑の政治思想』における幾つかのメッセージの中で、その後のエコロジーをめぐる議論において最も評価されている点は、上でも触れた環境主義とエコロジズムの区別である。ドブソンが、この区分を強調するのは、両者の混同が「緑の政治」にとって深刻な問題をはらんでいると考えるからにほかならない。以下では、この点についてもう少し言及しておきたい。

　ドブソンによれば、環境主義とは、廃棄物、温暖化、生物多様性の喪失など個別の問題に対処するというアプローチにすぎない。それは、技術的、行政的な観点を重視するが、環境問題を生み出す原因である現代の産業、社会のあり方に根本的な変革を迫るものではない。この点、資本主義や社会主義と同じく、近代的な産業主義、すなわち拡大的な再生産を前提とする思想と共通の立場に立っている。これにたいしてエコロジズムは、現在の社会や経済のあり方に異議を唱え、地球の有限性、資源の希少性という認識に立脚した社会的変革を実現しようとする体系的な政治的思考である。環境主義は、他のイデオロギーと容易に結びつくのにたいして、エコロジズムは、生態系中心主義という中核を持ったイデオロギーである。したがって、環境主義とエコロジズムとは最も交わりにくいものなのである。

原典 2　環境主義とエコロジズム

「環境主義は，現在の価値観，あるいは，生産と消費のパターンを根本的に変化させなくとも，環境問題を解決できるという信念を持っており，それゆえ，環境問題に対する管理的アプローチ（managerial approach）に賛同する。それに対して，エコロジズムは，我々と人間以外の自然界との関係や，我々の社会的，政治生活様式のラディカルな変化があって初めて，永続可能で満足感のある生存が可能となると考えている」（1-2頁）。

❖永続（持続）可能な社会

　このようにドブソンは，環境主義とエコロジズムを区別するのであるが，エコロジズムというイデオロギーは，どのような社会の青写真を描いているのであろうか（イデオロギーの要件Ⅱ）。一言でいえば，ドブソンのいうエコロジズムの根底にあるのは「成長の限界」と「永続（持続）可能な社会」というテーゼである（本書では，sustainability を訳書にならって，一般的に通用している「持続可能性」ではなく「永続可能性」とした）。

　1970年に科学者，統計学者からなるローマ・クラブが『成長の限界』（D. H. メドウズほか，大来佐武郎監訳，ダイヤモンド社，1992年）において，あと数十年で資源が枯渇し，経済成長の限界を迎えるという発表をしたとき，国際社会に大きな反響を与えた。このテーマをめぐる論争において，ローマ・クラブの予測に不確かな部分があることも指摘されたが，「成長の限界」，すなわち「地球は有限であり，だから資源は稀少である」（『緑の政治思想』101頁）というテーゼは概ね支持されてきたといってよい。ドブソンによれば，エコロジズムは，こうした「成長の限界」，すなわち地球の有限性から以下のテーゼを引き出すという。

　①テクノロジーによる解決は永続可能な社会をもたらさないこと。
　②産業社会の目指す幾何級数的成長によって，長期的に危険が蓄積し，その結果，突発的な破滅をもたらす恐れがあること。

Ⅳ 現代政治の諸問題

③成長によって引き起こされたある一つの問題を解決することは，他の問題の解決にならないばかりか，他の問題をさらに悪化させることにさえなりかねないこと。

　それでは，これらの認識に立ったうえで，永続可能な社会においては，どのような政治制度が必要とされるのだろうか。ドブソンは，オリョーダン（O'Rirdon）の類型論を手掛かりに，次の四つを挙げている。第一に，1992年に国連環境開発会議などの試みなどに着目する「グローバルな国際秩序」。第二に，国家が強制力を持って人口制限，配給制などを実施することによって永続可能な社会を実現させる「集権的権威主義」。第三に，ローカルなレベルで強権的な資源消費を抑制する「権威主義的コミューン」。第四に，共同体を基礎としながら，平等主義的，参加主義を前提とする「アナーキスト的解決」。ドブソンは，エコロジズムが特定の政治制度を必然的に要請するわけではないとしつつも，集権的な政治形態の問題点を指摘し，ローカルなレベルの共同体の重要性を強調する。そして，この非集権的な共同体は，自らの自足性を基礎にしながら，グローバル，ナショナルなレベルとの相互に補完的な関係を形成し，さまざまな具体的な形態をとりうる，と論じるのである。

❖緑の変革への戦略

　それでは，現在の社会を「永続可能な社会」へと，どのように変革していくことができるのだろうか（イデオロギー要件Ⅲ）。ドブソンは，社会変革を志向する環境運動が採用してきた戦略を整理するが，まず議会内の政治活動と議会外での政治活動とを区別している。

　ドブソンによれば，議会における政治活動の典型は，ドイツの緑の党の議会進出である。緑の党は，議会に選出されることを通じて，政治システムに影響力を行使し，エコロジー的な変革を実現しようとする。しかし，その過程で「生態系中心主義」という原則が薄められ，既存の政治システムに取り込まれてしまう。こうした政治によるエコロジーの「植民地化」は，社会運動の議会進出の際に常に存在する問題であるが，ここでドブソンは，以下の二つの点を主張する。一つは，論争を繰り返すことの重要性である。それは，緑の運動の

ラディカルさと政治システムへの参加の過程で取られた断片的な戦略（妥協）の間の緊張感を喚起することになるからである。もう一つは，議会の戦略だけに焦点をあてるのではなく，議会外の政治活動の持つ可能性である。

議会外の政治活動としてドブソンが言及するのは，ライフスタイル，コミュニティ，直接行動，階級という四つである。このうち，今多くの人々が積極的に関わっているのは，ライフスタイル戦略であろう。ライフスタイル戦略とは，日常生活における個人の行為パターンの変革を求める戦略である。たとえば，普通の商品よりも「エコ・マーク」のついた商品の購入を勧めるという戦略である。これによって，環境に優しい生活を送る人が増えることは肯定すべきことかもしれない。しかし，ドブソンはこの点を認めながらも，人々に「環境に優しい商品」の購入を推奨するライフスタイル戦略もそのまま受け容れることはできないと主張する。そうした戦略は，永続可能性への配慮を欠き，そういった商品にアクセスできない人々を「排除」し，基本的に物質主義的だというのである（「緑の消費者主義」）。彼の言葉を借りれば，「緑の消費者主義の戦略は，無制限の生産と消費に依拠した現在の戦略と実質的に調和した形で変革を求めるという点で，エコロジズムではなく環境主義の嫡子なのである」(198頁)。

個人のレベルに焦点をあてるライフスタイル戦略に対して，地域通貨などを導入して環境に優しいコミュニティを建設しようとする第二の戦略もある。しかし，ドブソンによれば，こうした戦略は可能性の例示にとどまっており，共同体の「外」との関係をどう取り結ぶかという問題に直面せざるをえない。また，森林伐採などの環境破壊の現場を直接阻止しようとする行動も，デモンストレーションとしての間接効果は別としても，直接的に永続可能な社会へつながるかどうか疑問であるという。

これらの戦略が不十分であるとすれば，一体どのような戦略が望ましいのだろうか。ドブソンは，最後に「階級」を検討しており，主体の問題が重要であると示唆している。その際，あらゆる人々を変革の主体として想定するのではなく，失業者，非正規雇用者といった消費から周辺化された人々が変革の担い手となる可能性を指摘している。残念ながら，主に第四章で考察されている「緑の変革への戦略」は問題点の指摘の域を出るものではない。最後に挙げた

主体に関しても，十分に議論されているとはいいがたい。もちろん，ドブソンにすべてを期待すべきではないのかもしれない。しかしドブソンが，エコロジズムを「理念型」として構成することを重視するあまり，これまでの環境運動の豊かな可能性の一部を見落としていることも否定できないだろう。

❖環境主義とエコロジズムの新たな関係

では，今後，環境主義とエコロジズムの関係はどうなっていくのだろうか。ドブソンは，これまでの両者の関係を四つに整理している。
　①エコロジズムは，緑の運動が目指す社会の青写真を描くことで，改良主義者にも指針を与える。
　②エコロジズムの急進的な理念は，動物保護のため人間生活を破壊するような過激な運動を煽ることによって，必要とされる改革の実行を妨げる。
　③エコロジズムの急進さが，かえって産業界などにおける改良主義者にたいする評価を高める効果を有する。
　④エコロジズムは，環境主義が浸透するにつれて，その陰に隠れて目立たなくなる。

ここで問題となるのは，環境主義が「過渡期の戦略」であり，最終的にはエコロジズムと同じ方向を目指していくのかどうか，という点である。ドブソンは，終章の後半において，環境主義がエコロジズムを実現する方法であることを肯定する二つの立場である「政策の収斂論」と**「エコロジー的近代化」**（ecological modernization）――両者は，環境主義とエコロジズムが最終的には同じ政策結果をもたらすと考えているという意味で「収斂テーゼ」として括られるが――について検討を加える。「政策の収斂論」も「エコロジー的近代化」も，「経済成長も環境保護も両立する」という立場に立ち，包括的な解決策を提示しようとする。たしかに，ドブソンは，「収斂テーゼ」が，従来の環境主義者と企業の対立関係を乗り越えて広範な政治的合意を形成したこと，そしてその結果として実効的な環境政策を生み出してきたことを認める。しかし，「収斂テーゼ」は，不完全である現在の環境政策を正当化している，また依然として新たな環境問題が継起していることにたいして根本的な解決策を提示できていな

い，と批判する。そして，環境主義にコミットするのではなく，これらの問題は，産業社会の秩序へ疑問を提起するエコロジズムの地平へと戻って考えなければならないとするのである。

> **原典 ③ 改良主義の逆機能**
>
> 「ダーク・グリーンの見方からすれば，改良主義は，緑の政治を啓発する原理——つまり，有限システムのなかで無限の成長は不可能であり，したがって，緑の運動の主張する生産と消費も現在の生産と消費の形態と同じく永続可能でないこと——を曖昧にすることによって，人々の感覚を鋭敏にするよりも鈍感にしてしまうかもしれない。このような解釈にもとづけば，環境主義はラディカルなエネルギーを削ぎ，緑の運動の主張する変革を妨げていることになる」(304頁)。

❖ドブソンのエコロジズム論の問題点

　エコロジズムという政治イデオロギーは，新たな社会像と変革への青写真を提示しうる。このように論じた『緑の政治思想』は，環境思想研究や環境運動，環境政党などに関わる人々の間で大きな関心を持って読まれてきた。他方で，本書におけるエコロジズム論は，論理的には一貫しているものの，幾つかの問題点をはらんでいることも否めない。以下では，二つの問題点を指摘しておきたい。

　第一に，本書はエコロジズムという政治イデオロギーの記述や分析については明快であるものの，永続可能な社会のイメージやその移行戦略に関しては，かならずしも十分には議論してはいない。エコロジズムの立場に立つドブソンは，既存の環境運動に厳しい評価を下している。しかし環境運動は，政治システムに取り込まれてきただけではなく，政治にも一定程度の影響を与えてきた。しかし本書では，後者についての考察が十分にはなされていない。今後いかなる形でエコロジズムが政治と関係を取り結ぶことができるかに関しては，さらなる考察が必要であろう（この点に関して，後にドブソンは，シティズンシッ

プ論を手掛かりにエコロジーと市民の政治的態度について考察している。『シチズンシップと環境』アンドリュー・ドブソン，福士正博・桑田学訳，日本経済評論社，2006年を参照）。

　第二の問題点は，ドブソンのエコロジズムが先進国（とくに西欧諸国）中心主義を必ずしも乗り越えていないことである。本書は「消費」の問題に多く言及しているが，「開発」にはほとんど言及していない。もちろん，先進国の人々が資源の多くを消費していることは大きな問題であるが，**「永続可能な開発」**が国際会議のテーマになるように，依然として「開発」の問題を抱えている国も少なくない。世界が一つの生産，消費，廃棄の過程を構成するグローバリゼーションの時代においては，先進国が消費を削減するだけでは，「開発」問題の解決は難しい。環境政党を生み出している国々にとっては直截に関心を喚起するであろうが，そうではない国，とくに「開発」に高い優先順位が置かれている途上国・地域においては，ドブソンのエコロジズムはどれほどアピールできるのだろうか。少なくとも「生産（開発）」と「消費」「廃棄」という三つの過程，ローカル，ナショナル，グローバルという三つのレベルを十分踏まえた産業社会批判がなければ，これらの国や地域の人々にはアピールすることはできないだろう。

❖エコロジズムの問いかけ

　幾つかの問題点にもかかわらず，ドブソンの議論は，これまで形成された「環境に優しい」政策のあり方を，根本的に問い直す貴重な視座を提供している。広く認められつつあるように，21世紀の環境政策は，かつての公害型のように汚染物質の排出を制限するという政策では十分でない。温暖化の問題においても，われわれのライフスタイルと大きく関係している。その意味では，われわれは被害者であると同時に加害者でもある。ライフスタイルを変えれば，われわれは免罪されるかもしれない。しかし，それで環境問題は解決するのか，そこに止まっていてよいのか。ノー・ネクタイを励行する「クール・ビズ」をもってよしとするのではなく，過剰な資源消費に依存しない永続可能な社会の実現を後押しすることこそ必要ではないか。エコロジズムの政治的な含意はそ

こにある。

　自由やデモクラシーといったテーマに比して,政治学がエコロジーについて議論するようになったのはごく最近,20世紀も終わりに近づいた頃であった。その意味では,本書のほかの著作に比べればまだ古典と呼べるものではないかもしれない。しかし,「環境に優しい社会とは何か」という政治学的問題を考える際,その必読書リストに『緑の政治思想』が入ることは疑いない。

❖用語解説

(1) **エコロジー的近代化**［ecological modernization］　エコロジー的近代化の論者は,①環境保護と経済成長は両立（非ゼロ・サム関係）しうる,②むしろ環境に配慮した産業革新が成長へ寄与する,③結果として,国家,環境NGOと企業は従来のような対立関係ではなく,「協調」関係を形成する,④グローバル市場の形成は「公害輸出」（環境基準の緩やかな国に汚染集約的な産業を移転すること）ではなく,環境基準の上昇をもたらす,といった点を主張している（『成功した環境政策――エコロジー的成長の条件』イェニッケ・ヴァイトナー編,長尾伸一・長岡延孝監訳,有斐閣,1998年を参照）。

(2) **永続（持続）可能な開発**［sustainable development］　1987年「ブルントラント委員会」の『われら共有の未来』（*Our Common Future*）によって知られるようになった言葉。「現在世代が,将来世代の要求を充足する能力を損なわない範囲内で,環境を利用すること」と定義されている。しかし,その定義をめぐっては論争が交わされている（『地球の未来を守るために』環境と開発に関する世界委員会編,環境庁国際環境問題研究会訳,福武書店,1987年を参照）。

❖より深く学ぶために

〈基本文献〉

『緑の政治思想――エコロジズムと社会変革の理論』A. ドブソン,松野弘監訳,ミネルヴァ書房,2001年

『シチズンシップと環境』アンドリュー・ドブソン,福士正博・桑田学訳,日本経済評論社,2006年

『正義と環境――環境的持続可能性の構想と社会正義の諸次元』アンドリュー・ドブソン,松野弘監訳,ミネルヴァ書房,近刊

Ⅳ　現代政治の諸問題

〈入門・解説書〉

『環境政治理論』丸山正次，風行社，2006年

『地球の政治学――環境をめぐる諸言説』J. S. ドライゼク，丸山正次訳，風行社，2007年

（渡邉智明）

IV-5

戦争と平和（War and Peace）

ウォルツァー
『正戦と非正戦』

Michael Walzer, *Just and Unjust Wars*（1977）

❖政治の対象としての戦争

　戦争は一般に政治と密接な関連を持つと考えられる場合が多い。実際，戦争は国家間の武力衝突として定義されるのが通常であり，選挙であれ社会保障であれ，われわれの政治との関わりにおいていまだに国家が果たしている役割の大きさを考えるならば，戦争と政治が一対のものとして理解されるのも不思議ではない。クラウゼヴィッツ（1780-1831）の提示した「戦争は政治におけるとは異なる手段をもってする政治の継続にほかならない」という有名な命題，さらにそれに続く「戦争は，政治的行為であるばかりでなく，政治の道具であり，彼我両国のあいだの政治的交渉の継続であり，政治におけるとは異なる手段を用いてこの政治的交渉を遂行する行為である」（『戦争論（上）』クラウゼヴィッツ，篠田英雄訳，岩波文庫，1968年，58頁）という説明は，戦争と政治の連続性を雄弁に物語っている。

　しかし他方では，戦争と政治を一定程度切り離して理解する見解も根強い。たとえば，ホッブズは「万人の万人にたいする戦争」である自然状態から脱却するために政治秩序を形成することを説いた。戦争状態としての自然状態という考え方は，主権国家が並立し，あらゆる方面から承認された上位の権力機構が存在しない国際関係において，現在でも十分な妥当性を持っている。ここでは，政治はむしろ戦争を回避したり抑止したりする手段と考えられることになる。また，20世紀後半に生じた核戦争の危険の中で，それがあまりにも多大な

Ⅳ　現代政治の諸問題

犠牲を強いるがゆえに，戦争そのものを完全に否定すべきであるという考え方も強く主張されるようになってきた。この考え方を前提とすれば，仮に政治と戦争に関連があるとしても，それは政治によって戦争を永久に起こさせないこと，戦争を廃絶することという否定的な関係でしかありえない。こうした平和主義の思想は『永遠平和のために』におけるカント（1724-1804）の議論などに遡ることもできるが，日本においてはとくに第二次世界大戦への反省を踏まえて活発に議論されてきた，という経緯を理解しておくことも重要である。

❖戦争観の変遷

　政治と戦争をめぐる上記の複雑な関係は，歴史的にさまざまな戦争観の変化をもたらしてきた。それを大きくまとめるならば，正戦論から無差別戦争論，さらに戦争の違法化と集団的安全保障へ，ということになるだろう。まず，侵略にたいする自衛など，一定の条件下でのみ戦争の正当性を認める正戦論は，その起源をたどるならばアウグスティヌスやトマス・アクィナスにまで遡る。しかし，神を基礎として正当化される聖戦とは区別される，世俗的な正戦論が唱えられるようになるのは，近代以降のことである。自然法に基づいて，戦争の正当原因を防衛，財産の回復，刑罰の三つと定めたグロティウス（1583-1645）の思想は，世俗的正戦論へと至る道筋にある。そこでは，特定の正当化されうる戦争が政治的な手段として容認される一方，正当な原因を持たない戦争は禁止され，回避されるべきものと考えられる。

　こうした正戦論は，主権国家間の平等を原則とする近代的な国際関係の成立の中で，18世紀以降になると次第に無差別戦争論に取って代わられることになった。無差別戦争論によれば，主権を有する各国家は自らの判断に基づいて戦争の開始を決定することができる。したがって，すべての国家にあまねく適用される戦争の正当原因は存在しない。すなわち，戦争においては正・不正の価値判断は不可能とされ，その結果，各国家は事実上自由に戦争を政治的な手段として用いることができると考えられるようになったのである。

　しかし第一次世界大戦以降，現代の戦争の非人間性が明らかになるにつれ，再び戦争を制限しようとする思潮が強くなってくる。国際連盟や国際連合とい

った国家間組織の形成により，国家間問題を戦争によって解決することを禁じ，ある国家の侵略行為には他の構成国が集団で安全と平和を保障するという集団安全保障の考え方が主流となった。戦争は原則として国際法上違法とされる。言い換えるならば，個々の国家が独自に戦争の正当性を判断するのではなく，国際法において合法と認められる戦争のみが正当とされる，いわば「新しい正戦」論が登場してきたのである。

❖道徳的議論と現実主義

　現代アメリカの代表的政治理論家の一人であるマイケル・ウォルツァー（1935-）が『正戦と非正戦』(1977)を著したのは，このように新たな形で正戦論が復活してきた20世紀後半のことであった。だが，ウォルツァーの意図は，現代の正戦論を基礎づけるべき国際法を実定的に明らかにするということにはない。同書執筆当時の世界は冷戦の直中にあり，アメリカでもまたヴェトナム戦争とそれにたいする反戦運動の記憶が生々しい時期であって，集団安全保障による平和という理想からはほど遠い状態にあった。ウォルツァー自身もヴェトナム反戦運動に関わっており，その中でヴェトナム市民がアメリカによる戦争遂行の犠牲になっているという現実を思い知らされる。『正戦と非正戦』は，こうした現実にたいし，単に現存する法規を解釈するだけではなく，人々の間で交わされる道徳的議論をもって立ち向かうことを試みる。

> **原典 1　道徳的議論としての正戦論**
>
> 　「私は，法律家ではない単なる市民としての人々が（そして時には兵士が）どのように戦争に関する議論を行うのかを明らかにし，またその際にわれわれが通常用いる諸々の用語を説明したいと思う。私が関心を持っているのは，まさに今，道徳的世界がどのように構成されているのかということである。出発点となる事実は，われわれが，確かに目的はしばしば異なっているとしても，お互いに理解可能な方法で実際に議論を行っているということである。そうでなければ，議論するということ自体に何の意味もなくなってしまうだろう。われわれ

> は自分たちの行動を正当化し，他の人々の行動について判定を下すのである」（*Just and Unjust Wars*, Michael Walzer, Basic Books, 2006, p. xxi）。

　もちろん，戦争をめぐる道徳的議論は容易ではない。「戦時において法は沈黙する」(Inter arma silent leges) と語る「現実主義」(realism) によれば，悲惨さが支配する戦時には，道徳的判断や法などに出る幕はない。生き残るために取られるあらゆる手段は，選択の余地のない必然とされ，一見非人間的に見える残虐行為も，じつは戦闘の重圧下で現れるむき出しの人間性に過ぎないとされる。だが，ウォルツァーは，少なくともわれわれが「議論を行っている」という事実が，道徳的議論が可能であることを示していると考える。兵士や政治家は戦争の中でしばしば「苦悩に満ちた決断」(agonizing decisions) を迫られるといわれるが (p. 15)，苦悩し考える余地があるということは，戦争が必然性だけに支配されているわけではないという証拠である。戦争が人間の直面する現実であることは確かだが，その現実は単に必然に支配された現実ではなく，人間の判断が介在する余地のある現実なのである。

❖ **道徳的現実**

　したがって，われわれが戦争の中で直面する現実は，道徳的判断の入り混じった独特の現実とされる。

> **原典② 戦争の道徳的現実**
> 「われわれの議論や判断は，何度も繰り返されるなかで，戦争の道徳的現実 (*the moral reality of war*) とでも呼ぶべきものを形作ることになる。それはすなわち，道徳的言語によって描写され，また道徳的言語がその中で用いられなければならないような，あらゆる経験のことである。／この点は重要なので強調しておくが，戦争の道徳的現実は，兵士の実際の行動によってではなく，人類の抱く諸々の見解によ

> って定められる。つまり，それは部分的には，あらゆる種類の哲学者や法律家，評論家たちの活動によって定められる。しかし，こうした人々も戦闘の経験と関係なく仕事をしているわけではない。これらの人々の見解が有意義であるのは，他の人々にとっても妥当に感じられるような形で戦闘の経験を提示してみせる場合のみである」(p. 15)。

ウォルツァーによれば，戦争の道徳的現実は二つの部分に分かれる。人々は戦争に関して道徳的判断を行う際に，第一に戦争を行う理由について，第二に戦争の中で用いられる手段について，正当か正当でないかを考察する。とくに中世以来，これら2種類の問題は，**「戦争への正義／開戦法規」**（jus ad bellum）と**「戦争における正義／交戦法規」**（jus in bello）として，それぞれ議論が積み重ねられてきた。

「戦争への正義」は，どのような場合に戦争を行うことが正当化されるかという問題を扱う。ウォルツァーはとくに侵略と抵抗をめぐる論点を軸として議論を進めていくが，その過程で，主権国家を中心とした侵略に関する理論の整理や宥和政策の有効性（第5章），侵略が予期される場合の対応（第6章），人道的介入のみならず分離独立や内戦までも視野に入れた介入の問題（第7章），戦争の終結条件に現れる戦争目的の限定性（第8章）などが検討される。

これにたいして「戦争における正義」は戦時にどのような行為が正当化されるかという問題に関係する。『正戦と非正戦』の中では，侵略国と被侵略国いずれの兵士も等しく戦争法規に服するという前提のもとで，非戦闘員の攻撃対象からの除外（immunity）（第9章），包囲戦や海上封鎖が行われた際の非戦闘員への対処（第10章），ゲリラ戦（第11章），テロリズム（第12章），報復（第13章）などの事例が扱われている。

「戦争への正義」と「戦争における正義」は，各々が困難な問題を内部に抱え込んでおり，それ自体として検討に値する重大な問題である。実際，「戦争への正義」の中ではナチスに対するミュンヘン宥和政策や中東六日間戦争における先制攻撃の問題，アメリカによるヴェトナムへの介入や日本にたいする第二次世界大戦後の無条件降伏要求の妥当性など，現代史の重要な局面が次々と検

討され，「戦争における正義」についても IRA などを題材にしたテロリズムの分析が試みられるなど，ケース・スタディを取り入れながら現在のわれわれにとっても示唆に富む議論が展開されている。

❖戦争のジレンマ

しかし，『正戦と非正戦』の最も大きなテーマは，この「戦争への正義」と「戦争における正義」の関係をどのように把握するかにあった。つまり，仮にある戦争が正当化されるとするならば，その正戦には勝利しなければならない。さもなければ，不正な戦争を仕掛けた側が利益を得ることになってしまう。とはいえ，不正な相手方が手段においても不正な戦闘行為を行った場合，正戦を標榜する側が同じように不正な手段を用いて対抗することが許されるのであろうか。ウォルツァーはこの問題を「われわれの戦争概念の根源的な二重性」（the fundamental dualism of our conception of war）あるいは「勝つことと適切に戦うこととのジレンマ」（the dilemma of winning and fighting well）と表現している。

> **原典 3　正義から生まれる戦争のジレンマ**
>
> 「戦い抜くのか，それとも全く戦わないのか。この種の議論はしばしば典型的にアメリカ的な考え方だといわれるが，しかし実際には戦争の歴史において普遍的に見られるものである。兵士が実際に戦闘に従事したが最後，とくに正しい戦争あるいは正戦に従事しているのであればなおのこと，常に戦争法規にたいしてその各条項の侵害を促すような圧力がかかってくる。そして，交戦当事者自身がそれと認めようとするよりも頻繁に——このこと自体も興味深いことだが——戦争法規の侵害がなされている。戦争法規は，単に軍事的必要のためだけに破られるのではない。そのような議論は，戦争が行われている理由に言及することのないまま，過度な正当化をしてしまっている。戦争法規は，戦争の大義のために破られるのだ。何らかの形で正義を唱える議論が引き合いに出されることによって，法規の侵害は擁護されるのである」（p. 227）。

このジレンマにたいしては，戦争がどの程度正しいかに応じて利用可能な手段の範囲も拡大すると論じる「伸縮論」(the sliding-scale argument) のような対応もありうる。だがウォルツァーは，それでは極端な場合には用いる手段の制限がまったくなくなってしまい，戦争法規が無意味化する危険があると批判する。代わって『正戦と非正戦』の中で支持されるのは，戦争法規の侵犯を伸縮論よりも厳格に制限する立場である。

> **原典 4　ジレンマの解決法**
>
> 「戦争法と侵略に関する理論の間，すなわち戦争における正義と戦争への正義の間にある緊張に対処するには，四つの異なる方法がありうる。
> 1) 戦争法規は，功利主義的な議論の圧力によって，単に無視される。（「愚かな倫理」とのあざけりを受ける。）
> 2) 戦争法規は，戦争の大義が有する道徳的な緊急性に，少しずつ譲歩していく。すなわち，正しき者の権利は強化され，敵方の権利はおとしめられる。
> 3) 結果がどうあれ，戦争法規は遵守され，権利は厳格に尊重される。
> 4) 戦争法規は無効とされるが，それは切迫した破局の危険に直面した場合のみである。
>
> この中で第二と第四の選択肢が最も興味深く，最も重要である。というのは，権利というものについてある程度の理解を持つ道徳的に真摯な人々が，それにもかかわらずいかにして戦争法を侵害し，残虐さを増して専制的な力を拡大するようになるのかを説明しているからである。私としては，第四の選択肢が適切な議論であるように思われる。この選択肢は，二種類の正義を十分に考慮し，それぞれの有する力を最もよく認識している」(pp. 231-232)。

❖極度の緊急事態

　とはいえ，引用に見られる「切迫した破局の危険」とはいかなる場合を指すのだろうか。もし誰もが自分の判断で切迫した事態を定義できるとすれば，ウ

IV 現代政治の諸問題

ォルツァーの立場も結局は伸縮論と変わりないものになってしまう。この問題が論じられるのは，「極度の緊急事態」(supreme emergency) を検討する部分である（第16章）。極度の緊急事態は，第一に危険がどれだけ切迫しているか，第二にその危険がどれほど深刻か，という二つの基準により定義される。両条件が満たされる場合のみが，極度の緊急事態とされるのである。

同書の中で取り上げられている例を少しだけ見ておこう。第二次世界大戦時，連合国側が不利な戦いを強いられるなかで，イギリスはドイツ諸都市への空爆を実行したが，この空爆によって非戦闘員の市民を含む多数の人命が失われた。ウォルツァーによれば，この爆撃はナチス・ドイツによる政治の非人道性という点から考えても（危険の深刻さ），空爆なしにはヨーロッパ諸国を防衛する術がないほど戦況が悪化していたという点から考えても（危険の切迫度），極度の緊急事態に当てはまる例だとされる。他方，連合国側が危機を脱したと考えられる時期にも空爆が続行された点については，勝利を得ること自体よりも勝利を早め被害を少なくするという考慮が働いていたとして，この程度の理由では極度の緊急事態とは呼ぶことができないとの批判がなされる。また同様に，広島への原爆投下についても，日本は平和や自由にたいしてナチス・ドイツほどの脅威となっていたとはいえず，単に勝利を早めて無条件降伏を促す必要があるというだけでは投下は認められないとの主張が展開される。

個々の事例については「困難な判断」(hard judgments) が要請されるものであり，当然ながら異なる見解もあるだろう。だが賛否いずれの立場を取るにせよ，こうした個別事例の扱いの中に，「われわれが有する道徳的抑制の感覚」が弛緩することを防ごうとするウォルツァーの粘り強い努力が示されている。

❖ 政治における責任

ウォルツァーの主張するように，戦争に関して必然性のみが支配するのではなく人間の道徳的判断が介在する余地があるのであれば，その判断の責任が問われなければならない。侵略は，政治リーダーの決定により開始される。したがって，指導者層が責任を免れないのは当然である。では，市民の責任はどうか。「民主主義は責任を分配する方法である」ということを考えるならば，大

規模な主権国家において市民が政治的決定に関わることが難しいとしても，たとえば戦争反対派による正確な情報の提供や分析を通じて，市民が考えを深めることはできる（第18章）。また戦場の兵士にしても，非道な上官の命令にたいして，命令実行の遅滞などさまざまな形で不服従を貫くという選択肢がありうる（第19章）。リーダーであれ，市民であれ，兵士であれ，それぞれの場で何らかの責任を持ち，戦争の激化を防止することが可能だとされるのである。

　そして，責任の問題は正戦論を超えて政治一般に関連する問題でもあるとウォルツァーは述べる。戦争のジレンマは，目的のためには手段を選ばずということが許されるかどうかという「政治倫理の中心的な争点」の軍事的な変種に過ぎない（pp. xxiv-xxv）。したがって，もし正戦論の中で責任の問題に一定の解決が見られるのであれば，その解決はより広く政治一般についても適用可能なものとなる。確かに，戦時ならずとも政治には困難な判断が求められる場合が多い。その際に，極端に走ることなくあらゆる可能性を探りながら必要な場合には決定の責任を引き受けなければならないという課題，この苦悩に満ちた容易ならざる挑戦を，正戦論はわれわれに突きつけているのである。

❖ 正戦論の現在

　すでに述べたように，『正戦と非正戦』は具体的にはヴェトナム戦争とそれにたいする反戦運動を背景として執筆された作品である。そして，政治と戦争，政治と道徳をめぐる同書の問題設定および議論の有効射程は，今もって減じられていない。しかし，冷戦後に頻発する民族紛争，旧ユーゴスラビア地域を筆頭に続発した人道的介入をめぐる諸問題，2001年9月11日の同時多発テロ等，同書執筆後に生じたさまざまな危機は，正戦論をめぐる議論の状況を大きく変化させている。一方では，人権の擁護を軸に正戦の必要性を主張する潮流がある。しかし他方では，正戦論の濫用に対する批判も後を絶たない。とくに，対テロ戦争の一環として実行されたアメリカ合衆国によるイラクへの軍事介入は，介入理由として挙げられた大量破壊兵器が発見されないこと，公式の戦闘終結宣言後も武装蜂起が絶えないこと，またアブグレイブ刑務所での収容者虐待問題もあって，激しい議論を巻き起こしている。

Ⅳ 現代政治の諸問題

　この間，ウォルツァーも，『われわれは何のために戦っているのか』（*What We're Fighting For*）という知識人の共同文書の署名に名を連ね，対テロ戦争を擁護する立場を取ってきた（ただし，対イラク戦争には反対している）。こうした文脈においては，『正戦と非正戦』もまた，実質的に**ネオコン**など保守派の主張に近いものとして受け取られる場合がある。実際，同書の中で繰り返し表明される国家や共同体への依拠という姿勢は，グローバルな経済や国際的テロリズムに象徴される国境の融解という状況の中で，旧態依然とした戦争の擁護論につながりかねない。しかし，正戦論が少なくとも潜在的には戦争抑止を目的とした議論でありうるということも事実である。正戦論が正戦を積極的に推奨し，平和主義を侵食する方向に働くものなのか，それとも正戦以外の戦争を可能な限り抑制し，現実主義に歯止めをかける方向に働くものなのか。別の論文中のものではあるが，この点に関するウォルツァー自身の言明を最後に引用して，結論の代用とすることにしたい。

> **原典 5　正戦論の両義性**
>
> 　「重要なのは，擁護するにしても批判するにしても，そのどちらかに拘泥しないことである。事実，正戦論は，擁護と批判の双方に同時に関わり続けるようわれわれに要請している。この意味で，正しい戦争という表現は良い統治という表現に似ている。形容詞と名詞の間に深刻で永続的な緊張があるが，かといって必然的に矛盾するというのでもない。改革者が権力を握り統治のあり方を改善する（たとえば腐敗の減少など）時には，われわれはその改善を認めることができなければならない。逆に権力にあまりにも長くしがみつき，前任者を真似るような時には，その行動を批判する準備ができていなければならない。正戦論は，特定の戦争について弁解するものではないが，かといって戦争自体の廃棄を唱えるものでもない。不断の検討と内在的な批判を続けるために企図されたものなのである」（*Arguing about War*, Michael Walzer, Yale University Press, 2004, p. 22）。

用語解説

(1) **戦争への正義／開戦法規［jus ad bellum］と戦争における正義／交戦法規［jus in bello］** 戦争が正当化されるための条件を規定する「戦争への正義」では、①正当な理由としての侵略の抑止、②正しい権威による開戦の決定、③侵略とそれにたいして戦争という手段を用いることとの間の比例性、④戦争が他の手段を尽くした後の最終手段であること、⑤成功の見通し、⑥平和の再建という正しい目的、という六つの条件が挙げられるのが通例である。また、戦時における行動基準を定める「戦争における正義」では、一般に、①攻撃手段と戦争目的との比例性、②戦闘員と非戦闘員の間の区別、という二つの争点が問題とされる。

(2) **ネオコン［neoconservative/neoconservatism］** 新保守主義あるいは新保守主義を支持する者。フランシス・フクヤマによれば、新保守主義は1940年代に端を発し、①民主主義・人権、さらに広く各国の国内政策の重視、②道徳的目標達成のためのアメリカの力の使用、③国際法や国際組織への懐疑、④社会工学（social engineering）が予期せざる結果をもたらすという見解、によって特徴づけられる。ブッシュ政権下ではイラクの体制変更（regime change）や国連・多国間協調を軽視する一国主義外交（unilateralism）などの主張を通して、対テロ戦争を強硬に推し進める役割を果たしたとされる（『アメリカの終わり』フランシス・フクヤマ、会田弘継訳、講談社、2006年）。

より深く学ぶために

〈基本文献〉

Just and Unjust Wars: A Moral Argument with Historical Illustrations, Michael Walzer, Basic Books, 1977 (First Edition), 2006 (Fourth Edition)

Arguing about War, Michael Walzer, Yale University Press, 2004

〈入門・解説書〉

『「正しい戦争」という思想』山内進編、勁草書房、2006年

『人道的介入——正義の武力行使はあるか』最上敏樹、岩波新書、2001年

『境界線の政治学』杉田敦、岩波書店、2005年

「マイケル・ウォルツァーと正戦論という問題」有賀誠、『現代の国際安全保障』（安全保障学のフロンティア　21世紀の国際関係と公共政策Ⅰ）村井友秀・真山全編著、明石書店、2007年、14-32頁

（早川　誠）

IV-6
市民教育
(Citizenship Education)

『クリック・レポート』

Qualification and Curriculum Authority (England), *Education for Citizenship and the Teaching of Democracy in Schools: Final Report of the Advisory Group on Citizenship* (1998)

❖政治学と市民教育

われわれの住む民主主義の国では，政治家や官僚といった一部の者だけでなく，すべての有権者が政治の主体となっている。それゆえ，良い政治が行われるためにわれわれ市民はいかにあるべきなのか，また，そうした望ましい市民を生み出すにはどうすればよいのかといった問題が，政治学にとって重要な課題となっている。この問題意識から出発して実際の教育政策を作り上げたのが，ここで取り上げる英国（イングランド）の『クリック・レポート』である。

❖『クリック・レポート』の政治的背景

『クリック・レポート』（正式名称『学校におけるシティズンシップのための教育と民主主義の教育』）は，英国の教育雇用省に設置されたシティズンシップに関する諮問委員会（The Advisory Group on Citizenship）が，1998年に発表した市民教育に関する最終報告書である。諮問委員会の議長として報告書の取りまとめに尽力したのがバーナード・クリック（1929-2008）であったことから，一般には『クリック・レポート』（*The Crick Report*）の通称で呼ばれている。

先進国のご多分にもれず，英国でも若者の政治離れや政治的無関心が大きな社会問題となっていた。そのためすでに1960年代には，政治教育を普及させるための民間運動が興っており，一部の学校ではそれが取り入れられていた。それにもかかわらず，東西冷戦下の激しいイデオロギー対立から，教員が特定の

思想を子どもに押しつけるいわゆる**教化**への危惧が根強く，多くの学校では依然として政治に直接関わる教育を避ける傾向が強かった。

　1997年に教育改革を柱に首相の座に就いた労働党のトニー・ブレアは，自由市場でも福祉国家でもない「第三の道」を基本方針に掲げ，保守党時代の極端な新自由主義政策の巻き戻しを図った。ここに教育は，市場経済を基調としつつも社会改良を行う有効な手立てとして脚光を浴びることとなった。同年の教育白書において教育雇用大臣デイビット・ブランケットは，それまで非公式の「科目横断的テーマ」として扱われてきた市民教育の強化を約束して，その議論の取りまとめをクリックに依頼した。

❖実践する政治理論家バーナード・クリック

　バーナード・クリックは，1929年生まれのイギリスの政治学者である。ロンドン大学ユニバーシティー・カレッジを卒業後，大学院は同じロンドン大学の政治経済学院（LSE）に移り，社会主義者のハロルド・ラスキ（1893-1950）や保守主義者のマイケル・オークショット（1901-1990）らの指導のもとに博士号を取得した。その後，ハーバード大学の教員を皮切りに，LSE講師を経て，シェフィールド大学の初代政治学教授に迎えられた。ブランケットは，このシェフィールド大学時代の教え子であった。

　クリックの専門は政治理論や政治史であるが，その活動は象牙の塔の内に留まらない。「民主社会主義者」を自称するクリックは，頻繁に労働党へ政策の助言をしており，1988年にはブランケットと連名で『労働党の目標と価値』(*The Labour Party's Aims and Values*) と題する非公式文書を発表している。また，ロンドン大学で社会人教育に力を入れるバークベック・カレッジに政治社会学部を創設し，晩年は同カレッジ名誉教授の職位にあった。さらに，イギリス人文主義者協会（British Humanist Association）の副会長にも名を連ね，神や超自然的なものよりも人間理性に信頼をおく考えの普及に努めていた。「政治教育」に関しても，クリックは1960年代から一貫して普及運動の中心を担っており，政治を教える学校教員向けの政治学協会（Politics Association）やシティズンシップ教育協会（Association for Citizenship Teaching）の初代会長を歴任している。

Ⅳ　現代政治の諸問題

2002年に授与された下級勲等士（Knights Bachelor）の爵位も，「学校におけるシティズンシップと政治学研究への功績」の双方が認められたものである。このようにクリックは，自らの政治理論を社会や学校教育の現場で常に「実地試験」にかけ続けてきた研究者であった。

❖クリックの「政治」観

　政治理論家としてのクリックを有名にしたのは，その著書『政治の弁証』（1962）で展開する独特の政治観である。「政治」とは何かをめぐる伝統的な議論は，それが国家にのみ関わるものなのか，それとも広く公共の事柄に関するものなのかという点，つまり政治という概念の適用範囲を争点としていた。これにたいしてクリックは，政治を相互承認のルールに基づく利害対立や紛争の調停・和解として定義する。この定義は，神なきわれわれの社会において人々の利害や価値観が多元的であるという事実認識を前提としているばかりでなく，利害対立は強制や暴力よりも妥協や調停で平和に解決する方が望ましいという道徳判断をも含んでいる。このように，「政治」を定義するにあたって適用範囲の問題に加え規範の要素も盛り込んだ点がクリックの特徴となっている。

　この定義から，クリックにしてみれば，単一の原理を押しつける独裁や全体主義はそもそも「政治」の範囲外であるし，戦争や暴力は「政治」と呼ぶに値しないことになる。さらに民主主義ですら，多数派の専制に陥ってしまう場合には，相互承認という理念に反した好ましくないもの，すなわちクリックのいう意味での「政治」ではないもの，になってしまうと指摘する。クリックにとっての「政治」はどこまでも，人々が利害をすり合わせるように討論や交渉を行わなければ成り立たない活動として規定されているのである。

　クリックのこの「政治」観にたいしては，定義に規範を混入させている点や，西欧の自由民主主義国のみを模範としている点などに批判があるものの，この独特の政治理解が以下に紹介するように『クリック・レポート』にも見え隠れしている（たとえば3.21）。

6　市民教育

❖『クリック・レポート』の構成

『クリック・レポート』は，3部11節の本文と三つの参考資料から構成されている。第1部では，報告書の結論を簡潔にまとめた序文に続き，シティズンシップの意味（第2節），市民教育を必修とすべき論拠とその教育目標（第3節）が論じられている。第2部では，具体的にどのような形で市民教育を実施すべきかについて，政府への提案内容がこと細かに述べられている。第3部は，第6節で市民教育の教育目標について，また第7～10節でそれ以外のとくに意見の分かれた論点について諮問委員会の見解を明らかにし，大法官の発言を引用した第11節の最終言で締め括っている。

❖「シティズンシップ」とは何か？

『クリック・レポート』は，まず**シティズンシップ**の意味を歴史順に三つに分けて説明する。その第一は，古代ギリシア・ローマに範を取った公民的共和主義の市民像である。この市民像では，市民として正式な権限を与えられるのと引き換えに，公的な活動に参加する責任が課される。第二は，近代国民国家の自由主義を模範とする市民像である。ここでの市民は，国家から法によって保護される代わりに，国家の定めた法には従わなければならないとされる。第三は，戦後の福祉国家の市民をモデルとしたものである。この市民は，T. H. マーシャル（1893-1981）が類型化した市民的権利（人身・言論・財産などに関する自由権），政治的権利（参政権），社会的権利（福祉・教育・労働に関する権利）という3種類の権利を持つと同時に，他者の持つそれらの権利を守る義務を負う。

『クリック・レポート』は，「「活動的シティズンシップ」（active citizenship）が，徹頭徹尾，われわれの目標である」（5.3.1）と高らかに宣言することによって，クリック自身が他所で明言するように，古代の市民像に類した公民的共和主義の市民像を強く意識している。

Ⅳ　現代政治の諸問題

> **原典 1　活動的シティズンシップ**
>
> 「われわれの目標は次のとおりである。国・地方の双方で，この国の政治文化までをも変えること。人々が自らを活動的な市民と考えること，つまり，公的生活に影響を与える意志と能力と素養とを持ち，発言や行動の前に証拠を吟味する批判的能力を持つこと。共同体参画や公的活動に関するこれまでの伝統の中で最善のものを基礎とし，それが若者にも徹底的に拡大されること。自分たち自身の参加や行動について新しいあり方を見つけられるよう一人ひとりに自信を持たせること」(1.5)。

　クリックは，ここで「良き市民」と「活動的な市民」とを明確に区別している。それは，為政者の定めた法にただ従順であるだけの「受動的な市民」であっても国家から見れば「良き市民」といえてしまうからである。しかし，クリックの定義からして「政治」に求められるのは，必要とあらば自らの力で法を変革し，悪しき法改正には言論の力で断固として立ち向かうような「活動的な市民」である。クリックの立場からは，そうした市民こそまさに調停や和解による利害の調整という「政治」の活動にたずさわる存在である。

❖市民教育の目標

> **原典 2　市民教育の目標**
>
> 「市民教育は，シティズンシップのための教育でなければならない。たとえそれが技能や価値観を発達させ一定の知識を学ぶものだとしても，市民教育それ自体が最終目的ではない。そうした知識は，各段階で教育・評価される他のどの教科とも同じく，面白く，知性を要求され，役に立つものである。政治と市民生活についての研究は，制度・概念の双方に関して，アリストテレスに始まって，それ以来続くものであり，今日の大学で大いに発展しているものである」(1.7)。

　『クリック・レポート』における市民教育は，クリックの定義する「政治」に

必要な「活動的シティズンシップ」の涵養を目標としたものとなっている。その提案する市民教育の中身は，次の三つの柱から成る（2.10～2.12, 6.7）。第一の柱は，社会的・道徳的責任である。子どもが自ら自信を持つと同時に，学校の内外で権威や他者にたいして社会的・道徳的に責任ある行動を取れるようになることを意味する。第二の柱は，共同体参画である。所属する地域や社会について学ぶだけではなく，ボランティア活動や地域社会での活動への参加を含め，共同体での生活やその抱える問題に役に立つ形で関わることを指している。第三の柱は，**政治的リテラシー**と呼ばれる。これは，単に政治に関する知識を得るだけでなく，公的生活について学び，また，社会で効果的に活動するのに必要な知識・技能・価値観を身につけることである。ここでの公的生活には，国の政治や国際問題はもちろん，就職や納税を含め紛争解決や意思決定の必要なあらゆる場面が含まれる。

　『クリック・レポート』が市民教育の目標をこれほどまで広く設定したのは，「参加民主主義の本質と実践」に深く関係している（4.4, 6.6）。参加民主主義とは，一般有権者の積極的な参加により政治を活性化しようという考えで，この考えでは職場や地域などさまざまなレベルの集団的意思決定への参加を「民主主義の学校」として評価することが多い。社会のさまざまな集団への関与を重視するにあたって，参加民主主義が民主主義という制度の側から見たものであるのにたいして，活動的シティズンシップはその制度を支える市民の側に着目したものにほかならない。つまり，参加民主主義と活動的シティズンシップとは，互いにコインの裏表の関係にあり，どちらも広義の公的生活を意識したものとなっている。なお，こうした広義の市民教育が採用された現実政治上の背景としては，従来の「政治教育」だけでは狭すぎ，ボランティア活動への参加も不可欠だと考えたブランケット自身の意図や，破綻した福祉国家の建て直しや若者の非行・犯罪対策という政策上の理由などがあったといわれる（2.5）。

　では，具体的な教育内容の例として，『クリック・レポート』が法や正義をどのように教えるべきだと提案しているかを見てみよう。

Ⅳ　現代政治の諸問題

> **原典 3　法と正義に関する教育**
>
> 「法の支配に対する敬意は、いかなる種類の社会秩序にとっても必要条件であり、また、教育にとっても必要不可欠な要素である。しかしながら、議会制民主主義における教育は、将来の市民が法律と正義とを区別できるよう支援しなければならない。そうした区別は、古代アテネにおいて政治思想の最初歩とされていた。市民は、法律を平和にかつ責任感を持って変えるのに必要な政治的技能を備えなければならないのである」(2.4)。

　ここで守るべきとされているのは、「法の支配」や「正義」という一般原則であり、現に効力を持っている法律（実定法）は、必要に応じて適切な手段で改変すべきものとされている。言い換えれば、民主主義社会において実定法という意味での法律は、市民が「守る」だけでなく、自らの手で「作る」ものだという考えが前面に打ち出されている。

❖義務教育という手段の正当性

　ところで、クリックの考える「政治」に活動的シティズンシップが不可欠だとしても、それを学校での義務教育によって実現しようとするのはなぜか。

> **原典 4　共通のシティズンシップ**
>
> 「われわれが定義する広義のシティズンシップと民主主義の教育は、学校にも国民の生活にも大変重要であり、すべての生徒の権利の一つとして確保されるよう法律で学校に義務づけなければならないと、われわれは国務大臣に対して満場一致で進言する。各地の取り組みには時間数・内容・方法に大きな格差があり、もはや、愚かにも各地の不統一な取り組みに委ねることはできない。共通のシティズンシップという考えには民主主義の観点から種々の価値があるが、その共通のシティズンシップという考えに息吹を与える基盤として、この状態は不適切である」(1.1)。

この共通のシティズンシップという理念は，英国を含め利害や価値観の多様化した国々にとって確かに魅力的に映る。というのもこの理念は，人々の考えが異なっていても，それでもなおすべての市民に何らかの共通した資質を求めるものだからである。たとえば，公正な選挙が成り立つためには，たとえどの候補者・政党に投票するかで意見が分かれていても，社会の大多数の市民が公正な選挙のルールそれ自体は受け入れていなければならない。

このように市民教育が必要であると認めたとしても，いまだ市民教育へ反対があるとしたら，その理由の筆頭は政治教育の場合と同じく教化への警戒心からであろう。『クリック・レポート』は，教化にたいして以下のような対応策を提言している。

> **原典 5　意見の分かれる問題の取り扱い**
>
> 「教育において，成人の生活における厳しい論争からわが国の子どもを隔離しようとすべきでなく，そうした論争を知的に，賢明に，寛容に，道徳的に扱えるよう子どもを訓練すべきである。もちろん，教育者が教化しようとすることは決して許されない。しかし，完全に偏りをなくすことはいかんせん不可能であり，人権に関する事柄のように問題によっては望ましくもない。教員は，意見の分かれる問題を扱う際に，偏りをいかに認識するか，提示された証拠をいかに評価するか，別の解釈・見方・情報源をいかに見つけ出すかを生徒に教えるという方針を採るべきである。とりわけ，生徒がどのような発言や行動をしても，もっともな道理を説明したり，他の生徒がもっともな道理を説明することを期待したりすべきである」(10.1)。

政治において利害対立が避けられない以上，教化の危険性をゼロにすることはできない。それどころか，教化を怖れるあまり市民教育で価値観に踏み込まないならば，好ましい教育が行えない場合すらある。そこで報告書は，教授法，教員訓練・教員養成のあり方，教育法による禁止と苦情申し立て制度という3段階の安全網を設けることで対策を講じるよう政府に提案している (1.9)。

Ⅳ　現代政治の諸問題

❖ 『クリック・レポート』の意義と限界

　『クリック・レポート』の提案の骨子は，英国国内でおおむね好意的に受け入れられた。その結果，市民教育は2002年よりイングランドとウェールズで中等学校（12〜16歳）の新たな必修科目に採用された。この報告書が英国社会に与えた影響は大きく，現在では学校教育に留まらず，都市計画や社会福祉の分野でも「活動的シティズンシップ」の考えが用いられ始めている。また，その後，内務大臣となったブランケットが再びクリックに依頼して，英国への移住希望者に課す「シティズンシップ試験」なるものも導入された（*The Life in the UK: A Journey to Citizenship*, Home Office, London: The Statutory Office Books, 2004）。

　政治学の観点から見ても，『クリック・レポート』は，現代において実現にこぎつけた公民的共和主義の市民教育論として貴重な意義を持つ。20世紀後半を席巻した極端な自由主義や福祉国家論において変革すべきとされていたのは，市民の側ではなく社会制度の側であった。しかし，市民を観客や消費者のような受動的存在としてのみ捉える政治のあり方が，各国で行き詰まりを見せるようになったことから，近年では市民の資質や行動が改めて問われるようになっている。「活動的シティズンシップ」という理念は，この問題状況に対して，古典古代以来の伝統的な公民的共和主義の政治哲学，戦後の参加民主主義論，最近の新自由主義批判や共同体論などに示唆を得て現実の政策立案者から編み出された，一つの処方箋である。

　他方，『クリック・レポート』には幾つかの難点も含まれる。一つは，人権・排外主義・家族問題など数多くの重要な社会問題が提案の中身からこぼれ落ちている点である。これに関してクリックは後に，明示的に排除していないもの以外はすべて教授可能であると弁明している。さらにより根本的には，報告書のような公民的共和主義の市民教育が本当に好ましいものなのかという問題がある。古代のギリシアやローマの市民が政治や公共の事柄に専念できたのは，家事や生産労働に従事する女性や奴隷の存在があったお陰かもしれない。そうでなくとも，政治活動にばかり忙殺される人生など万人が幸福に感じるもので

はないかもしれない。

❖ 『クリック・レポート』のもう一つの含意——政治学の映し鏡としての市民教育

　クリックがこの報告書を通じて伝えようとしたメッセージには，政治学のあり方という点でも興味深い点がある。政治学は古代より，いかに統治すべきかを為政者に助言するという役割を担ってきた。ならば，われわれにとって市民教育は，「民主主義社会における帝王学」と呼ぶにふさわしいものである。クリックはかねてより政治学を学ぶ意義として，「この世での生活を改善するのに非常に有効な事柄を学ぶこと」を挙げていた（『現代政治学入門』バーナード・クリック，添谷育志・金田耕一訳，講談社学術文庫，2003年，13頁）。

　もし政治学が社会を良くするための「実践の学」であるなら，市民教育で何を教えるかを問うことはまさしく民主主義社会における政治学とは何かを問うことでもある。『クリック・レポート』の底流に，一つの「政治」観が流れていたゆえんである。

❖ 用語解説

(1) **教化[indoctrination]**　思想・宗教・イデオロギーなど特定の考えを他者に押しつけること。市民教育においては，学校の教員が生徒に特定の党派的イデオロギーを強要して，教育の客観性・中立性・公平性を侵してしまう危険性がしばしば指摘される。

(2) **シティズンシップ[citizenship]**　市民として備えているもの（事実），あるいは備えるべきもの（規範）。古代ギリシアの都市国家における，正式な成員としての資格に由来する。広義では，市民的・政治的・社会経済的権利と，それらに裏打ちされた義務・責任，アイデンティティ，共同体への参加などの要素を含めることが多い。この意味では，国籍・市民権・公民権などの概念と重なる部分がある。市民教育では，より狭義に，市民として身につけるべき知識・技能・価値観など，教育によって涵養できるものを指す。

(3) **政治的リテラシー[political literacy]**　政治に参加するにあたって必要な知識・技能・価値観などのこと。読み書き能力を意味する「リテラシー」が社会生活を営むうえですべての人に欠かせないのと同様に，政治的リテラシーは政治に参加するすべての人に不可欠のいわば「政治の読み書き能力」にあたる。

Ⅳ　現代政治の諸問題

❖より深く学ぶために

〈基本文献〉

「クリック・レポート」バーナード・クリック,『社会を変える教育 Citizen Ship Education』長沼豊・大久保正弘編著,鈴木崇弘・由井一成訳,キーステージ 21,2012 年。また,英語原文が次のインターネットサイトからダウンロード可能である。
http://www.qca.org.uk/

『デモクラシー』バーナード・クリック,添谷育志・金田耕一訳,岩波書店,2004 年

『現代政治学入門』バーナード・クリック,添谷育志・金田耕一訳,講談社学術文庫,2003 年

『政治の弁証』バーナード・クリック,前田康博訳,岩波書店,1969 年

『シティズンシップ教育論──政治哲学と市民』バーナード・クリック,関口正司監訳,法政大学出版局,2011 年

〈入門・解説書〉

『グローバル時代のシティズンシップ──新しい社会理論の地平』ジェラード・デランティ,佐藤康行訳,日本経済評論社,2004 年

『市民権とは何か』デレック・ヒーター,田中俊郎・関根政美訳,岩波書店,2002 年

『シティズンシップの教育思想』小玉重夫,白澤社,2003 年

『シティズンシップと社会的階級──近現代を総括するマニフェスト』T. H. マーシャル／トム・ボットモア,岩崎信彦・中村健吾訳,法律文化社,1993 年

（蓮見二郎）

V

政治の省察
――政治を根本的に問い直すために――

1	国制	〰	アリストテレス 『政治学』 モンテスキュー 『法の精神』
2	宗教	〰	アウグスティヌス 『神の国』
3	統治	〰	マキァヴェッリ 『君主論』
4	人間	〰	モンテーニュ 『エセー』
5	歴史	〰	ヒューム 『道徳政治文芸論集』 バーク 『フランス革命の省察』
6	文明	〰	福沢諭吉 『文明論之概略』

第Ⅴ部では，現代の自由民主主義が所与の前提としている価値や制度，あるいは政治という営為の意義を根本から問い直すポテンシャルを秘めた古典を取り上げる。アリストテレス『政治学』やモンテスキュー『法の精神』からは，民主制や共和制を相対化し，現実の国制や制度を複眼的に理解する態度を学ぶことができる（Ⅴ-1）。また，現世の国家とは異なる「神の国」を構想したアウグスティヌス『神の国』は，宗教の役割や人間の自由意志，そして政治秩序の意味についての深い内省を導く（Ⅴ-2）。逆に，透徹したリアリズムに貫かれたマキァヴェッリ『君主論』は，祖国存亡の危機を克服するために，力量ある君主による統治の思慮や技術を鮮やかに描き出した（Ⅴ-3）。他方で，凄惨な宗教戦争の中で人間性を追究したモンテーニュ『エセー』は，「善き生」の観点から，良心や習慣に基づく日常の秩序として，人間と政治のあり方を問いかける（Ⅴ-4）。ヒューム『道徳政治文芸論集』とバーク『フランス革命の省察』は，政治における歴史や過去の重みだけでなく，歴史解釈や進歩の意味，そして政治学の由来を省察する手がかりを与えてくれる（Ⅴ-5）。最後に，西洋の衝撃に際して「一身二生」の経験をした福沢諭吉の『文明論之概略』からは，「文明の精神」を学び，異質な文明との衝突を回避するための智恵を導き出すことができる（Ⅴ-6）。

V-1
国制
(Polity/Constitution)

アリストテレス
『政治学』
Aristoteles, *Politica*

モンテスキュー
『法の精神』
Montesquieu, *De L'Esprit des Lois* (1748)

❖ 政治と制度

　政治（学）において，作為や決断の契機を無視することはできない。不合理な旧弊を打破し，将来を見据えて望ましい改革をする際には，とくにそうであろう。しかし人間は全能ではなく，作為や決断にも不合理はつきまとう。旧弊を打倒すればすべてが解決する訳ではないし，あらゆる形式を否定して人間が自由にやれる訳でもない。また自由に選択しているかに見える人間の活動も，結局はそれが繰り返されることによって，望ましい形式として法や制度を生み出していき，人々の生活を習慣づけ，社会や政治に安定性や予見可能性を与えることが求められる点も忘れてはならない。そもそも「改革」（Reformation）とは，本来の「形式」（Forma）に立ち返ることを意味していた。ここでは，国家の基本的な形式（国制）の問題を考えるために，アリストテレス『政治学』とモンテスキュー『法の精神』に現れた態度に注目しよう。

❖ 『政治学』の著者

　アリストテレス（BC 384-322）は，ギリシアの植民都市スタゲイラで生まれた。彼は17歳のときアテナイに移り住み，プラトンの主宰する学園アカデメイアで学んだ。プラトンの死後一時アテナイを離れ，かつて父親が王の侍医を務

V 政治の省察

めたこともあるマケドニアに招かれ,王子アレクサンドロスの家庭教師を務めたこともあった。後述する彼の言葉,「人間はその自然本性上,国家(ポリス・政治)的動物(zoon politikon)である」については,市民参加や公共性についての共和主義的見方を提示したとの理解もある。しかし彼自身は,生涯の大半を過ごしたアテナイにおいて学園リュケイオンを開き,共同研究・教育に従事したものの,居留外国人としての地位にあり,市民として政治活動を実践したわけではない。むしろ彼は,当時アテナイと対抗関係にあったマケドニアとの関係を疑われ,非難・弾劾を受けることもあった。

『政治学』は,通常の意味でアリストテレスが執筆した作品とはいえない面を持つ。この作品は,彼が生前に目を通したとの説がある一方で,構成や論旨に不整合が目立つことから,死後200年以上経過した紀元前1世紀に,第三者が彼の講義録などを整理・編集した,ともされるからである。しかしこのことによって,『政治学』の多様な読み方が可能になり,その後の政治学の展開に多大な影響を及ぼしたともいいうる。ここでは彼の制度論・国制論に着目するが,これもまた,あくまでアリストテレスの政治学の一解釈を紹介したものに過ぎない。アリストテレスの政治学そのものの理解にとっては,彼の目的論的世界観,政治(学)の棟梁的特徴,思慮の重要性,『政治学』の後半において展開される最善の国制論などにも注目すべきであるが,これらの重要な側面については,直接,古典(できれば『ニコマコス倫理学』もあわせて)を手に取ることによって確認してほしい。

❖師プラトン

アリストテレスの『政治学』には彼の師であったプラトンにたいする応答の側面があるため,まずはプラトン(とくに中期の『国家』)の政治観を確認しておこう。プラトンが直面したのは,「自由」が支配し「何でも思い通りのことを行うことが放任されている」アテナイの民主制であった。そこでは,民衆が不必要な欲望に支配され,どんな抑圧も我慢できなくなり,最後には法の支配すら放棄してしまう。このような民衆にたいして政治家は迎合し,節制や正義の徳を無視して物質的利益を提供することにより,彼らの欲望を充足させるのに

終始している。

　これにたいしてプラトンは，一般の人々が受け入れている正義の感覚を退ける。そしてその感覚の背後に横たわる実在としてのイデアを認識した哲人王に改革を委ねようとする。哲人王は，画家が「画布の汚れを拭い去って浄らかにする」ように，従来の習性や名誉とされるものを一掃し，人々の善き生の範型となるような理想的な国制を導入するのである。

❖法や制度の重要性

　アリストテレスもまたプラトンと同じく，人間の善き生にとって一定の形式が必要だと考えていた。このことは以下の人間観からもうかがえよう。

> **原典 1　人間の可能性と条件**
>
> 　「人間は自然によって国家的（ポリス的）動物である。そして偶然のいたずらでなく，生まれついた性質ゆえに国なき者は，人間として劣悪な者か，それとも人間を超える存在であるかのいずれかである。……人間が，どんな蜜蜂の種よりも，どんな群棲的な動物よりも，いっそう国家的動物である理由は明らかである。……動物のなかで人間だけが言葉をもつ。なるほど音声は快と苦を伝える信号ではある。それゆえ他の動物にも音声はそなわる。……しかし人間に独自な言葉は，利と不利を，したがってまた正と不正を表示するためにある。……人間がそれ［善と悪，正と不正など］を共有することが家や国家を作る……」（『政治学』アリストテレス，牛田徳子訳，京都大学学術出版会，2001年，第1巻第2章，9-11頁）。

　人間は生まれながらにして人間として登場するのではない。アリストテレスによれば「人間は，完成に達したとき，動物のうちで最善の存在であるけれども，そうであるだけ法と裁きとから離脱したときには，何にもまして邪悪な存在である」（1-2）。人間は国家という形式の枠の中で，言葉を使って共同生活を行い，法と裁きの助けを借りることによって，はじめて人間としての能力を発揮できるとされるのである。では，アリストテレスが「人間の完成」にとっ

V　政治の省察

て必要と考えた形式，一定の国家的制度と法（＝国制）はいかにして導かれるのであろうか。

❖「正しく制定された法」

アリストテレスは，師プラトンとは異なり，全能な支配者が他の者を正義に向かって規律するという選択肢をあまり強調せずに論を進める。彼によれば，多くの場合，人間の知恵には限界があり，支配者の知恵は被支配者のそれと大差がないため，「正しく制定された法こそが，支配権を持つべきである」（3-11）。彼はまた，「個人の裁量は安全な基準にならない」から「法に従ってなされるのがよい」し，「法の支配がどんな一人の市民の支配よりも望ましい」とも主張する。「人間が支配することを要求する者は，野獣をも支配者に加える」ことになるからである（2-10，3-16）。では，法や制度の正しさや妥当性はいかにして導き出されるのだろうか。

アリストテレスにとって，正しさとは，多くの人に受容されているものである。「料理は料理人より招かれた客のほうがもっとよく判定できる」（3-11）ように，正しい統治であるかどうかは被治者の評価によることも可能である。また彼は，法や制度の妥当性の根拠を，一人のあるいは少数の全能者に求めるのではなく，時間をかけた試行錯誤の結果，被治者の評価が濾過・蓄積されてきたことにも求める。彼は次のようにいう。「法は慣習による以外には，人をして服従させるいかなる力も持っていない。そして，それは長い時間をかけなくては得られない。したがって現行の法を，異なる新しい方に安易に変えることは法の力を弱めることである」（2-8）。

❖国制の比較・分類

したがって，アリストテレスは，現に認識できる多様な国制のあり方を観察し，その中から相対的に評価できるものを抽出したうえで比較検討し，具体的な文脈におけるその実現可能性を探るという方法を採用する。この点を彼は，次のように宣言している。

1 国制

> **原典 2　国制研究の課題**
>
> 「最善の国制とは何か，また外的な障害がないかぎり，人が理想とするものと完全に一致して設立されたなら，どのようなものになるだろうかを研究すること。また，どんな国制がどんな種類の人々に適しているかも――というのは，多くの人が最善のものを得るのはおそらく不可能であろうから，善き立法家と真の政治家は「絶対的に最善」の国制と同時に，「状況から見てできるかぎりの最善」の国制を念頭に入れておくべきだからである――。さらに第三に，「想定による」国制がある。つまり，与えられた国制にしても，……いったん生じたからには，できるだけ長く安全に保つにはどのような仕方によれば可能であろうか，ということを研究できるのでなくてはならない……。また，これらすべてのほかに，あらゆる国家にもっとも適する国制を知る必要がある。それゆえ，国制についての見解を表明している大部分の論者は，たとえ他の面では正しいことを言うにしても，とにかく実用的な面ではみごとに失敗している。なぜなら，研究すべきは，最善の国制のみならず，現実的に可能な国制でもあり，そして同じく，すべての国家にとって，いっそう実現しやすく，いっそう共通な国制でもあるからである。……必要なのは，現にある国制から直接出発して，人々が納得ずくで参与できるような秩序を導入することである」
> （『政治学』第 4 巻第 1 章，179-180 頁）。

　唯一の理想的な統治形態を追求したプラトンとは対照的に，アリストテレスの姿勢は現実的・複眼的である。彼は，さまざまな国制のあり方を比較検討したうえで，共通の利益を目指しているか否か，そして支配者の数（一人，複数，少数）に応じて，それらをさしあたり六つに分類している。以下，『政治学』第 3 巻第 7 章の記述に従い，それを表で示しておこう。

	公共の利益を目指す	支配者の利益を目指す
単独支配	王制	僭主制
少数支配	貴族制	寡頭制
多数支配	「国制」	民主制

V　政治の省察

❖民主制の功罪

　ここで興味深いのは，現代の用法では正しい統治形態とされる「民主制」（デモクラティア＝デモクラシー）を，アリストテレスが，全体の利益ではなく専ら「貧困者の利益」に奉仕するが故に，逸脱形態に位置づけていることである。彼によれば，「民主制」では貧者も富裕者も平等に扱われるが，その極限状態では，法の支配が消滅し，民会決議のみがあらゆる決定権を持つようになる。こうなるとプラトンが懸念したように，民衆扇動者が現れ，「民衆は多数者よりなる一個の人間のようになり」，単独支配，とりわけ僭主制に接近し，追従者がはびこり，威厳のある自由人の精神は軽んじられる（4-4，5-11）。彼はこのような事態を，「本来的な意味での民主制」，すなわちデモス（＝民衆）の支配ですらなく，もはや国家の体をなしていないと論じている。

　もっとも，「民主制」にも多くの種類があり，なかには法の支配を維持している場合もある。そしてそのような場合を，アリストテレスが常に否定的に扱っているとはいえない。たとえば彼は，民主制の基本的原則を「自由」とし，その要素として「支配を受けることと支配を行うことを交替にすること」とする。これは，公職への選出を，財産の多寡に依存せず「全市民による，全市民のなかから」籤によって行わせ，同一人が同じ公職につく頻度を限定するか公職の数を少なくし，その任期も短くし（終身は不可），貧しい者も参加できるよう日当を支給することによって，可能となる（6-2）。そして彼は，この「支配し，かつ支配される能力」を「善き市民の徳」と規定する。「支配されたことがなければ，よく支配することはできない」からである。ここでは支配者の利益だけを追求することは困難となる。あるとき支配者の地位にある者も，退任後には被支配者の地位に置かれてしまうからである。逆に，そのような交替がなければ，支配服従関係が固定され，主人が奴隷を支配するようなものとなってしまう恐れがある（3-4）。なおここでアリストテレスが，「民主制」を籤と結びつけているのに対し，今日のわれわれが民主制を論じる際にイメージする選挙を，「優秀さと徳に基づく選出」（4-7）という意味で「貴族制」的な制度としていることには注意しておこう。

1　国制

❖民主制と寡頭制の混合

　さらに興味深いのは，アリストテレスが公共の利益にかなっているとし，最も議論に紙数を割いたともいえる「国制」が，逸脱形態であるはずの「民主制」と「寡頭制」を混合することによって成立する，とされたことである。ではなぜ両者を混合することが望ましい結果を生み出すのだろうか。彼によれば，裕福でもなければ有徳な資格もない群集を最高の公職に参与させることは危険である。なぜなら彼らは時として野獣となり（3-11），数のうえの優位を盾にとって富裕者の財産を没収し分配することにより（3-10），国家を構成する本質的要素の一つでもある富を脅かすという不正を犯しうるからである（3-12）。しかし，彼らを完全に排除すれば国家に敵対する勢力になりかねないため，審議と採決には参与させたほうがよい。その程度であれば，先に料理と招かれた客の比喩で示したように，彼らも全体としては優れた判断を下しうる（3-11）。他方で「寡頭制」の場合は，富裕者のみに公職に携わらせ，公職への新規参入を排除しそれを世襲化するようになると，これもまた悪しき単独支配に接近し，法の支配が消滅する（4-6）。このような傾向を民衆の参与によって牽制することは理にかなっているといえよう。アリストテレスは別の箇所で，「民主制」のままで安定を望むならば有産者にたいして慎重な配慮が求められるし，「寡頭制」の場合には無産者にたいする特別な配慮が必要とも主張する（5-8）。これらもまた，両者の混合を意識したものといえよう。

❖中間層と中庸

　アリストテレスはさらに，「国制」が成立する条件として，中間層の存在も挙げる。国家における非常に裕福な人々は傲慢であり支配されることを知らないのにたいし，非常に貧しい人々は卑屈であり支配することを知らない。両者のみで成り立つ国家は主人と奴隷からなり，侮蔑の念と羨望の念とによって相互に対立することになり，国家や共同体の基本的条件である「友愛」を生み出しえない。したがって，立法者は両者の中間的な人々をできるだけ多く用意する必要がある。倫理において徳が「中庸」にあるとするならば，「同じ基準が国

Ⅴ　政治の省察

家にとっても，また国制にとっても，その徳と悪徳に当てはまらなければならない」のである（4-11）。ちなみにアリストテレスによれば，このような混合に基づく「中間的な国制」はめったに生じなかったという。なぜならば，当時のギリシア世界の覇権を争ったアテナイとスパルタはともに，一方は「民主制」，他方は「寡頭制」という自国の国制を手本にし，それを他の国に押しつけたからである（4-11）。

　このようにアリストテレスは，所与の制度を絶対視することなく，その存在意義や妥当性をより広い比較論的視点から見直し，現実的に可能な限りでの望ましい国制の実現に努めた。そのために彼は『政治学』第7巻において，その国の人口，国土の広さ，自然環境や気候，立地条件なども考慮に入れるよう訴えている。

❖モンテスキュー『法の精神』

　アリストテレスの時代から2000年以上が経過し，フランス革命前の旧体制に生きた一人の貴族，モンテスキュー（1689-1755）は，商業社会の勃興と貴族的封建体制の没落という転換期において，望ましい国制を模索した人物であった。それは，ルイ14世に代表される絶対王制にも，あらゆる価値を貨幣に置き換えていく商業活動にも対抗して，国家の多元性と安定性を維持していく試みでもあった。そのためにモンテスキューは，アリストテレスが先人たちの学説やエーゲ海世界の国制に関する比較研究に従事したように，同時代のヨーロッパやオリエントの国制，そして古代ギリシアやローマの経験をも比較考察することに努めた。

> 原典 3　「法の精神」の探求
>
> 　「それらの法は，その国の自然的なるもの，すなわち，寒いとか，暑いとか，あるいは温かいとかの気候に，土地の質，位置，大きさに，農耕民族，狩猟民族，遊牧民族といった民族の生活様式に相関的でなければならない。それらの法は国制が容認しうる自由の程度に，住民の宗教に，その性向に，その富に，その数に，その商業に，その習俗

> に，その生活態度に関連していなければならない。最後に，それらの法は，それら相互間において関係を持つ。それらは，その起源，立法者の目的，その確立の基礎たる事物の秩序とも関係をもつ。まさにこれらすべてを見渡して，それらの法を考察しなければならないのである。／私がこの著作においてなそうとするのは，以上のことである。私はこれらすべての関係を検討するであろう。これらの関係がすべて一緒になって『法の精神』と呼ばれるものを形成する」（『法の精神』第1編第3章，モンテスキュー，野田良之ほか訳，岩波文庫，上巻，1989年，48-49頁。一部改訳）。

　それぞれの地域の特性の違いを考慮すれば，「法は，その作られた目的たる人民に固有のものであるべきで，一国民の法が他国民にも適合しうるというようなことは，まったくの偶然であるというほどでなければならない」（1-1）。モンテスキューもまたアリストテレスと同じく，「人民の性向によりよく適合している統治」こそ「最も自然にかなった統治である」と考えた。したがって彼は，アリストテレスが生きたポリスを高く評価しつつも，それを絶対視することなく，自らの置かれたフランスにふさわしい国制を別に模索し，以下で示すように，「**共和制**」「**君主制**」「**専制**」という彼独自の国制分類論を展開することになる。

原典 4　モンテスキューの国制分類

> 「共和制は，人民が全体として，あるいは人民の一部だけが主権的権力を持つところの政体であり，君主制はただ一人が統治するが，しかし確固たる制定された法によって統治する政体である。これに反して，専制においては，ただ一人が，法の規則もなく，万事を自分の意志と気まぐれとによって引きずってゆく」（『法の精神』第2編第1章，51頁。一部改訳）。

　この分類の中で「専制」が最悪であることは明らかであるが，「共和制」と

Ⅴ　政治の省察

「君主制」との関連は微妙である。古代ギリシアやローマを原型とする「共和制」が仮に望ましいとしても、狭いポリスを前提とし各市民に公共精神や自己犠牲としての「徳」を強いる（6-8, 4-5）点は、「手工製造業や商業や財政や富、さらには奢侈」（3-3）が支配し、古代より広範な領土を支配しなければならない（8-20）当時のフランスの現状とかけ離れていたからである。

さらに、モンテスキューは「民主制」を「共和制」の一種とするが、そこでは「人民の自由」と「人民の権力」とが混同され、人民が望むのであれば、法が禁じることすらも行うことができる恐れがある（11-2, 11-3）。そのような権力の暴走を阻止するためには、「もろもろの権力を結合し、それらを調整し、緩和し、活動させなければならない。いわば一つの権力に底荷をつけ、もう一つの権力に対抗できる状態にしなければならない」（5-14）。そのためには「徳でさえ制限されねばならない」（11-4）。アリストテレスが「中庸」を説いたように、彼もまた「中庸の精神」が立法にあたっては必要であり、「政治の善は、道徳の善と同じく、常に両極の間にある」（29-1）とした。そして彼が、当時のフランスの「状況から見てできるかぎりの最善」の国制として提示したのは、「徳」が支配する「共和制」ではなく、貴族が「名誉」を追求する「君主制」であった。

モンテスキューの名前としばしば結びつけられる「権力分立」論もまた、これまで存在してきた多様な国制の比較検討や事物の相互連関の観察の中から導き出された「中庸の精神」を具体化したものの一つにすぎなかったことが理解されねばならない。

❖国制研究の受容

モンテスキューの時代からさらに100年以上が経過した19世紀末、ドイツの国法学者、ローレンツ・フォン・シュタイン（1815-1890）は次のように記している。「現在、極東の島国から、単なる若い学生たちばかりでなくひとかどの大人たちもがここ欧州へと赴き、この地のことを、この地の制度のことを、そしてこの地の法のことを学ぼうとしている。……このような事態と比肩しうることは、世界史上ほとんど一例しか見当たらない」。

1　国制

　ここでシュタインが念頭においている「一例」とは，紀元前5世紀に古代ローマが国制改革のためにギリシアに使節団を派遣し国制調査をした故実である。ギリシア文明の遺産はローマへと受け継がれ，その後，欧米へと広がった。岩倉使節団をはじめとする明治の日本人は，日本の近代化のために欧米文明に接しそれに圧倒されながらも，欧米文明にも国ごとに違いがあり，どの国のどの要素を導入するのかについては日本側に思慮が求められていること，単なる外国の模倣ではなく「我国ノ土地風俗人情時勢ニ随テ」国制を構想しなければならないことを実感する（以上の経緯については，『文明史のなかの明治憲法——この国のかたちと西洋体験』滝井一博，講談社選書メチエ，2003年。シュタインの引用もこの本に依った）。

　先人たちの経験や知恵から学ぶこと，特定の制度を絶対視することなく，他の国との比較により複眼的な視点を持つこと，制度や法が機能する具体的な条件を考慮すること，そのうえで，自らが生きなければならない国家・共同体の形式にふさわしい国制を，実現可能なものとして構想すること。アリストテレスやモンテスキューによって選び取られたこの態度が，明治憲法の形成においてどの程度受け継がれたのか，そしてその結果，どの程度望ましい国制の樹立につながったのかについては，議論の余地があろう。しかし今日のわれわれにとって，民主主義と自由主義との望ましい関係を考察するにあたって，このような態度を引き受けることは依然として必要であるように思われる。

❖用語解説

(1)　**籤**　アテナイにおいてしばしば活用された公職者の選出方法。類似の機能を持つものとして輪番（ローテーション）制度がある。ソクラテスが，船長，大工頭，笛吹きの選抜に籤を使わないことを根拠に，この制度を揶揄したことは有名。実際には，無能・無責任な市民が担当しないよう，立候補者の中から選抜され，公職者弾劾制度によって，その在任中・後，他の市民からの告発・停職・懲罰要求を受ける可能性があり，退任後の会計報告も義務づけられていた。

(2)　**共和制［republic（英），république（仏）］**　古代ローマの国家を表現するラテン語，Res Publica（レス・プブリカ，公の事柄）に由来する。君主支配との違いが意識されることが多い。ポリュビオスが古代ローマの国制を，アリストテレスの国制分類に即し

Ⅴ　政治の省察

て，王制的な執政官，貴族制的な元老院，民主制的な民会から構成され，それぞれの機関が均衡することで，安定が保たれているとしたことから，混合政体としばしば重ねて理解されてきた。このような「共和制」理解を市民の「徳」を中心とするものへ転換させたのがモンテスキューである。

❖より深く学ぶために

〈基本文献〉

『ゴルギアス』プラトン，加来彰俊訳，岩波文庫，2007年

『国家』全2冊　プラトン，藤沢令夫訳，岩波文庫，1979年

『政治学』アリストテレス，牛田徳子訳，京都大学学術出版会，2001年（このほか，山本光雄訳，岩波文庫，1961年や，荒木勝訳，『法学会雑誌』〔岡山大〕第50巻2号−第52巻2号，2001-2003年がある）

『ニコマコス倫理学』アリストテレス，加藤信朗訳，岩波書店，1973年（このほか，高田三郎訳，岩波文庫，1973年がある）

『法の精神』全3冊，モンテスキュー，野田良之ほか訳，岩波文庫，1989年

〈入門・解説書〉

『アリストテレス――その思想の成長と構造』G. E. R. ロイド，川田殖訳，みすず書房，1973年

『よみがえる古代思想』佐々木毅，講談社，2003年

「アリストテレス政治学における「正」の位相――政治と倫理の相関の視角から」荒木勝，『思想』第989号，2006年

『ヨーロッパ思想史の中の自由』半澤孝麿，創文社，2006年

「モンテスキューにおける共和政の理念と君主政」安武真隆，『政治研究』第41号，1994年

　　　　　　　　　　　　　　　　　　　　　　　　　　　　　　　　（安武真隆）

V-2
宗教（Religion）

アウグスティヌス
『神の国』

Aurelius Augustinus, *De civitate Dei*（413-426）

❖宗教とは何か

　人間の営みを範疇化する言葉（たとえば，本書の課題である政治やここでの課題の宗教）は，しばしば論争的である。論争的というのは，範疇の中身についての理解が異なっているために，その理解をめぐって論争が生じうるということであるが，そのこと自体は悪いことではない。論争は，人間の営みについての理解を深め，ときに社会のあり方そのものへの反省を迫るからである。宗教と呼ばれる人間の営みについても，おそらく同じことがいえる。

　「宗教」（religion）概念は西洋近代社会の産物であり，それに伴う偏向を持っている。それは幕末から明治初期にreligionの翻訳として「宗教」という言葉を受け入れた日本人にとっても同様であった。その偏向とは，たとえば初詣を放映するニュースが，たとえそれが神仏に祈願するものであっても，それを宗教としては扱わないところに現れている。

　そもそもreligionのラテン語原語のreligioは，今日にまで通じる語義として，「迷信」と等置される狂躁的儀礼実践，並びにそれと対置される公的儀礼行為という意味を持っていたが，これは，内心を重視する近代の宗教概念とは異なる。religioは，まずはローマの宗教祭儀を指し，さらにそれと対比可能なものを示す範疇であった。古代の教父時代にキリスト教が自らを「真の宗教」という場合，それはローマ宗教との対比として使用されていたのである。

　近代になると，宗教は人類に普遍的に存在すると想定されるものを指す範疇

Ⅴ　政治の省察

となる。大航海時代以降，非キリスト教文化にふれたヨーロッパ人は，神霊や死後の生命などに関わる実践が広く行われていることに注目し，そこから「宗教」という概念を作りあげた。多様な宗教的実践のうち，あるものは「宗教」とされ，あるものは「迷信」や「呪術」等と呼ばれてそこから外された。初詣を宗教と呼びにくいのは，それが後者の性格を持つからである。

では，「迷信」や「呪術」ならざる「宗教」とは何であったのであろうか。それは，人間の理性や本性に基づく，その意味で普遍的に存在する，内面的な信仰である。このような「宗教」概念の形成には，16世紀におけるキリスト教の宗教改革に端を発する宗教戦争が大きく影響した。信仰の分裂に由来する政治的動乱は，宗教（宗派）間対立を克服するために，個別宗教（宗派）を超えた宗教観念を要請した。そのようなものとしての宗教は，自ずと対立を超越する，人間の普遍的な内面性の領域に置かれることになったのである。

このようにふりかえってみると，初詣のような慣習的行為を排除し，内面の信仰に核心を求める「宗教」概念がいかに西洋近代的なものであるかがわかる。

❖人間の共同世界

「宗教」概念が西洋近代的なものであるとすれば，その概念を用いることには相当の注意が必要である。西洋のものの見方が無自覚のうちに前提されてしまうからである。ではどうすればよいのだろうか。ここでは，人間の共同生活という観点から，宗教を捉え直してみることにしよう。

人間は他者に依存しつつ，共同生活を生きている。この共同生活の場である共同世界は，それを成り立たせる媒介の相違によって，二つの次元に分けられる。一つは身体に媒介されたパーソナルな共同世界，もう一つはモノに媒介されたインパーソナルな共同世界である。主として前者の次元で結びついている共同世界は家族，後者は社会である。人間はパーソナルな共同世界に産み落とされ，教育を通して身体とモノについての観念やそれらを取り扱う動作の仕方を身につけ，これらに媒介されて，パーソナルな共同世界の一員でありつつインパーソナルな共同世界の一員となっていく。

このように人間の共同世界を理解したうえで，これら二つの共同世界を媒介

してきた観念や動作の体系を，ここでは宗教と捉えてみよう。たとえば，古代ローマは共通の血縁で結ばれた種族や氏族からなる都市であったが，その血縁的共同性を支えたのが宗教儀礼，先に述べた religio である。現代日本でも，山車をぶつけ合ったり御輿を担ぎまわったりする祭礼を通して濃密な共同性が現れるのを観察することができる。宗教は，人間を一定の身体動作やそれを導く観念を通して，それなしではバラバラとなりかねない人間を一つの共同世界にまとめ上げる働きをなしてきた。だからそれは，共同世界を創り上げる政治の営みと不可分の関係にあるのである。

現代政治の主要な理念や制度を発達させてきた西洋世界に共同性の資源を提供してきた宗教は，キリスト教である。では，キリスト教的共同性の特質とは何であったのだろうか。あらかじめ述べておけば，キリスト教は，真の共同世界を現世を超えたところに置くことによって，独特の共同世界の構想を人類の歴史に導入することになるのである。ここでは以下，西方ラテン教会における最大の神学的遺産の一つ，アウグスティヌス（354-430）の『神の国』（413-426）をもとに，その構想の一端を描くこととしよう。

❖ローマ帝国と『神の国』

アウグスティヌスの『神の国』は，西ゴート王アラリックによるローマ掠奪（410年）後に沸き上がったキリスト教にたいする非難，すなわちローマの破壊はローマの神々を捨ててキリスト教を国教としたためであるという非難に対する論駁の書である。しかしこの書物は，単なる護教論にとどまらず，人類史の起源・展開・終末を描くことをとおして人間の共同世界に関する新しい構想を示すのである。

アウグスティヌスの「神の国」の構想を理解するためには，キリスト教におけるローマ帝国にたいする二つの態度を理解しておく必要がある。まずその一つは黙示文学の**終末論**である。初期のキリスト者は，「神の国」が近い将来に到来すると信じ，皇帝崇拝を拒み，迫害に遭うことも辞さなかった。秘密の教えの開示である黙示は，ローマ帝国を「大淫婦」（新約聖書『黙示録』17章1節）とし，それにたいする神の審判の到来を教えたのである。この終末への期待は

Ⅴ　政治の省察

2・3世紀になっても消失せず,『黙示録』の預言に基づいて,キリストの支配する千年王国への期待も維持された。

しかしキリスト教会は,ローマ帝国によって公認され,さらに国教化されるようになると,現実の帝国を無視するようなことができなくなる。教会には,キリスト教を公認したコンスタンティヌス帝をメシア的な存在として褒め称え,ローマ帝国を神の御業になるキリスト教帝国と見なす考え方も出てくる。これをここでは,帝国神学と呼んでおこう。

神の審判の間近な到来を信じる終末論は,迫害する帝国を否定し,現世の共同世界の意義を極小化する。帝国を神の御業の実現と見る帝国神学は,現世を神の業として正当化して,帝国の堕落を見失う。アウグスティヌスは,いずれにも偏らない,しかし歩むことの困難な道を進むのである。

❖「神の国」と「地の国」

アウグスティヌスは全人類を,「神の国」(civitas Dei) の市民と「地の国」(civitas terrena) の市民に分ける。神は,人類を一人の人間アダムから始め,その自然本性の類似性と血縁関係の必然性から,一致と和合を保持するようにした。しかし人類は,神から与えられた**自由意志**を用いて罪をおかし,死を招き入れた。創造と堕罪が,人類を二つの国に分けるのである。

> 原典 1　神の国／地の国
>
> 「すべての人は,神の無償の恩恵によって解放されない限り,罪の価としての罰によって,終わりのない第二の死に真さかさまにつき落とされるに至るのである。そのため,この世界には多数の偉大な諸民族が住み,彼らはさまざまの宗教と道徳を持ち,変化に富む言語や武器や衣装によって区別されるとしても,人間社会は二種類以上のものとはならなかったのである。わたしたちはこれを聖書に従って,正当に二つの国と呼ぶことができる。いうまでもなく,その一つは肉に従って生きることを選ぶ人間たちの国であり,いま一つは霊に従って生きることを選ぶ人間たちの国である」(『神の国』(3),アウグスティヌス,泉治典訳,教文館,1981年,212頁)。

ほかの箇所の記述によれば,「肉に従って生きる」とは「神を軽蔑するに至る自己愛」に従って生きることであり,「霊に従って生きる」とは「自分を軽蔑するに至る神への愛」に従って生きることである。前者は,神以外のものを究極の対象とする愛であり,人間の自由意志による堕落の結果の罪である。後者は,至高の価値を神のみに置いて,他のすべてのものへの愛をそれに従属させる愛であり,ただ神の恩恵によって与えられる。

二つの国は,「最後の審判」においてはっきりと分離されるまで混じり合って存在するため,誰が「神の国」の市民であるのか人間にはわからない。たしかに教会において「神の国」は現れつつあるのだが,現世の教会と,終末においてはっきりと姿を現す「神の国」を同一視することはできない。他方,教会の外の人間をすべて「地の国」の人間と決めつけることもできない。二つの国は,どんな人間集団とも同一視できないのである。

この現世を超えた人間共同体という理念の持つ意味は大きい。人間は,特定の組織や集団に属することで承認を獲得し,安定したアイデンティティ感覚を持つことができる。しかし,「神の国」の市民たるキリスト者が現世の人間集団からそのような感覚を手に入れることは,究極的には許されない。現世で価値ありとされるものに安住することは,究極以前のものを愛する自己愛でしかないからである。アウグスティヌスは,このような信仰をもって現世を生きるキリスト者を,聖書の言葉にしたがって「寄留者」として捉える。

キリスト者の生を寄留者と枠づけるのは,空間ではなく時間である。神の創造による善き世界の中にありながら,自由意志によって罪を犯して堕落した人間は,神の恩恵によってイエス・キリストによる救いへと招かれたが,その完全な救いを与えられるのは歴史の終末においてである。このキリスト教的な歴史観の枠組みが,現世における「神の国」の市民を寄留者とするのである。

寄留者として現世を生きるキリスト者は,終末を展望するがゆえに,現世を究極のものとは考えない。また,終末を待望するがゆえに,終末を地上に現実化しようとはしない。寄留者は,導かれた現世の場所に留まり,「神の国」の市民として,神の愛に生きようとするのである。

V 政治の省察

❖秩序と国家

　このようなアウグスティヌスの「神の国」の共同世界が持つ特質は，ギリシアとローマの政治理論と比べるとよりいっそう明らかとなる。

　古代ギリシアの政治論の特質は，現実の政治共同体ポリスを人間の道徳的完成に不可欠のものとみる点にあった。ローマの正統な政治理論の語り手キケロも，ギリシアとの無視しえぬ相違はあるのだが，道徳と正義を国家（キヴィタスやレス・プブリカ）において実現するものと考えた。いずれも，現実の政治秩序と人間の道徳的な完成とを結びつけて考えたのである。

　初期のアウグスティヌスもまた，**新プラトン主義**を通じてではあるが，秩序を人間の魂の発展にとって有意義なものと考えた。宇宙の全存在は，宇宙の究極的目的の完成に向けて階梯状につながっている。社会秩序は，新プラトン主義においてその目的に位置づけられる人間の魂の向上のために存在すると考えられたのである。しかしアウグスティヌスはやがて，ただ神の救済にのみ究極の救いを認めるようになる。そうなると，社会秩序がいかに整えられようとも，それを通じて魂が救われるということは認められないことになる。救いは，ただ神によるからである。こうして，現実の政治秩序と魂の完成とを結びつける，古典古代の宇宙論的な自然的秩序は棄てられる。

　では，罪に満ちたこの世界はいかにして神に救われるのだろうか。アダムの堕罪以来，現世は緊張と無秩序の世界であり，人間の営みによって救われることはありえない。神の終末における審判によってのみ，救済は達成されるのである。宇宙にあまねく広がる自然的秩序ではなく，堕罪から最後の審判へと至る神の摂理に導かれる歴史を通して，人類は救われるのである。

　このような見方とともに，政治の価値づけは大きく変わることになる。次に述べるように，人間の完成にとって不可欠な名誉ある営みとされる政治観は，堕罪に起因する現世の邪悪さを根拠として，アウグスティヌスによって否定され，国家（キヴィタス）には現世の無秩序を最小限にするという消極的な意義が与えられるにすぎなくなるのである。

> **原典 2　国　家**
>
> 「正義が欠けていれば、王国は大盗賊団以外の何であるか。というのは、盗賊団も小さな王国以外の何であるか。盗賊団も人間の小集団であって、親分の命令によって支配され、仲間同士の協定にしばられ、分捕品は一定の原則にしたがって分けられるのである。もしこの悪がならず者の加入によって大きくなり、場所を確保し、居所を定め、都市を占領し、諸民族を服従させるようになると、いっそう歴然と王国という名称を獲得することになる。この王国という名称は欲望を取り去ることによってではなく、罰を受けないことが度重なることによって、いまや公然と認められるのである」（『神の国』（１）、アウグスティヌス、赤木善光・金子晴勇訳、教文館、1980年、246-247頁）。

大盗賊団と同列におかれる国家は、人類の堕罪にたいする神の処罰であると同時に、無秩序の拡大をふせぐ救済策である。こうして、魂の完成という目的へと導く政治的秩序としてではなく、罪ある人間が現世で生きるためのいわば必要悪として、国家は正当化されるようになるのである。

では、このような国家は誰が治めるべきであろうか。アウグスティヌスは、最上の政治支配者に関して、「自分たちの能力を神の礼拝を最大限に弘めるために用い、神の尊厳に仕える女奴隷とする」ようなキリスト者である皇帝を描いている（『神の国』第5巻第24章）。ここからうかがわれるのは、政治を、人間を支配する業と見なすアウグスティヌスの政治観である。結論からいえば、アウグスティヌスにおいて政治は、古代ギリシアが政治と見なさなかった奴隷制をモデルに理解されている。政治は、堕罪による無秩序を克服するための必要悪であり、究極的には、最後の審判によって終焉する人間の営みなのである。

❖戦争と平和

先に、人間の共同生活にふれて、依存性を生きる人間は二つの共同世界を生きると述べた。人間が産み落とされるパーソナルな共同世界を代表するのは家族である。アウグスティヌスに従えば、そこでは親が子どもを、その能力の優劣に基づく自然な教導によって支配する。さらに人間は、インパーソナルな共

V　政治の省察

同世界の中にも生きる。アウグスティヌスはそれを，奴隷制を典型とする支配の場と見た。前者が自然な人間の関係と見なされるのにたいして，後者は本来的に非人間的な関係であるが，地上の平和に欠かせないものと考えられている。神の創造に由来する自然な人間関係として容認された親の教導の論理が，人々を罪から矯正する公権力にまで拡張されているのである。ここでも，パーソナルな世界とインパーソナルな世界は，神の世界創造と人間の堕落という観念によって媒介されつつ，一つの共同世界の秩序を作っている。そして，その秩序形成の論理に従って，異端の処罰は容認され，侵略や侵害を正すための正しい戦争が認められることになるのである。

原典 3　戦争と平和

「より義しい理由から戦ったものが勝利を収める時，その勝利が祝福されるべきものであり，かつ望ましい平和が訪れたということをだれが疑うであろう。これらは善であり，明らかに神の賜物である。けれども，上なる国——そこでは勝利は永遠かつ最高の平和の中に確立される——に属するよりすぐれたものが無視されて，地上の善のみが追求され，人々が存在するものはただ地上的な善だけであると信じたり，あるいはそれが，よりすぐれたものと信じられる天上の善よりも愛せられるならば，そこには必ず悲惨が結果し，またすでにあった悲惨も増大するのである」（『神の国』(4)，アウグスティヌス，大島春子訳，教文館，1980年，31頁）。

『神の国』は，そもそもローマの掠奪をきっかけに起こったキリスト教批判への反駁として書かれたことを思い起こそう。戦争の悲惨は，アウグスティヌスの身近にある出来事であった。そのアウグスティヌスが戦争を容認したのは，罪による無秩序と混乱の重荷を負い，絶えざる解体の危機にさらされた現世の平和を，天上の「永遠の平和」につなげるためであった。

　この務めは，為政者が自己の政治目的を神への愛として正当化するとき，現世を宗教的に正当化する危険を秘めている。しかし，アウグスティヌスの構想においては，この地上の支配の営みが「神の国」という真の共同世界によって

常に相対化される。パーソナルな世界とインパーソナルな世界を媒介する宗教観念は一つの共同世界を幻想させるが,「神の国」の終末論的構想のために,それが至上のものとして正当化されることはありえないのである。この点にこそ,冒頭で予告したキリスト教の特質が現れているといえるだろう。

❖キリスト教と政治

　上で紹介した論点において前提となっているのは,神の創造と人間の堕罪という聖書の記述である。世界は神によって善きものとして創造されたが,人間は自由意志を悪用し,罪を犯した。この最初の人間による原罪は全人類に伝わり,現世の混乱と無秩序の起源となっている。

　このよく知られた『創世記』の記述がキリスト教の正統的な教義となるまでに,初期キリスト教はその命運をかけてグノーシス主義の異端と戦わなければならなかった。そして,若きアウグスティヌスが信じたマニ教もまたグノーシス主義の異教であった。アウグスティヌスの思想を理解するには,マニ教から彼がどうして離れたのかをみておくことが役立つように思われる。

　マニ教は,世界は光の国と闇の国の二つの原理が争う場であり,人間は内なる光,神的要素である魂を自覚し,それを悪の原理である肉体から解放しなければならないと教えた。しかしアウグスティヌスは,この悪の問題の解決方法に安住できなかった。マニ教の二元論をとると,人間の罪は悪の原理によるのであって,人間の意志とは無関係ということになる。さらに,罪からの解放のために現世の生活の意義を否定するのは,神が創造し「善し」とされたこの世界を否定することにほかならない。

　神の創造と人間の責任を無意味とするこのような世界観に,アウグスティヌスは魂の平安を見出せなかった。逆にいえば,世界を神の創造によると受け入れ,しかしながらこの世界に存在する悪を人間の責任によると見なし,この罪ある人間を救う神の恩寵にふれたときに,彼の魂ははじめて安息を見出すことができたのである。ただ,この安息は魂の平安であって,現世の平安な生活ではなかった。魂の救済のための修行ではなく,教会の秩序を守るための数々の論争に彼の生涯は費やされた。それは,人間の自由意志に由来する悪に満ちた

V 政治の省察

現世の終末における救済を待望しつつ，神の創造した世界の秩序を守ろうとする，「神の国」の市民としての務めの実行であった。

このように，アウグスティヌスの「神の国」の構想は終末を待望しつつ現世を生きることの意義を明確にした。終末において完全に実現するものとしての「神の国」は，現世の秩序を常に相対化し，宗教的に正当化することはない。しかし，創造された秩序としての現世は，人間が現に生きる場として与えられたものなのである。こうしてキリスト教は，至上の価値を主張する地上の秩序に反対しながら同時に現世の秩序形成にも関わるという難問を，自らに引き受けることになったのである。

西洋においてキリスト教が有した政治的意義は両義的であり，キリスト教と政治の関係はしばしば緊張感を伴ったといわれるが，その性格の一端は，ここまで述べたアウグスティヌスの思想にも見てとれよう。このような宗教と政治の関係を歴史的遺産としてこそ，西洋近代における「宗教」概念の形成もありえたのである。私たちにとってもなお政治と宗教の関係が解決済みの問題ではないとすれば，アウグスティヌスの提示した「神の国」の構想は，私たちがこの問題を根源から考えるための良き素材であり続けているのである。

❖用語解説

(1) **終末論［eschatology］** キリスト教において，「最後のことがら」についての教理，あるいは，われわれの知っているこの世界がそれをもって終わりをつげるという出来事についての教理。神の創造という歴史の始点に対して，歴史の終点に位置するのが終末である。千年王国説は『黙示録』に基づく終末の考え方の一つで，それを具体化しようとして歴史上さまざまな運動が起こった。

(2) **自由意志［free will］** アウグスティヌスは，人間の行為がすべて必然性に支配されているという見解に反対し，罪の責任を人間の自由意志に帰した。しかし，この見解が行き過ぎると，救済は人間の意志によるとされかねない。アウグスティヌスは救済をあくまで神の恩寵によるとし，自由意志を神から与えられた善をなすための能力として理解し，その誤用によって悪がなされるとした。自由意志の用い方によって人間は善と悪の双方をなしうるというこの見方は，その後の思想に大きな影響を与え，西洋思想の基調音となる。

(3) **新プラトン主義 [neoplatonism]** 3世紀のプロティノスに始まる。万物を一者（ト・ヘン）からの流出と見なして，理性や精神の存在を説明するとともに，この一者へ回帰する道を教えた。アウグスティヌスは，心を通って神に至ろうとする点において新プラトン主義の影響を受けたが，人間と一者を連続的に捉える新プラトン主義とは異なって，人間と神の間の溝，それを超える神の恩寵を強調した。

❖より深く学ぶために

〈基本文献〉

『神の国』全5巻，アウグスティヌス，赤木善光ほか訳，教文館，1980-1983年。（『アウグスティヌス著作集』の11巻から15巻。ほかに，『神の国』全5巻，服部英次郎訳，岩波文庫，1982-1991年もある）

『告白』アウグスティヌス，山田晶訳，中央公論社，1968年

〈入門・解説書〉

『アウグスティヌスの政治思想』柴田平三郎，未來社，1985年

『アウグスティヌス神学における歴史と社会』R.A.マーカス，宮谷宣史・土井健司訳，教文館，1998年

『「神の国」論』É.ジルソン，藤本雄三訳，行路社，1995年

（鏑木政彦）

V-3

統治（Government）

マキァヴェッリ
『君主論』

Niccolò Machiavelli, *Il Principe*, 1532

❖政治学と統治論

　デモクラシーや自由をめぐる現代の政治論から，ややもすると敬遠されがちな主題として「統治」（government）が挙げられる。「統治」には一般に，少数の為政者による強権的な支配のイメージがつきまとう。市民自治や政治参加の具体的な手法が議論される現在，このような，支配者と被支配者との権力関係を連想させる「統治」は，私たちには，もはや無縁のものであろうか。

　政治学の歴史の中で，「統治」は，しばしば荒海での航海に譬えられてきた。英語の government は，ラテン語の guberno に由来し，もともとは「舵を取ること」を意味していた。「統治」が目指す目的の一つは，一定の秩序や制度を定め，共同体や組織を持続的に運営し，アナーキーを回避することにある。重要なのは，何よりもまず，政治的リーダーによる巧みな「舵取り」によって船を沈没させないことである。この意味で「統治」はまた，**思慮**（prudence）によって危機的な状況を打開し，困難な運命を切り開く「可能性の技術」でもあった。プラトンやアリストテレス以来，政治学は一方で，為政者を導く羅針盤としての，実践的な統治論の性格を色濃く有していた。

　もっとも，「統治」の概念は，必ずしも一義的に用いられてきたわけではない（英語の government には「政府」の意味も含まれている）。近年では一方で，「政府なき」国際秩序や企業経営，そして市民社会におけるガヴァナンス（governance）論が盛んである。しかし，政治における高度な権力性や技術性の契機

3 統治

をどう理解すべきか，あるいは，どのようにすれば安定的な秩序形成が可能になるのかという問題は，人間が天使でもない限り，リベラル・デモクラシーの時代においてもなお（あるいは，であるからこそ），無視できない重要なテーマのように思われる。

❖『君主論』とその時代

　ニッコロ・マキァヴェッリ（1469-1527）は，ルネサンス期のイタリアにおいて，祖国存亡の危機に直面したフィレンツェ共和国の書記官であった。彼の『君主論』には，このような運命の転変と対峙するなかで鍛え抜かれた「統治の技術」（art of government）が描かれている。読者はそこに，いうなれば「人間の，人間による，人間のための」統治の秘密を垣間見ることになろう。

　15世紀後半のイタリア半島は，フィレンツェに加え，ローマ教皇領やミラノ公国，ヴェネツィア共和国，ナポリ王国を中心とした小国分立状態にあり，かろうじて勢力の均衡が保たれていた。ところが，1494年のフランス王シャルル8世による侵攻を機にイタリアの政治情勢は一変する。フィレンツェもまた，貴族と平民との内紛や対外的な脅威に翻弄されながら，メディチ家の追放と復帰，修道士サヴォナローラの台頭と処刑，共和政の復活と崩壊とを目まぐるしく繰り返す混乱の歴史を辿る。ルネサンスの揺籃の地イタリアは，広域的な中央集権国家の体制を整えつつあったフランスをはじめ，スペイン，神聖ローマ帝国といった列強の軍隊によって，無残にも蹂躙され，劫掠されたのである。

　書記官マキァヴェッリは，外交使節として計43回も他国に派遣されながら，このような，弱肉強食の苛酷なパワー・ポリティックスの現実を目の当たりにする。しかも，フィレンツェ共和国は1512年，スペイン軍の侵入によってあえなく崩壊し，マキァヴェッリもまた，権力を奪回したメディチ家によって解任され，追放され，投獄される。『君主論』が執筆されたのは，その翌年の13年のことであった（出版は死後の32年）。

❖ 政治的リアリズムとマキャベリズム

　この『君主論』の内容は，政治にたいする透徹したリアリズムに貫かれてい

V 政治の省察

る。第15章の冒頭に明示されているように，マキァヴェッリの執筆目的は，読む人に役立つ「生々しい真実」を明らかにすることにあった。たとえば，彼は，その極めてペシミスティックな人間観や世界観を次のように表明している。「人間は，恐れている人より，愛情をかけてくれる人を容赦なく傷つける」（第17章）。あるいは，「人間は邪悪なもので，あなたへの約束を忠実に守るものでもないから，あなたのほうも他人に信義を守る必要はない」（第18章）。彼はまた，このような「生々しい真実」から乖離した理想国家論やユートピア思想を強く批判する。すなわち，「人が現実に生きているのと，人間いかに生きるべきかというのとは，はなはだかけ離れている」のである。こうして彼は，政治と道徳の世界を峻別し，時には「悪」の領域に踏み込む必要を主張するに至る。「なにごとにつけても，善い行いをすると広言する人間は，よからぬ多数の人々のなかにあって，破滅せざるをえない」。それゆえ，君主は必要に応じて「よくない人間にもなれることを，習い覚える必要がある」（第15章）のである。

> **原典 1　政治的リアリズム**
>
> 「しかし，わたしのねらいは，読む人が役に立つものを書くことであって，物事について想像の世界のことより，生々しい真実を追うほうがふさわしいと，わたしは思う。これまで多くの人は，現実のさまを見もせず，知りもせずに，共和国や君主国のことを想像で論じてきた。しかし，人が現実に生きているのと，人間いかに生きるべきかというのとは，はなはだかけ離れている。だから，人間いかに生きるべきかを見て，現に人が生きている現実の姿を見逃す人間は，自立するどころか，破滅を思い知らされるのが落ちである。なぜなら，なにごとにつけても，善い行いをすると広言する人間は，よからぬ多数の人々のなかにあって，破滅せざるをえない。したがって，自分の身を守ろうとする君主は，よくない人間にもなれることを，習い覚える必要がある。そして，この態度を，必要に応じて使ったり使わなかったりしなくてはならない」（『君主論』マキアヴェリ，池田廉訳，中公文庫，1995年，90-91頁）。

このようなマキァヴェッリの主張は，当時のヨーロッパ社会に大きな衝撃を

与えた。もっとも，彼のリアリズムは，たとえば，フランシス・ベイコンの『学問の進歩』の中で高く評価された。また，ルソーをはじめ，共和政を理想とした思想家たちは，暴君の実態を暴いた「共和派の宝典」として『君主論』を称賛した。現代に至ると，マキャヴェッリの議論は，政治と道徳の分離という観点から，しばしば「近代」政治学の起源として位置づけられるようになる。しかし，同時代の多くの人々は，彼の議論を宗教や道徳を冒瀆するものと見なし，激しく批判した。彼は「悪の教師」や「暴君の助言者」とされ，『君主論』は禁書目録のリストに載る。こうして，目的のためには手段を選ばない，いわゆる「マキャベリズム」という言葉が生まれるに至った。

❖ルネサンスと人文主義

このような，現代にも続くマキャヴェッリ批判の砲列は，裏返していえば，『君主論』の中に時代を超えた「生々しい真実」が含まれていることの，紛れもない証でもあろう。しかしながら，彼の政治思想は「マキャベリズム」とは異なる。以下でも示すように，『君主論』の思想的な意義は，彼が生きたルネサンスという時代の文脈に照らしてこそ，よりよく理解することができよう。

ヨーロッパ史上，このルネサンス期は，しばしば「世界と人間の発見」（ブルクハルト）の時代として語られる。ところが，この「復興」と「再生」の時代はまた，中世的なキリスト教共同体の規範やスコラ哲学の体系が揺らぎ，それに代わる新たなパラダイムが「異教」的な古典古代の世界に探し求められた，いわば不安と模索の時代でもあった。こうしたなか，マキャヴェッリもまた，ダンテやペトラルカと同様に，ギリシア・ローマの古典や歴史から日々の生活の「糧」を得ていた。1513年12月10日付のヴェットーリ宛書簡には，一日の終わりに，「りっぱな礼服」に着替えた彼が，書斎の中で「古（いにしえ）の人々が集う古（いにしえ）の宮廷」に参上している様子が描かれている。

―― 原典 ②　古典との対話 ――
「晩になると，家に帰って書斎に入ります。入り口のところで泥や汚れにまみれた普段着を脱ぎ，りっぱな礼服をまといます。身なりを

Ⅴ　政治の省察

> 整えたら，古(いにしえ)の人々が集う古(いにしえ)の宮廷に入ります。私は彼らに暖かく迎えられて，かの糧を食します。その糧は私だけのもの，そして私はその糧を食べるために生まれてきたのです。私は臆することなく彼らと語り合い，彼らがとった行動について理由を尋ねます。すると彼らは誠心誠意答えてくれます。四時間もの間，退屈など少しも感じません。あらゆる苦悩を忘れ，貧乏への恐れも死に対するおののきも消え去って，彼らの世界に浸りきるのです。学んだことも覚えなければ知識とはならない，とダンテは言っています。だから私も，彼らとの会話で得たものを書き留め，『君主論』と題する小論にまとめました。……この作品を読めば，政治の術を探求してきたこの15年の間，私が惰眠をむさぼり遊び暮らしていたわけではないことがわかるでしょう」（『マキァヴェッリ全集』第6巻，松本典昭・和栗珠里訳，筑摩書房，2000年，244-245頁）。

　このような，古典や歴史との対話によって育まれたルネサンス期の思想は，広く一般に，**人文主義**（humanism）と呼ばれる。この知的伝統はまた，その政治思想においては，「人間は自分自身のためだけに生まれたのではない」という観点から，共通善を目的とした活動的生活の実践や，祖国にたいする献身を強く求めるものであった（政治的／公民的人文主義，civic humanism）。古代ローマの歴史や共和政末期の執政官キケロはそのモデルとされた。そして，とくに14世紀後半以降におけるフィレンツェ共和国の統治は，実際に，サルターティやブルーニをはじめとする人文主義者たちによって担われたのである。マキァヴェッリのもう一つの主著である『リウィウス論（ディスコルシ）』には，このような共和政ローマの発展の歴史やフィレンツェの文化資本を踏まえた，新たなローマ型拡大国家のヴィジョンが描かれている（この『リウィウス論』は，のちの共和主義の展開に大きな影響を与えた）。

❖『君主論』の構造と方法

　先のヴェットーリ宛書簡にも記されていたように，マキァヴェッリの『君主論』もまた，ルネサンスの錯雑した時代状況の中で，彼が「15年」もの歳月を

かけて探求し続けた「統治の技術」が記された人文主義的な政治論であった。ところが、この『君主論』では、共和国を主題とした『リウィウス論』とは異なり、1510年代のフィレンツェが直面した危機を反映して、論述の対象が意識的に限定されている。すなわち、冒頭の第1章で明確に示されているように、政体（支配権、stato）を君主国と共和国に大別した彼は、当面の議論から共和国を除外する。そのうえで彼は、さらに、前者の君主国を、支配権の継続性や征服の有無（世襲の君主国、新しい君主国、両方の混成型）、征服地の性質、獲得の方法（自国の武力、他国の武力、運、力量、悪辣な方法、市民の支持）といった指標によって次々と腑分けしていくのである。

このような対象の分節化と場合分けは、簡潔で無駄のない文体や、豊富な歴史的事例への参照、人間の心理に関する洞察とともに、彼のリアリスティックな政治思考の特質をよく示している。そして、第11章までの前半部ではこれらの君主国（＋教会君主国）の類型がそれぞれ分析されることになるが、彼の狙いは、「新しい」君主国、とりわけ「他人の武力や運」によって獲得された君主国（第7章）や「市民型」の君主国（第9章）に議論を絞り込むことにあった。

❖ 新しい君主国

マキァヴェッリによれば、この「新しい」君主国は、制度や慣習を基礎とするフランスなどの他の世襲君主国と比べた場合、権力の基盤や支配の正統性が極めて脆弱であり、したがって、統治の遂行が極めて困難であった。このような新君主国にあえて議論を集中させた彼の意図が、当時、スペイン軍の侵入によって政権に復帰したメディチ家に向けられていたことはいうまでもない。この時期のメディチ家は、大ロレンツォの次男ジョバンニが教皇レオ10世となり、三男のジュリアーノと両者の甥の小ロレンツォが続けてフィレンツェの統治者となった。『君主論』は、祖国フィレンツェの危機に際し、このメディチ家の小ロレンツォ（執筆当初はジュリアーノ）という、「他人の武力と運」で支配権を獲得した「新しい」君主に献呈された書物なのである。

それでは、教皇領とフィレンツェをともに手中に収めたメディチ家の人々を想定して『君主論』を読み返せば、そこにはどんな政治的メッセージが隠され

Ⅴ　政治の省察

ているのであろうか。新君主国における統治の難しさ（第2章），征服と戦争を不可避とする国際政治の現実（第3章），新しく領土を獲得した場合の鉄則（第4，5章），自前の武力や君主の力量の重要性（第6章），他人の武力や運に頼ることの危険性（第7章）等々。そこには，新しい君主国を設立し，維持し，拡大するための実践的な統治の手引きが記されている。マキァヴェッリは，それゆえ，たとえば自由の伝統を有する他の共和国を征服する際に，その支配の難しさゆえ，都市そのものを壊滅させることを厭わない。

　もっとも，これらの主張が，通俗的な「マキャベリズム」へと単純に還元されないことは，改めて注意されなければならない。たとえば，マキァヴェッリは，メディチ家に「イタリア」の救世主となることを求め（第26章），その一方では，追従者を遠ざけ，優れた助言に耳を傾ける必要を主張する（第22，23章）。彼はまた，フィレンツェを連想させる「市民型」君主国の内政に関しては，むしろ，支配の正統性を確保するための伝統的な議論を援用する。すなわち，彼はこの場合，栄光という観点から，同胞に対する虐殺や裏切りなどの悪辣な手段を批判し（第8章），貴族よりも民衆を味方につけ，市民からの支持を得ておくことの有用性を繰り返し訴えるのである（第9章）。

❖力量と運命

　他方で，以上のような統治の現実に直面した「新しい」君主には，「他人の武力と運」にいつまでも頼ることのない，ある卓越した技量や資質が改めて要請されることはいうまでもない。マキァヴェッリによれば，それこそが，運命（fortuna）に対抗するための**徳**（力量，virtù）であった。中世以来の伝統的な世界観においては，運命は盲目の女神とされ，哀れな人間を容赦なく支配すると考えられていた。ところが，彼はこのような運命観に異を唱える（第25章）。彼は治水事業や男女関係のレトリックを用いながら，時代の流れに能動的に適応しつつ，人間の力量によって運命を克服すべきことを主張したのである。

3 統治

> **原典 3　運命と人間**
>
> 「わたしが考える見解はこうである。人は，慎重であるよりは，むしろ果断に進むほうがよい。なぜなら，運命は女神だから，彼女を征服しようとすれば，打ちのめし，突きとばす必要がある。運命は，冷静な行き方をする人より，こんな人の言いなりになってくれる。要するに，運命は女性に似て若者の友である。若者は，思慮を欠いて，あらあらしく，いたって大胆に女を支配するものだ」（『君主論』147頁）。

　このような，人間を運命の主人公とする考えは，マキァヴェッリにおける人文主義の継承を端的に示すものであった。しかしながら，後にも指摘するように，彼は他方でまた，その徳（力量）論の展開において，キリスト教の徳目だけでなく，古典古代の道徳哲学からも大きく逸脱することになる。すなわち，マキァヴェッリが新君主に求める徳は，内外の危機を乗り越えるための男性的な徳であり，時と場合によっては非情な決断を下すことができる政治的な「力量」を意味していた。

　マキァヴェッリによれば，同時代人のヴァレンティーノ公チェーザレ・ボルジアは，このような徳（力量）を備えた理想的な指導者であった。もっとも，教皇アレクサンデル6世の庶子であったボルジアは，教皇の死と病魔による運命の転変によって没落した。しかし，にもかかわらず，マキァヴェッリは，その力量によってロマーニャの支配権を確立した思慮ある人物としてボルジアを称賛する。マキァヴェッリはとくに，他者に依存することの誤りにボルジアが気づき，フランスの援軍に頼ることなく，他方でローマの有力貴族（オルシーニ家とコロンナ家）の勢力を除去したことを評価する。マキァヴェッリはまた，新しい君主の模範として，ボルジアが，領内の治安回復に辣腕をふるった側近をあえて処刑し，民心を掌握した事例を紹介している（第7章）。

❖軍　事

　以上のような力量ある君主の統治に際して，マキァヴェッリがとくに重要視したのが軍事の問題である。彼によれば，戦争と軍備は君主が本来携わるべき

V 政治の省察

責務であり，優れた軍隊は国家を支える土台であった。ところが，イタリア諸国家間の戦争は主に傭兵軍によって代行されていたため，外国軍の侵攻を易々と招いた。これに対して彼は，祖国への忠誠心を持たない傭兵軍や他国の援軍を強く批判し，ボルジアを例に挙げながら，新たに自国軍を創設する必要を力説する（第12-14, 20章）。このような主張の背景として，失脚以前のマキァヴェッリが，共和国の書記官として軍制改革を断行し，自国軍によってピサとの長年の抗争を終結させた経験と実績を有していたことは見逃せない。1511年に出版された『戦争の技術』でも主張されたように，彼にとって，市民生活と軍事の問題は不可分であると考えられていたのである。

❖政治における演技

マキァヴェッリは続けて，『君主論』後半の第15章以下で，臣下や民衆にたいする君主の振舞い方を論じる。このような，あるべき君主の態度を主題とする「君主の鑑」論は，トマス・アクィナスの『君主の統治について』をはじめ，中世以来の定型的なジャンルであった。しかしながら，徳（力量）論の展開においてすでに見られたように，マキァヴェッリはここで，伝統的な君主の徳目の基準を決定的に転倒させることになる。

マキァヴェッリによれば，君主には，時と場合に応じて悪徳を行使すること，すなわち，気前の良さよりも吝嗇であること，憐れみ深さよりも冷酷であること，愛されるよりも恐れられることが求められる（第16, 17章）。また，人間は邪悪であるため，信義を常に守る必要はない。それゆえ，たとえばキケロの主張とは異なり，君主は，狐の狡猾さと獅子の力を兼ね備えることが重要なのである（第18章）。これにたいして，マキァヴェッリが危惧するのは，むしろ君主への軽蔑や憎しみであった。古代ローマ皇帝の実例が示すように，無節操や軽薄，臆病や優柔不断は権威を失墜させ，財産の没収や名誉の剥奪は憎悪を生み，民衆や貴族の反乱を招くのである（第19章）。

何よりも重要なのは，統治の安定と秩序の維持である。そのために，君主はその威厳を保ち，名声や評判を上げ，民心を掌握しなければならない（第21章）。しかし，その一方で（あるいは，それゆえにこそ），マキァヴェッリは，政治に

おける演技の重要性を強調する（第18章）。曰く，人間は外見と結果で物事を判断するがゆえに，すべての徳目を実際に備える必要はない。重要なのは「どこまでも慈悲ぶかく，信義に厚く，裏表なく，人情味にあふれ，宗教心のあつい人物」であると「思われる」ことなのである。したがって，とくに新君主は，「国を維持するために」，実際には「信義に反したり，慈悲にそむいたり，人間味を失ったり，宗教にそむく行為をも，たびたびやらねばならない」のである。

> **原典 4　演技の必要**
>
> 「要するに，君主は前述のよい気質を，なにからなにまで現実にそなえている必要はない。しかし，そなえているように見せることが大切である。いや大胆にこう言ってしまおう。こうしたりっぱな気質をそなえていて，後生大事に守っていくというのは有害だ。そなえているように思わせること，それが有益なのだ，と。……国を維持するためには，信義に反したり，慈悲にそむいたり，人間味を失ったり，宗教にそむく行為をも，たびたびやらねばならないことを，あなたは知っておいてほしい。したがって，運命の風向きと，事態の変化の命じるがままに，変幻自在の心がまえをもつ必要がある。そして，前述のとおり，なるべくならばよいことから離れずに，必要にせまられれば，悪にふみこんでいくことも心得ておかなければいけない」（104-105頁）。

このように，マキァヴェッリの『君主論』には，人文主義の教養を備え，祖国フィレンツェ存亡の危機に直面した書記官による，リアルな統治の思慮や技術が描かれている。もっとも，ここでの議論の対象はルネサンス期の新君主に限定されている。しかしながら，歴史や古典は，見えない時代の背中を映す鏡である。そして，現代のリベラル・デモクラシーにおいては，個々の市民も同様に，運命を切り開くための「人間の，人間による，人間のための」統治を担うアクターであることは，おそらく疑いない。現代の「新しい」君主は市民である。それでは，21世紀の市民に向けた『君主論』や『統治論』が書かれるとすれば，それは，果たしてどのような内容になるのであろうか。

Ⅴ　政治の省察

❖用語解説

(1) **思慮**［prudence］　普遍と個別を媒介し，流動的な状況に応じて適切な判断を下す能力。不変的・必然的な物事に関わる学知とは異なり，歴史の知識や経験によって得られる。とくに政治や道徳の領域における実践知（アリストテレス）。『君主論』の記述によれば，「いろいろの難題の性質を察知すること，しかもいちばん害の少ないものを，上策として選ぶこと」（第21章）。

(2) **人文主義**［humanism］　古典古代の教養と学問の実践を重視し，文法・修辞・詩・歴史・道徳哲学を柱とする人文学（studia humanitatis）の修得を通じて人間の完成を目指したルネサンス期の知的運動。近代に至るヨーロッパ文明社会の基礎となる。

(3) **徳**［virtù, virtue］　卓越した状態。プラトンやキケロなど，古典古代の道徳哲学においては，知恵，正義，剛毅，節度からなる枢要徳が重視された。また，中世以降のキリスト教では，これに信仰，希望，愛などの対神徳が加わる。マキァヴェリが読み替えた徳（力量）の言説は，初期近代における共和主義の展開にも影響を与えた。

❖より深く学ぶために

〈基本文献〉

『マキァヴェッリ全集』全6巻＋補巻，藤沢道郎訳者代表，筑摩書房，1998-2002年
『君主論』マキアヴェリ，池田廉訳，中公文庫，改版1995年（ほかに，中公クラシックス，2001年。河島英昭訳，岩波文庫，1998年。佐々木毅訳，講談社学術文庫，2004年）
『マキアヴェリ』（世界の名著16）会田雄次責任編集，中央公論社，1966年

〈入門・解説書〉

『マキァヴェリ――誤解された人と思想』家田義隆，中公新書，1988年
『わが友マキァヴェッリ――フィレンツェ存亡』塩野七生，中公文庫，1992年
『マキアヴェッリ――自由の哲学者』クェンティン・スキナー，塚田富治訳，未來社，1991年
『マキァヴェッリと「君主論」』佐々木毅，講談社学術文庫，1994年
『マキァヴェッリの生涯――その微笑の謎』マウリツィオ・ヴィローリ，武田好訳，白水社，2007年

（木村俊道）

V-4

人間（Human Being/Human Nature）

モンテーニュ

『エセー』

Michel de Montaigne, *Les Essais*（1580, 1588-）

❖政治学と人間

　政治学とは何かを問うことは，政治を営む人間そのものへの問いにもつながる。アリストテレスは，快苦を示す「声」を持つにすぎない動物とは異なり，人間が正・不正などを明らかにできる「言葉」を持つ点にその固有性を見出した。人間は，人間社会における自らの存在理由を求めると同時に，人間が営む政治社会の存在理由をも問いつづけてきた。しかも人間は生を享けたその時代時代の中で自らの価値を問うと同時に，人間全般に関わる普遍的価値として，善き生，善き政治社会を追究してきた。それゆえ人間にとって，政治社会は単に利害調整の場であるだけではなく，人間が各々の，また人間に関わるすべての価値判断を問う場としても現れるのである。

　ミシェル・ド・モンテーニュ（1533-1592）の書斎の天井の梁には，「私は人間である。それゆえ，人間のことで私に無縁なものは何一つないと考える」というテレンティウスの句が刻み込まれている。宗教戦争という凄惨な時代に生きた彼は，まさに正・不正が転倒した現実を目の当たりにしながらも，「人間とは何か」を問う。彼は，人間に関わるあらゆる物事をめぐって，自らの判断の「試し（エセー）」の数々を著書『エセー』で披露する。**モラリスト**として，彼は徹底した自己探究を通じて人間と世界との関係を省察するなかで，「各々の人間が，人間としてのありようの完全な形相を備えている」（第3巻2章）ことを明らかにするのであった。

Ⅴ 政治の省察

❖ 人文主義と人間性の追究

　ルネサンス人文主義の特徴の一つとして，人文主義者ペトラルカの，「真理を知ること」よりも「善を意志すること」，「善き生」を欲することへの強調に表現されるように，「善き生」を導く知恵の研究，すなわち道徳哲学が重視された点が挙げられる。とりわけ西欧では，理論知としての真理を求める哲学の伝統と同時に，言論を通じて思慮，実践知の形成を目指す**レトリック**（弁論・修辞学）の伝統が脈々と築かれていた。ルネサンス期，おそらく最もよく引用されたキケロによれば，「弁論によって，人間は獣的で野蛮な生活から人間的で文化的な生活へと導かれ，その結果，市民共同体が形作られたのである」。このようにレトリックは，善き市民，善き市民社会を形成するものとして，すなわち人間性（フーマニタス）の追究として人文主義研究の中核をなすのであった。そしてこの人間性の理念は，徳を求める人々の自由意志によって形作られ，友愛という徳の共同体において結実すると考えられた。ラブレーの「テレームの僧院」にみられる修道者たちの友愛と唯一の規則「欲することをなせ」でもよく知られているこの理想は，エラスムスやギヨーム・ビュデの君主教育論や，のちにユグノー派の反暴君論に利用されたエティエンヌ・ド・ラ・ボエシの『自発的隷従論』など，当時の政治の規範として実際の政治社会に敷衍されていく。

❖ 『エセー』とその時代

　モンテーニュが生まれる3年前の1530年にはフランソワ一世によってパリに王立教授団が設立され，彼は当時全盛の人文主義教育を幼い頃から受けている。しかしその一方で，彼は宗教改革以前の世界を知らない最初の世代に属していた。『エセー』で彼は，人間性の追究にとりかかる一方で，当時の人間の現実——偽善，裏切り，残酷さ——を余すところなく告発するのである。

> 原典 ①　人間の現実
>
> 「(a) 今わたしは，わが国の宗教戦争が産み出した乱脈のおかげで，この［残酷という］不徳の信じがたい実例が満ち満ちた時期に生きて

> いる。……ただ苦悶しつつ死んでゆく人たちの哀れな身振りや涙声やうめき声を面白がって見物したいばかりに，他人の手足を切りこまざいたり，前代未聞の拷問法や新式の人殺し法を案出するためにその知恵を研ぐ人間があろうなどとは，夢にも思わなかった」(『随想録』モンテーニュ，関根秀雄訳，白水社，1995年，第2巻11章，789-790頁。[　] は引用者)。

彼は，宗教戦争や魔女狩りという血なまぐさい殺戮と憎悪が渦巻く中で，人間の残酷さという現実を目の当たりにし，また，「ただ真珠と胡椒の商売のために」行われた，新大陸征服における不当収奪や虐殺に対して，ヨーロッパのキリスト者（理性・文明の象徴）と新大陸の住民（野蛮・未開の象徴）のいったいどちらが残虐で野蛮かと問い，非難する（第1巻31章，第3巻6章）。その一方で，彼によれば，人間と動物を分かつものとしての「言葉」は内乱を煽動する道具と化し，しかも，嘘や偽善がいまやフランス人にとっての徳なのである。つまり人々は，人間性の追究どころか，真の宗教あるいは理性・文明という口実のもと残虐行為や嘘や偽善を日常とするなかで，まるで立派な修行に励むかのようにこれらの不徳によって自己を形成しているのである（第2巻17章, 18章）。

アグリッパ・ドービニェの『悲愴曲』も物語る陰惨極まりない時代，人々は各人の内面における自由と恒心を求め，ユストゥス・リプシウス，ギヨーム・デュ・ヴェールらに代表される新ストア哲学が台頭することになる。その傍らで，これまでの政治的・公民的人文主義の活動的生活への主張はむしろ，実際の公生活をいかに「世間の与える称賛」を獲得するかという名声・栄誉の追求の舞台へと変えていく口実となった。そこで人々に求められることは，徳の陶冶ではなく，公衆の面前でのみ有徳に見えるよう心がけることである（同巻16章）。このような人間性の形骸化にもかかわらず，その現実を大胆巧みな統治術によって政治秩序の立て直しを図るマキァヴェッリとは対照的に，モンテーニュは「他の主題よりも自分を研究する」（第3巻13章）ことから「人間本来のあり方」を問い，「善き生」に必要な道徳秩序の再構築に着手する。

Ⅴ 政治の省察

❖『エセー』のテクストと政治的言及

　モンテーニュの書斎脇の小部屋の壁面には，1571年の自らの誕生日づけの文として，ボルドー高等法院の職を辞して学芸のために隠棲する旨が書き込まれている。それからまもなくして彼は『エセー』への執筆に取りかかる。しかしこの閑暇の一方，国内では真の宗教をめぐってカトリックとプロテスタントが二分し戦乱を繰り返す。その中で彼は，王や有力貴族たちとの連携・調停役やボルドー市長職などを託され，この宗教的熱狂から距離を置いて王国内の平和回復を求めるポリティーク派の一員として政治に関わることになる。

> **原典 2　宗教戦争の現実**
>
> 「(c)見たまえ。いかに恐ろしい厚かましさをもって，我々は宗教上の諸理由を手玉にとっているか。いかに不敬不遜に，我々は，運命があの国家的嵐の中に我々の立場を変えるごとに，それらを捨てたり拾ったりしたか。思い出したまえ。あの『臣民は宗教擁護のためにその君主に背きこれと戦うことをゆるされるや否や』という重大問題が，つい去年のこと，そもいかなる人々の口によって肯定されて一つの宗派の支壁となったか，また否定されていかなる一派の支壁となったか。また耳をすまして聞いてみたまえ。今はいったいどちらの側から肯定の声否定の叫びがあがっているか」（第2巻12章，810頁）。

　1584年，王弟の死によって次の王位がユグノー（フランス・プロテスタントの呼称）のナヴァール公アンリ（のちのアンリ四世）に継承されることが決定的となり，ユグノー派とリーグ派（カトリック強硬派）はその政治的主張を180度変える。ユグノー派はかつて非難していた王位継承法を擁護する側となり，一方，リーグ派はかつてのユグノー派の選挙王政論や暴君放伐論をおもむろに借用し，主張しはじめる。このような宗教戦争の現実から，モンテーニュは，「真の宗教のため」という一見高尚な口実がまさに彼らの政治的経済的利害という卑しい動機を隠していることを看破し，非難する。

　『エセー』は，1580年に初版として第1巻（57章）と第2巻（37章）が，1588

年には第3巻（13章）と前二巻への増補が一つになったものが出版され，彼はその一冊に死ぬ間際まで加筆し続けた。死後，この手沢本（「ボルドー本」）に準拠した新版が1595年に公刊され，以後読み継がれてきたが，20世紀に入り，この1595年版の信憑性への疑義から，「ボルドー本」の厳密な解読をもとにした版本（「ボルドー市版」）が公刊された。今日『エセー』の多くはこれを底本とし，本文中には以上の執筆時期を区別するために，1580年版のテクストを(a)，1588年版の増補分を(b)，それ以降1592年の死去までの加筆分を(c)で表示している。この表示から，たとえば，市長としての経験が(b)以降の言及やとりわけ第3巻10章に，また原典2に見られるように，1588年の暮れの国王アンリ三世によるギーズ公暗殺後，過激化するリーグ派への批判などが(c)の言及に反映されていることがわかる（ただし本書では，この表示を原典のみに表記し，解説文中の引用箇所では煩雑さを避けるため省略している）。このように『エセー』には，いわゆる書斎の中での彼自身の思索の軌跡にとどまらず，彼の数々の政治的経験とその歴史的証言が反映されている。

❖ ク・セ・ジュ？

『エセー』の中で最も長い第2巻12章「レーモン・スボン弁護」では，ルネサンスのいわゆる「人間の尊厳」の主張とは逆に，「人間の無力，悲惨」が描写されている。彼は，当時の宗教論争において人々が自らの見解こそ絶対的真理であると譲らない様相に，「人間ははなはだ狂っている。虫けら一匹造れもしないくせに，神々を何ダースとなくでっち上げる」と指弾する。彼は，徹底した懐疑の見地から，人間理性の無定見，認識能力の不確実性を指摘し強調することで，あらゆる教条主義，狂信，独断を疑い，それらを排していくのであった。

しかしながらここで看過すべきでないのは，彼の懐疑が一般にいわれるように，真理への探究の拒否やあらゆる物事に無関心な態度へと向かわせるものではなかった点にある。彼は，それとは逆に，人間理性の限界を自覚し，「私は何を知っているのか？」という判断留保によって，むしろその偏狭さを排し，あらゆる先入見にとらわれない自由な検討精神のもと，問題探究において自らの「実践的理性」を試すことを可能にした。実際，彼は「真理を樹立する」ためで

V　政治の省察

はなく，これを「探究し，議論するために，自らの理性を用いること」を，『エセー』で「試す」と主張するのである（第1巻50章，56章，第2巻12章ほか）。

❖法と正義

　有名な「山々のこちら側でだけ真理で，向こう側の世界では虚偽であるとはなんという真理であろう」（同巻12章）というフレーズは，法，正義が相対的なものにすぎず，しかも正・不正の倒錯した現実社会を非難するものとして，後代，ブレーズ・パスカルが『パンセ』で借用していることでも知られる。モンテーニュは自然法の存在そのものは否定しないが，人間理性ではもはやそれを把握することはできないと主張する。そして第1巻23章「習慣慣習について」をはじめとして，彼は各国での法，正義が，多様でかつ奇怪な習慣慣習にその根拠を置いているにすぎないことを論証していく。しかしながら同時に，彼はこの法・習慣慣習という「目隠し革」が，人間理性という危険で無謀な道具に「節度と秩序」を与えていると説明する。

　当時，「法律とは主権者の命令にほかならない」とするジャン・ボダンの「主権」論が台頭するものの，依然として，古来から人民や共同体の同意によって裁可されている点で慣習に基づく「法の支配」を尊重しなければならないという考えは支配的であった。また，「良心の掟は自然から生ずると言われるが，それは習慣から生まれる」（同章）という考えから，人間はこの「第二の自然である」習慣（第3巻10章）によって，徳あるいは不徳を自らの性状と化することもできる。モンテーニュは，このような法・慣習に見られる「共同の同意」や習慣の「人間・世界を統御する力」に着目し，その効用を説明するのである。

　一方，現実の法・国制をめぐっては，当時の宗教上の騒乱を背景に次の二つの論争が展開されていた。「王の権力は人民に由来し，この権力は制限され，また一定の状況においては暴君放伐も許される」という議論（暴君放伐論）と，「王の権力は神に由来し，この権力は分割されたり制限されることなく絶対的なものであり，当然反抗は決して正当化されない」とする議論（王権神授説）である。彼はこれらの議論にたいして，前者が「王を馬車引きよりも劣るもの

とし」，後者が「力や至高性の点で王を神よりもさらに上位に奉っている」（同巻7章）と論評するにすぎない。なぜなら，法・国制を論じ批判することは簡単だが，もしこのような理論の上での批判に基づき現実を改革しようと考えるのであれば，それは習慣慣習が実際に持つ効力をあまりにも軽視していることになるからである。

またこのことは同時に，内戦の当事者たちが「宗教上の改革」という名目で，自分たちの見解を実現するために，公共の平和を乱すこともやむなしと考える「はなはだしいうぬぼれと不遜」への糾弾へとつながる（第1巻23章）。モンテーニュの考えでは，個人の理性の管轄権はあくまでもその個人にしか及ばないのであって，これを公共社会に拡大することは，個々の無定見な理性の放縦を看過することにほかならない。それは「共同の同意」を無視することであるとともに，習俗の腐敗を引き起こし，不徳の習慣化を許容することを意味する。それゆえ，彼は最もすぐれた政治体制を説明する際，それが個人の見解で判断されるものではなく，「その下でその国が長く維持されてきた政治体制である」（第3巻9章）という事実を指摘するのである。彼にとって重要なのは，法・国制の正統性をめぐる論争ではなく法・国制の実質なのである。彼は服従すべき理由を，法が，聖なる価値を内在させているという伝統的な解釈からではなく，われわれの共同生活に根をおろし，最も役立っているという，人間が社会生活を構成するうえで不可欠な要件としてその実際的見地から説明するのであった。

原典 3　法の現実，政治の現実

「(b)ところで法律が信奉されているのは，それらが正しいからではなくて，それらが法律であるからだ。これが法律の権威の不可思議な基礎で，このほかに基礎はまったくない。……法律は公正だからといってこれに従う者は，法本来の意義をわきまえて正しく従っているのではない」（第3巻13章，1951-1952頁）。

「(b)結局わたしはわが国の実例によって，人間の社会はどんなにひどい目にあっても，あくまで結びあって解けないものであると知った。……必要は人間同士をなれあわせ結束させる。この偶然の結束が後に法律の形をとる」（第3巻9章，1729頁）。

V 政治の省察

❖政治と道徳

　同様に彼は，政治の目的が人間の実質的紐帯としてその秩序の維持，保全にあることを「悪口の都市(ペネロポリス)」の例から説明する。そこでは邪悪で矯正しようもない人々でさえ，不徳そのものから政治社会を作り，住みよい社会を建設したという。したがって，政治が必要とする徳とは，もはや伝統的な共通善ではなく，「人間の弱さと手をつないでゆける徳である」(第3巻9章)。このように彼は，伝統的政治観，いわゆるポリス的動物を前提とした政治秩序の崩壊を自明のものとしながらも，マキァヴェッリやホッブズとは異なり，人間の社会性そのものまでは否定しない。とはいえ，現実の政治秩序が道徳秩序と異なるものであることを指摘し，さらに第3巻1章「有用さと道徳的高貴さについて」では，「我々社会のつながりを保持するのに用いられる」のであれば，政治社会における不徳の存在をも認める。「公の利益のためには，裏切ることも嘘をつくことも，また人殺しも要求される」(同章)。このような言及は，たとえば彼の友人で著名な歴史家エティエンヌ・パキエの「公的有用性によって償われる何らかの不正というものもある」といったギーズ公暗殺にたいする国王擁護論の中にも見られる。この王国の秩序回復への「公的有用性」の主張は，当時「マキャベリズム」や**国家理性**と結びつけられ論じられていた。

　しかし，モンテーニュは確かに政治における不徳の存在を許容するものの，いわゆるマキャベリズムを勧めているわけではない。彼の意図は，政治の存在理由が公的紐帯の維持にあることを明らかにすることによって，まず，「真の宗教のため」，「公共のため」という「野心が義務の仮面をかぶせてこれと混同する行動」(同巻10章)のその口実を奪い，宗教戦争による政治・道徳的無秩序から政治固有の秩序を回復させることにある。そして，政治の存在理由を明確にすることで，「秩序維持」のみが公生活に課せられた義務としてそれへの服従を正当化できるのであり，したがって，人々はそれ以外のことで公共のために私的な良心を犠牲にする必要はないのである。換言すれば，彼にとっては，政治秩序の自律を促すこととともに，各人の徳の陶冶こそ私生活に課せられた義務とする新たな道徳秩序の確立こそが肝要なのであった。人間は良心の自律

によってはじめて，自らの「善き生」を形作ることができ，また，自らの良心に反しない形での政治的服従を容易にする。彼の理想の人物であるエパメイノンダスは，自らの義務に忠実であることで，どんなに政治に不徳な要素があろうと，その犠牲になることなく自らの道徳的高貴さを発揮し，政治に携わることができたという。同様にモンテーニュ自身も，「もっぱら法に従った，市民としての愛情で」（同巻第1章）政治に携わることで，自分にたいしてもまた公共社会にたいしても義務と奉仕をささげることができ（同巻10章），しかも「自分の判断と理性の自由選択によって」愉快に主君にご奉公できた（同巻9章）とも説明する。

❖良心の法廷と日常の秩序

モンテーニュはこのように一貫して，人間にとって重要なこととは，政治という舞台において称賛に値する人間を演じることよりも，その国の法の裁き（ジュジュマン）に正義のよりどころを置くことよりも，まず，自らを知り，自らの内に「私自身を裁くための私の法律と法廷」（同巻2章）を持ち，自らの「日常（精神状態・生活態度）」を整え，形作る（同巻13章）ことであると主張する。彼によれば，世間一般の義務よりも自らの良心がすすんで課す義務のほうがはるかに強く自らを拘束するのであり（同巻9章），何よりも，人間は自らの良心の法廷における判断（ジュジュマン）の自由によって，自らの「日常」を実現していかなければならないのである。その意味でも，既存秩序への服従は，内戦の，秩序破壊や残酷さの常態化を阻止するためであるとともに，まさに人間が各々の「日常」を支える「秩序」そのものを取り戻すためにも要請されるのであった。

人間にとって判断の自由が「善き生」に不可欠なものと考える彼は，「命令や規律で導かれる生活」ではなく，先にも述べた「習慣の力」を各人の判断の足場にすることによって，人間が各々ふさわしい「日常の秩序」として「善き生」を形作ることができると主張する（同巻13章）。なぜなら習慣には，人間・世界の変化変動とその多様性の中で人間を順応させる力があり，「独りよがりや頑なさ」から生じる不徳に陥ることなく，「柔軟な変通自在の霊魂」の陶冶を可能にするものだからである（同巻3章，13章）。彼は理想の人ソクラテスに，

Ⅴ　政治の省察

理性の命令によるのではなく，「徳が自らの性状と化する程の，徳にたいするきわめて完全な習慣」（第2巻11章）によってなしえた豊かな霊魂を見出すのであった。この点で彼は，当時支配的であった新ストア哲学の「恒心」の理想とは異なる見地から，「善き生」の実現を考えていたといえる（第3巻10章）。

> **原典 4　人間としての生**
>
> 「(b)自分の存在を正しく享楽することを知ることこそ，絶対の完全であり，神のごとき完全である。我々が別の諸性質状態（コンディション）を求めるのは，自分の性質状態をいかに用いるべきかをわきまえないからであり，自分を抜け出るのは，自分の内部がどんなものであるかを知らないからである。(c)だが我々は竹馬にのっても何にもならない。まったく，いくら竹馬にのっても，やはり自分の脚で歩かなければならないのだ。いや世界で最も高い王座に登っても，やっぱり自分のお尻の上にすわるだけなのである。(b)最も美しい生活とは，わたしの信じるところでは，普通の(c)人間らしい模範に従う生活である。秩序はあるけれども，奇跡だの(b)突飛なところのない生活である」（同巻13章，2035-2036頁）。

❖善き生への問い

内戦による無秩序の中，モンテーニュは，人間社会についてのリアルな認識から，人間性にふさわしい徳の共同体の理念を実際の政治社会そのものに安易に敷衍せずに，まず，個々人が自分自身を正しく知ることによって「一人の人間としてふさわしく生きること」（同巻13章）を要請した。この点で，彼にとって政治社会とは単なる秩序維持のための必要悪に過ぎないと解するのは早計であろう。もちろん，彼の政治観に見られるある種の保守性は彼の時代固有の思考枠組みを抜きに評価すべきではないが，ここでは彼が一個人としての「自己」に立ち戻って探究することで，むしろ人間性の追究を可能にした点を過小評価すべきではない。

彼は，人間の「判断と意志の自由」こそ動物との決定的相違点（第2巻8章）

と考え，判断の自由によって「善き生」を形作ることができるよう，「言葉を介した人間の連繋」として人間社会の「日常の秩序」の回復を要請する。たしかに「いかに生きるべきか」は，人間の「好み，力量」がそれぞれであるために，「一人一人が自らに従いそれぞれ違った道によって，その幸福へと導いていかなければならない」（第3巻12章）。しかしながら，「善き生」の導き手である「人間の判断とは，我々が世間と繁く交わることから，驚くほどの明察を引き出せる」（第1巻26章）のであり，人間の価値判断の多様性とその相互批判を受容する間主観性の基礎なのである。それゆえ，人間には，自らの良心を築くために，言論・思想を通じた「厳しく力強い交わりを誇りとする友愛」（第3巻8章）を可能とする場，すなわち人間・世界の多様性の中で，各々独自の価値判断を表明し相互に検討し試しあう場としての共同体が不可欠なのであった。

政治・道徳が混迷する時代において，モンテーニュは，善き政治社会を問うことよりも，まず，「自己」への徹底した省察を通じて「人間本来のあり方」を問い，人間に各人の良心の自律の確立と社会的存在としての自己の再確認を要請した。このように人間が，一個の人間として自らの判断の自由のもとで「善き生」に向け「いかに生きるべきか」を問うことは，社会的存在としての自己のあり方を問うことであり，同時にその「善き生」の追究を可能とする場としての人間の連繋のあり方，すなわち「人間と政治のあり方」を不断に問い直すことでもある。

❖用語解説

(1) **モラリスト [moraliste]**　人間の日常の心の動きや行動を現実のあるがままの姿において観察・分析して，人間の普遍的なありよう（人間一般の性状や境遇）を提示すると同時に，人間がいかに生きるべきか（人間社会における一個の人間としての人間本来のあり方，ひいては人間社会そのものの本来のあり方）を探究，描写する著作家。

(2) **レトリック [rhétorique]**　レトリックの伝統には「人間の生と倫理，すなわち人間社会のあらゆる面に精通してはじめて豊かな言論を駆使できる」という考えがある。このようにレトリックは，人々に善を意欲させ，習慣化された性状としての徳を涵養するものとして，人間性〔フーマニタス〕——人間にとって自由人としての人間形成とそれにふさわし

V 政治の省察

い社交を可能とする「人間的教養」——の追究に不可欠なものと考えられた。
(3) **国家理性**［raison d' Etat］ 国家固有の行動基準として，国家にはその維持，発展のために，（宗教，道徳，法を前提とすることなく）優先されるべき国家固有の大義があるとする考え。しばしば公共の福祉のためには為政者の不正な行いをも容認する議論へと展開した。

❖より深く学ぶために

〈基本文献〉

『随想録』モンテーニュ，関根秀雄訳，白水社，1995年（他に，『エセー』全6巻，原二郎訳，岩波書店，2002年。『随想録（エセー）』上・下巻，松波信三郎訳，河出書房新社，2005年。『エセー』全3巻，荒木昭太郎訳（抄訳），中央公論新社，2002-2003年がある）。また，上記の邦訳とは異なり，1595年版を底本とした邦訳『モンテーニュ エセー抄』宮下志朗編訳（抄訳），みすず書房，2003年と，その全訳の『エセー』全7巻が，白水社から現在刊行中である。

〈入門・概説書〉

『モンテーニュ——初代エッセイストの問いかけ』荒木昭太郎，中央公論新社，2000年
『近代政治思想の誕生——16世紀における「政治」』佐々木毅，岩波書店，1981年
『モンテーニュは動く』ジャン・スタロバンスキー，早水洋太郎訳，みすず書房，1993年
『モンテーニュとメランコリー——「エセー」の英知』マイケル・A.スクリーチ，荒木昭太郎訳，みすず書房，1996年
『モンテーニュ』ピーター・バーク，小笠原弘親・宇羽野明子訳，晃洋書房，2001年

(宇羽野明子)

V-5
歴史
（History/Historiography）

ヒューム
『道徳政治文芸論集』
David Hume, *Essays Moral, Political, and Literary*（1758）

バーク
『フランス革命の省察』
Edmund Burke, *Reflections on the Revolution in France*（1790）

❖歴史とは何か

　政治という人間の営みを考える場合に，意識するか否かを問わず，遭遇せざるをえないのは，歴史というテーマである。ここでは，18世紀イギリスの二人の政治思想家を題材にして，政治と歴史，政治学と歴史という視角から四つのトピックを取り上げて，政治という営みを考えてみよう。

　歴史という概念は多義的であるがゆえ，議論はしばしば混乱する。歴史という言葉には，日本語でも英語でも大きく分けて，①過去に生起したこと，②そうした出来事を記したもの（あるいは記すこと）という二つの意味がある。つまり歴史とは，過去そのものと同時に，過去の記録を意味する言葉でもある。まずは，第一の意味の歴史と政治の関連から考えよう。

❖過去としての歴史と政治

　われわれは好むと好まざるとにかかわらず，ある特定の時点に，ある特定の社会の中に生まれ落ちている。現代では，ほとんどの場合，その社会はすでにその時点で，国家と呼ばれる一つの政治共同体となっている。生まれたその国の一員となれるかどうかは必ずしも定かではないが——これはだれに市民権（citizenship）が与えられるかという問題である——，いずれにせよ，われわれ

V　政治の省察

は，すでに構築されている政治的・法的なルールや制度の網の目の中に生まれ落ち，その中で生を重ねていく。

　このことが示唆するように，政治という，複数の人間がよりよく共存するための営みは，なにもない真空状態で，あるいは抽象的な人間や社会を相手にして，なされるのではない。それは，過去から引き継いできたある特定の枠組みを前提にして——それを維持するか改めるかを問わず——営まれざるをえない，という特徴を持っている。政治は，ある特定の時間的・空間的文脈を前提にして，具体的な場所において，具体的な問題にたいして，具体的な人間によってなされるのである。ヨーロッパの政治学が古代ギリシア以来，思慮（prudence）という，具体的状況に巧みに対応する能力の重要性を唱えてきたのは，こうした政治の特質を理解すればこそであった。そして，この思慮という政治的判断力を学ぶために推奨されたのが，歴史書を読むことである。さまざまな事情が複雑に絡み合う個々の状況において，政治家・指導者がいかに決断し行動したか，という過去の具体例は，模範（もしくは反面教師）として政治的判断力を鍛える，と考えられたのである。

　この思慮という政治的能力の重要性を説いた一人にエドマンド・バーク（1729-1797）がいるが，彼こそは，政治社会が過去の蓄積のうえになりたつという事実を出発点にして，そこから独自の政治思想を組み立てた思想家であった。バークはもともと，政権を批判して種々の改革を提唱した政治家であったが，隣国フランスで革命が発生すると，いちはやくその危険性を指摘する。批判は，革命政権がこれまでの過去の蓄積を一挙に捨て去り，白紙から新しい政治制度を構築したことに向けられる。彼にとって問題は，改革をするかしないかではなく，どのように改革するか，過去の蓄積をどのように扱うか，という点であった。

――― 原典 1　保守と修正 ―――

「何らか変更の手段を持たない国家には，自らを保守する手段がありません。そうした手段を欠いては，その国家が最も大切に維持したいと欲している憲法［＝国家の制度］上の部分を喪失する危険すら冒

> すことになり兼ねません。イングランドに国王がいなくなった王政復古と「革命」[＝名誉革命] という二つの危機的時期に際して，保守と修正の二原理は力強く働きました。これら二つの時期に当って国民は，往時の大建築の中にあった統一の紐帯を喪失しましたが，それにも拘らず，建物全体を分解はしませんでした。反対に彼らはいずれの場合にも，古い憲法の欠陥ある部分を，損われなかった諸部分によって再生させたのです」（『フランス革命の省察』エドマンド・バーク，半澤孝麿訳，みすず書房，1989年，29頁．[ ] は引用者）。

部分的な修正により全体を維持すべきである，すべてを取りかえようとする革命は，結局はそれを実行する政治権力の肥大化と暴走を生み，恐るべき専制をもたらす，というのがバークの批判である。彼は，人間や政治社会が歴史の中に組み込まれた存在であることを正面から受け止めたうえで，その事実を肯定的に理解し，時間の流れの中で継承されてきた叡知を——部分的修正を通じ——あくまで保守すべきと説く。バークのこの思想は，その後，保守主義の政治思想として理解されるようになり，米ソが対立した20世紀の冷戦期には，社会主義革命を批判する思想として受容された。

　もちろん，われわれが特定の政治社会に生まれ，過去から継承されてきた枠組みを前提にして生活や政治を営まざるをえないにせよ，しかし，このことは，そうした過去の蓄積にたいしてどのような態度をとるか，という問題とはあくまで別の問題である。バークのように，過去の蓄積を**伝統**と見なして維持しようとすることは一つの選択であるが，反対に，悪しき伝統と見なして改めようとすることも可能である。つまり，過去にまったく拘束されないことは不可能にせよ，ある特定の伝統を却下することはできる。しかしいずれにせよ，政治という営みが，過去が積み残してきた枠組みをさしあたりの出発点とせざるをえない，という事実は変わらない。人間の自由とは新しいことを始める能力にほかならない，と論じた20世紀のハンナ・アーレントが，「はじまりが存在せんがために，人間はつくられた」というアウグスティヌスの言葉を引用するのは，そうした能力を持つ人間が，あくまで特定の歴史の中に生まれ落とされた

Ⅴ　政治の省察

存在であることを理解すればこそであった（『革命について』ハンナ・アレント，志水速雄訳，ちくま学芸文庫，1995年，337頁）。過去としての歴史を前提にせざるをえないのは，人間の条件であり，政治の条件なのである。

❖歴史解釈と政治

　しかし，歴史と政治の関係は，伝統を保守するか変革するか，という単純な問題にはおさまらない。そもそも伝統とは何か，という問題が潜むからである。ここに，第二の意味の歴史が登場する。

　つまり，何を伝統と見なすか，どのように過去を理解するか，という歴史解釈の次元で対立が存在し，これが政治対立に連動するのである。過去は，決して自明なものではない。われわれは，過去に直接立ちあうことはできず，歴史を記す営みを媒介にして，そこで取捨選択され整理された姿の過去と向かいあっている。ところが，この歴史叙述の営みは，過去が無限ともいえる出来事を含み取捨選択が不可避であるという単純な事実からしても，多様な過去の物語を生みださざるをえず，それ自体が論争的・政治的となる（記憶の抗争）。これは単に歴史家のあいだの対立ではない。たとえば，ヨーロッパが宗教戦争に染まった16-17世紀には，宗教史や教会史をめぐる歴史解釈の対立は，生々しい政治対立そのものであった。

　現代日本においても，20世紀前半の日本の歴史をいかに理解するか——侵略と殺戮の歴史か，挫折したアジア解放の歴史か——という対立は，先鋭な政治対立と結びついている。日本国憲法は占領下で押しつけられたと理解するか，仮にそうであれ，現憲法は戦後数十年のあいだに国民の暗黙の同意を得たと理解するか，という対立は，改憲か否かという政治対立に直結する。1990年代を「失われた10年」と捉えて未達成の新自由主義的改革を推進するか，グローバル化の脅威にさらされた時代と見なして強い日本を目指すか，あるいは，福祉国家の衰退を見出し社会保障の拡充を主張するか，という対立は現在のものである。政治という営みが，過去の蓄積を前提にせざるをえないということは，その過去をどのように理解するかという点が重大な政治的争点になる，ということである。

この点に関連して，今日の政治学の関心を集めているのは，**ナショナル・ヒストリー**をめぐる問題である。われわれが現在，国家と呼ぶ政治共同体は，じつはそれほど長い歴史を持つわけではなく，18世紀末以降の民主革命と産業革命の中で形成された，国民国家（nation state）と呼ばれるタイプの政治共同体である。国民国家がそれまでの政治共同体と大きく異なるのは，国民／民族（nation）という単位を強調し，文化的・言語的に同質的なこの単位が政治の単位と重なるべきである，という発想を前提にする点である。つまり，われわれという意識の基礎になるのは国民／民族であり，これが一つの政治共同体を構成すべきだ，というのである。そして，国民国家を構築し，人々を国民という枠組みの中に組み込む国民統合の過程で持ち出されたのが，整備された共通語（国語）とともに，国民／民族の歴史，すなわちナショナル・ヒストリーであった。それは，国民という集団の集合的記憶たるべく再構成された歴史叙述であり，それが語るのは国民を主人公とする進歩の物語である。ナショナル・ヒストリーは，太古からあたかも同質的な国民が存在してきたかのように国民の歴史を語ることによって，被征服民族・少数民族など内部に存在した異質な存在を隠蔽するとともに，境界線の内部と外部のあいだに決定的な対立を見出す。こうしたナショナル・ヒストリーの政治性は，歴史解釈と政治の深い結びつきを示す一例である。

　では，歴史解釈の対立をどう考えるべきだろうか。リベラル・デモクラシーのもとでは，原則としてあらゆる政治的立場の存在を容認すべきであるとするならば，それに連動する歴史解釈についても，すべて同じ妥当性を持つと見なすべきなのだろうか。ホロコーストは存在しなかった，と主張する歴史解釈もやはり妥当性を持つのであろうか。

> **原典 ② 歴史解釈の対立をどうするか**
>
> 　「そのような［党派対立を穏和にするという］結構な目的を助長するには，一党が他党に対していわれのない軽蔑や優越感をもつことなど絶対ないようにし，中庸を得た意見を奨励し，どんな論争にも適当な仲裁的見解を見つけ出し，両派の各々に反対派がときには正しいこ

V　政治の省察

> ともあり得るということを納得させ，そして，両派によせられる称讃や非難がつねにつりあいのとれたものであるようにすること，このようなことが一番効果的です。原始契約と絶対服従とについてのべたさきほどの二つのエッセイは，ウィッグ，トーリー両派の哲学上と実践上の論争について，この方法を適用してみようと思って書かれたものです。それは，両派が各々自派の哲学的ないし実践的な見解の長所をつとめて誇大化しておりますが，しかし，そのような長所は，理性によって，それほどには，支持されはしないということを示そうとしたものです。このエッセイでは，さらに歩を進めて，ウィッグ，トーリー両派間の歴史を引き合いに出す論争（historical disputes）についても同様の穏健中正の道を確立したいと思います。その方法としては，両派とも自派の正当化についてはもっともらしい論拠によっていたこと，それらの両方に自国の幸福をねがうひとびとがいたこと，そして，両派間のかつての憎悪心の原因は狭い偏見かそれとも利害から生じた激情でしかなかったこと，このようなことを証明するのが最も適当でしょう」（『市民の国について』（上）ヒューム，小松茂夫訳，岩波文庫，1982年，161頁。[　]は引用者。原文の傍点は省略）。

　これは，デイヴィッド・ヒューム（1711-1776）の『道徳政治文芸論集』の一節である。哲学者として知られることの多いヒュームは，この著作では同時代の政治や社会を論じ，なかでもイギリスの党派対立に強い関心を寄せる。自由な政治社会では党派対立はやむをえないが，暴力や殺戮に至ることがないように，いかにして，そうした対立を穏和にするか。これがヒュームの課題であり，そのための一つの方法が，彼のいう「哲学」の導入であった。それは，対立する争点を学問的に吟味することを通じて，対立する党派のあいだには妥協の余地があることを示すという方法である。彼の『イングランド史』（1754-1762）は，こうした方法を歴史解釈に適用することによって，党派的な歴史解釈を克服しようとした試みである。ヒュームは，歴史叙述があくまで史料に基づいて判断を下す知的・学問的営みであることを立脚点とする。歴史解釈が多様であれ，それはすべてが同じ妥当性を持つことを意味するのではなく，史料に基づ

いてより妥当な歴史解釈を選ぶことは不可能でない、というのである。

❖歴史の発展法則と政治

　日本がヨーロッパの学問に本格的に接したのはようやく19世紀後半以降のことであり、日本の人文・社会科学は、その当時のヨーロッパの学問・思想に大きく影響されることになった。政治学も例外ではない。これまでの政治学において歴史と政治という問題を考えるときに、19世紀ドイツの思想が前提とされることが多かったのはそれゆえである。ヘーゲルや、彼を批判的に継承したマルクスによれば、歴史とは、ある一つの目的にむけて必然的に発展していく過程である。歴史には発展法則が内在している、というのである。この**歴史法則主義**が、第三のトピックである。この歴史観においては、政治や政治制度は、歴史の発展法則に基づいて進化・変化すると考えられる。すべての歴史は階級闘争の歴史であり、生産力の上昇に伴って支配階級が交代すると考えたマルクスは、労働者階級が勝利して階級対立がなくなる歴史の最終段階においては、政治は消滅するとした。政治権力は支配階級の抑圧の道具にすぎないので、理想社会では死滅する、というのである。

　過去よりも現在のほうが、さらに現在よりも未来のほうが優れている、というこうした時間意識（進歩史観）は、21世紀のわれわれにも少なからず影響を及ぼしているが、じつはこれもそれほど古いものではない。むしろ反対に、かつては、過去のほうが優れていたという歴史観こそが一般的だったのである。ヨーロッパ世界は、古代ギリシア・ローマ世界を自らの源流と見なし、なおかつ長い間、それを模範と考えてきた。その端的な表現がルネサンス（復興）と呼ばれる文化運動であり、そこで復興が目指されたのは、この古代ギリシア・ローマの学術文化にほかならなかった。ところが、ヨーロッパはそののち経済発展を遂げ、18世紀には、古代よりも自分たちの生きる近代のほうがもはや優れている、という意識が登場する（古代近代論争）。古代人は自由な民主政・共和政に生きたかもしれないが、粗野な野蛮人であり、近代の商業社会においてこそ人間は人間らしく生きられる、というのである。ヒュームやアダム・スミスなど18世紀スコットランドの知識人たち（スコットランド啓蒙の思想家）

Ⅴ 政治の省察

は，こうした歴史意識を結晶化して，文明社会に至る発展の歴史を描く。

> 原典③ 文明発展と政治
>
> 「このようにも大きな相違を生み出す生産活動は技芸と生活洗練との時代と不可分の関係にある学問活動により大幅に促進されます。しかもこの学問活動は他方では国家に対し，被治者の生産活動を最大限に活用し得る道を用意します。法，秩序，警察，規律，これらがなにほどかでも完成の域に近づくには，それに先立ち，人間の理性が訓練を通じ，さらには，少なくとも商業や工業の分野におけるさまざまのより平俗な技芸における使用を通じ練磨されていなければなりません。紡車の製法や織機の操法を知らぬ国民にすぐれた政治組織の樹立をわれわれは期待し得るでしょうか。それに，付言するまでもなく，無知の時代はまたつねに迷信の横行する時代であり，この迷信のため，政府は混乱させられ，私人はその利益と幸福との追求を妨害されます。
>
> 政治技術の分野における知識の探究は，人間の性情に即した原則にもとづく支配が，苛酷で峻厳な支配に勝ること……をひとびとに教え，そのことを通じて政治的支配における寛容と穏健とを自然と生ぜしめます。ひとびとの知識が進むと同時にその気質も和らぐようになると，〔政治的支配における〕そのような人間らしさはさらに一段と顕著になり，野蛮で無知な時代から文明の時代を区別する主な特徴となります。事態がそのようになると，党争は宿怨の深さを和らげ，革命もそれほど悲劇を生ず，権力もそれほど苛烈ではなく，反乱ないし暴動もそれほど頻繁ではなくなります」(『市民の国について』(下)，38-39頁。一部改訳。〔 〕は翻訳者)。

技術革新が進み，経済活動が活発になるということは，人間の知的能力が向上しているということであり，ここでは政治も改善される，こうした文明発展を成し遂げた近代世界はそれゆえ古代に勝る，というのである。しかし，ヒュームやスミスは，彼らに学んだ次の世紀のヘーゲルやマルクスとは異なって，歴史はこれからも必ず発展し続ける，社会はおのずと良くなっていく，と論じたわけではなかった。彼らは，近代はいまや古代に勝るとはしたものの，その近代世界のもろさや弱点についても鋭く認識する。歴史は進歩するから人間が

政治を通じて解決すべき課題は減少する，のではない。歴史の発展という大きな物語を信じ，その中に政治や政治学を回収してしまう発想は，ヒュームやスミスのものではなかった。

❖政治学の歴史と政治学

　最後に登場するのは，政治学そのものの歴史というトピックである。それは政治学がそれ自身の歴史をどのように取り扱ってきたか，という問題である。

　なぜこのトピックを扱う必要があるのか。その理由は，政治学の特質に求められる。政治という営みを分析の対象とする政治学は，長きにわたって，過去の政治学を常に意識して，これと対話しながら営まれてきた学問である。ヨーロッパの政治学は，批判するにせよ継承するにせよ，それまでの過去の政治学を踏まえ，そうした過去の層のうえに自らの層を積み上げてきたのである。

　もちろん，どんな学問であれ，先行する学説を何らかの形で前提にするが，政治学において特徴的なのは，古代ギリシア・ローマにおいてこの学問の原型ができあがり，それが圧倒的な影響力を保ち続けてきた，という事実である（18世紀まで経済学や社会学は確立しておらず，政治学は，長らく今日の社会科学全般を受け持つ学問であった）。すでに古代世界には，デモクラシーや独裁を含めたさまざまな政治的経験が蓄積されており，それゆえ古代の政治学には，権力，自由，平等，正義，公共性，戦争といった政治に関わる基本的な主題がはやくも出そろっていたのである。

　政治学が政治学の歴史に向かいあう場合においても，事情はやはり歴史一般の場合と同じである。つまり，政治学の歴史が自明な姿で存在するのではなく，それをいかに理解するかという歴史解釈の対立があり，これが政治学説の対立と結びついている。17世紀のジェイムズ・ハリントンは，古代の政治学のうちに継承すべき共和政の政治学の伝統を見出し，『オセアナ共和国』でその復活を試みたが，これにたいし，彼が論敵と見なしたトマス・ホッブズは，古代の政治学こそが反乱と無秩序の原因であると考えて，『リヴァイアサン』で絶対主権を論じる。ヒュームの場合も事情は同じで，彼の政治学は彼の政治学史理解と連動している。

Ⅴ　政治の省察

> **原典④　ヒュームの理想共和国論**
> 「このエッセイでわたくしが意図している一切は、このような［理想の政治制度とはなにかという］理論的問題を復活させることにあります。……人類の習俗に重大な改革を加えることを想定しているような一切の政府設計案は、明らかに夢想的案です。プラトンの「ポリテイア」［＝邦題『国家』］やトーマス・モア卿の「ユートピア」がこの種のものです。「オケアーナ」［＝ハリントン『オセアナ共和国』］はこれまでに公刊された唯一の価値ある共和国設計案です」（『市民の国について』（上），187-188頁。［　］は引用者）。

　ヒュームは政治学の歴史を整理して、人間を改造しようとする議論の系譜と、制度的工夫によってありのままの人間の共存を目指す政治機構論の系譜とを区別し、自らは後者の系譜を継承する。このように、政治学を論じることは、政治学の歴史を解釈し論じることでもあったのである。

　ところが、政治学は20世紀に変容を迫られる。アメリカを中心に、自然科学をモデルとする新しい政治学を創設しなければならないという主張が強まり、これまでの政治学の蓄積を拒絶して、計量分析や数理分析の手法を用いる政治学研究が登場する（行動論革命）。プラトンやキケロやマキァヴェッリを読まずとも政治学者たりうる時代が到来したのである。

　そして現代では、従来の政治学と新しい計量的な政治学のあいだに、優劣をめぐる対立も珍しくない。しかし、しばしばなされるように、新しい政治学を実証的政治学、従来の政治学を規範的政治学と分類して対置するのは、適切な理解ではない。繰り返し指摘されてきたように、計量的手法の政治学においても分析者の価値判断が混入することは避けがたいし、他方、従来の政治学の多くが歴史学とともに歩んできたという事実は、そうした政治学が、あくまで経験的事実を根拠にして議論を構築する、というスタイルを採用してきたことを物語るからである。われわれは、政治学が、人間の共存を目的とする政治という営みを解明する学問にほかならないことを踏まえたとき、政治学内部の対立を、ゼロサム関係ではなく、相補的関係と見なすことができる。複雑なニュア

ンスを持つ政治という人間の営みを理解するにあたっては，さまざまなアプローチからの研究が可能であり，なおかつ必要なのである。

❖用語解説

(1) **伝統 [tradition]**　伝統は，いつから伝統なのだろうか。昔から続くものはすべて伝統なのだろうか。エリック・ホブズボウム，テレンス・レンジャー編『創られた伝統』（前川啓治・梶原景昭ほか訳，紀伊國屋書店，1992年）によれば，伝統とは，ある時点で取捨選択して創りだされたものである。日本の伝統とされているものについても，明治政府のもとで創出されたものが少なくない，と近年の研究は伝える。

(2) **ナショナル・ヒストリー [national history]**　1990年代以降の日本においてこのテーマが関心を集めた一因は，グローバル化の反作用としてナショナリズムが高揚したことである。1990年代には，それまでの通説的な日本史解釈を「自虐史観」と批判し，国民が誇りを持つことができる——つまり国民という集合的アイデンティティを強化するための——歴史の物語が必要である，と主張する論者がマスメディアで活発に発言した。従軍慰安婦をめぐる理解など，これまでの共通了解を批判するこうした立場は，歴史修正主義（revisionism）と呼ばれる。

(3) **歴史法則主義 [historicism]**　ヘーゲルやマルクスのように，歴史の中に発展法則を見出し，未来が予測可能であると見なす立場について，20世紀のカール・ポパーは歴史法則主義と呼んで批判した（歴史主義と訳される場合もある）。この思想は，歴史の法則を理解していると自称するエリートによる全体主義的支配に直結する，というのがポパーの批判である（『歴史主義の貧困』カール・ポパー，久野収ほか訳，中央公論社，1961年）。

❖より深く学ぶために

〈基本文献〉

『市民の国について』全2冊，ヒューム，小松茂夫訳，岩波文庫，1982年

『フランス革命の省察』エドマンド・バーク，半澤孝麿訳，みすず書房，1989年（ほかに，中野好之訳，岩波文庫，2000年）

『バーク政治経済論集——保守主義の精神』エドマンド・バーク，中野好之編訳，法政大学出版局，2000年

V　政治の省察

〈入門・解説書〉

『デイヴィッド・ヒュームの政治学』犬塚元，東京大学出版会，2004年
『ヒューム読本』中才敏郎編，法政大学出版局，2005年
『バーク政治思想の展開』岸本広司，御茶の水書房，2000年
『国際政治と保守思想』坂本義和，岩波書店，2004年
『ナショナル・ヒストリーを超えて』小森陽一・高橋哲哉編，東京大学出版会，1998年
『記憶と忘却の政治学──同化政策・戦争責任・集合的記憶』石田雄，明石書店，2000年
『歴史学ってなんだ？』小田中直樹，PHP新書，2004年
『歴史を哲学する』野家啓一，岩波書店，2007年

（犬塚　元）

V-6
文明（Civilization）

福沢諭吉
『文明論之概略』
（明治8・1875）

❖西洋の衝撃──「文明開化」と福沢諭吉

19世紀中頃，西洋の衝撃が日本を襲った。当初，日本は「攘夷」という形で抵抗したが，やがて「文明開化」に転じる。さまざまな形で西洋文明の導入が進められ，アジアでいち早く「文明国」の仲間入りを果たし，西洋列強の世界分割競争に参入していくことになる。そのような時代に，福沢諭吉は活躍した。「文明開化」とは福沢が civilization にあてた翻訳語だといわれている。福沢は，野に在って多彩な言論活動を繰り広げ，日本の文明化に多大な貢献を果たした，明治時代を代表する知識人である。

福沢の著作としてよく知られている『学問のすゝめ』は，明治5（1872）年から明治9（1876）年にかけて次々と出版された17編の小冊子である。『文明論之概略』はそれと相前後して書かれた。『学問のすゝめ』に「一身独立して一国独立する事」という議論がある（『学問のすゝめ　三編』明治6・1873）。日本が国家的独立を確保するためには，独立した個人の確立が不可欠であると福沢は考え，「人民独立の気力」こそ，「文明の精神」だとした（『学問のすゝめ　五編』明治7・1874）。このような，個人や国家の独立と「文明」との関係について，『文明論之概略』は体系的・理論的な解明を行っている。

❖福沢諭吉の「一身二生」経験

福沢は豊前・中津藩（現在の大分県中津市）の下級武士の次男として天保5

Ⅴ　政治の省察

年12月（1835年1月）に生まれ明治34（1901）年2月に没した。前半生を江戸時代，後半生を明治時代に生きたことになる。福沢の人生を二分する幕末維新期は日本と西洋の異質な文明が激しくぶつかりあった時代であり，こうした時代の経験を，福沢は一人で二つの人生を生きたようなものだと表現している。

> 原典①　一身二生
>
> 「あたかも一身にして二生を経るが如く，一人にして両身あるが如し。二生相比し両身相較し，その前生前身に得たるものを以て，これを今生今身に得たる西洋の文明に照らして，その形影の互に反射するを見ば，果して何の観を為すべきや。その議論，必ず確実ならざるを得ざるなり」（『文明論之概略』福沢諭吉，松沢弘陽校注，岩波文庫，1995年，12頁。なお，ふりがなについては，『福澤諭吉著作集第四巻　文明論之概略』戸沢行夫編著，慶應義塾大学出版会，2002年も参照し，適宜補う。後者は「二生」を「にしょう」と読んでいる）。

　福沢は，この経験を，西洋人以上に西洋文明を理解しうる好機と捉えた。同時に，それは「日本」に関わる「自己」認識の好機でもあった。『文明論之概略』は，ギゾー（1787-1874），バックル（1821-1862）やJ. S. ミル（1806-1873）など，同時代の西洋の学説に依拠している。しかし，それは最新流行理論の受け売りではない。「一身二生」経験と自覚的に向き合った福沢は，単なる翻訳を超えた「文明」にたいする洞察を生むことになったのである。

❖「文明」という言葉

　ここで「文明」という言葉について考えておこう。英語の civilization は，動詞 civilize の名詞形であるから，文明化すること，文明化の過程を想定できる言葉であって，「進歩」の観念とも結びつく。ただし，この言葉が定着したのは産業革命後であり，以前は civility が使われていた。これは礼儀作法や礼儀正しさを意味し，形容詞 civil は礼儀作法を身につけた洗練されたありさまを形容する言葉である。その語源は city であり，ラテン語のキヴィタス civitas（古代ローマの都市国家）にまで遡ることができる。そして，都市の外部には未開・

野蛮の地が広がっていた。つまり、文明とは未開・野蛮にたいする言葉であり、都会風の洗練された上品さ、礼儀正しさを含意する言葉なのである。

一方で、都市は政治空間でもあった。キヴィタスは一つの国家であり、対応するギリシア語ポリス polis は politics の語源である。福沢も civilization の政治的な含意に注目している。

> **原典 2 「文明」の意味**
> 「文明とは英語にてシウヰリゼイションという。即ち羅甸語(ラテン)のシウヰタスより来(きた)りしものにて、国という義なり。故に文明とは、人間交際の次第に改(あらた)りて良き方に赴(おもむ)く有様を形容したる語にて、野蛮無法の独立に反し、一国の体裁(ていさい)を成すという義なり」(57頁)。

「野蛮無法の独立」を脱して「一国の体裁を成す」に至る政治的共同体の形成過程を、「文明」という言葉に読み込んでいるのである。

❖ 「文明」と政治

それでは、文明化は政治にどのようなインパクトをもたらすのだろうか。福沢によれば、文明化は「智力」の進歩と相俟って進む。野蛮で人智が開けない時代には、人は自然現象を合理的に制御することができない。それと同様に、強い者が「腕力」で支配しても、それをコントロールする術を知らない。専制的な支配者の「恩威」を、あたかも自然現象であるかのように受け止めるだけである。しかし、文明化が進み人々の「智力」が「進歩」すると、人々は自然界の法則を認識し、自然を制御できるようになる。そのような「智力」を身につけた文明人は、もはや「腕力」による恣意的な統治を許さない。専制は終わりを告げ、「自由」な政治体制がそれにとってかわるのである (167-176頁)。

ただし、福沢によれば、政治は文明の推進力ではない。なぜならば、文明とは全社会的な現象なのであって、政治もその一齣に過ぎないからである。人々の活動が盛んになり、「無事の世界」から「多事の世界」に変化する文明世界では (35頁)、さまざまな事業が競い合って成長していくのであって、政治が果た

Ⅴ　政治の省察

す役割は，むしろ減少していくのである。

❖「文明」と「進歩」——「後進国」としての日本

　しかしながら，文明化は西洋内部に止まる現象ではなかった。西洋文明のインパクトは非西洋地域にも及んでいく。そこには暴力的な側面があったが，問題はそれだけではなかった。問題は，「文明」の「進歩」の段階と地理的な区分とが一体となっていた，19世紀の西洋産文明論である。福沢はこう説明する。

> **原典 3　野蛮・半開・文明**
>
> 「今，世界の文明を論ずるに，欧羅巴諸国並に亜米利加の合衆国を以て最上の文明国と為し，土耳古，支那，日本等，亜細亜の諸国を以て半開の国と称し，阿非利加及び墺太利亜等を目して野蛮の国といい，この名称を以て世界の通論となし，西洋諸国の人民，独り自から文明を誇るのみならず，彼の半開野蛮の人民も，自からこの名称の誣いざるに服し，自から半開野蛮の名に安んじて，敢て自国の有様を誇り西洋諸国の右に出ると思う者なし。……然れば則ち彼の文明，半開，野蛮の名称は，世界の通論にして世界人民の許す所なり。そのこれを許す所以は何ぞや。明にその事実ありて歎くべからざるの確証を見ればなり。……即これ人類の当に経過すべき階級なり。あるいはこれを文明の齢というも可なり」(25-26頁)。

　福沢の説明を参考にしつつ，いったん福沢を離れて西洋産文明論について考えてみよう。ここでは，世界の各地域に，それぞれの個性を持った異なる文明が存在するとは，捉えられていない。世界中の文明が普遍的な文明化の過程の中に位置づけられている。皆が同一の進歩の階段を上っているのであれば，西洋文明は「より進んでいる」ことになる。非西洋地域の文明は「より後れている」のであり，進歩の階段を上らずに「停滞している」ことにすらなりかねない。そして，非西洋地域は特殊西洋的な文明を普遍的な「文明」として認め，自らに脅威を与えている当の相手をお手本として文明化しなければならないことになる。文明論は，アイデンティティの危機を孕んだ思想問題をも引き起こ

すのだ。

　この点，日本は恵まれていたのかもしれない。なぜならば，日本は歴史上，ほとんど常に「後進国」であり，中国をお手本として先進的な文明を輸入し続けてきた経験があるからである。漢字，仏教や儒学，律令制度など，「後進国」日本は，中国文明の輸入によって文明化してきたのだ。

　中国には，自分たちが世界の文明の中心地＝「中華」であり，周辺に野蛮の地＝「夷狄」が広がっているという観念がある。「進歩」の観念は存在しないものの，西洋産文明論の地理的区分には通じる面もあった。しかも，「中華」と「夷狄」を分けるのは「礼」の有無であり，この点でもcivilizationとの親和性があった。このような観念の下で西洋文明を輸入することは，「中華」を自認する国にとっては自己否定になりかねないかもしれないが，「夷狄」の日本にとっては，お手本となる「中華」が西洋に替わったにすぎないのである。

　とはいえ，何もかも西洋風になることは無理だろう。入れるべき「文明」とは何だろうか。話を福沢に戻そう。

❖ 「文明の外形」と「文明の精神」

　福沢は，「文明には外に見わるる事物と内に存する精神と二様の区別」（29頁）があるが，「文明の外形」よりも「文明の精神」の方が重要だと考えた。「文明の精神」の導入は難しいが，「文明の外形」だけを導入してもうまく機能しない。しかし，根本にある「文明の精神」を導入できれば，「文明の外形」を取り入れるなど，たやすいことなのである。

　では「文明の精神」とは何だろうか。福沢は，「人民の気風」（31頁），「一国の人心風俗」（32頁）だとする。「文明の精神」を導入することは「全国人民の気風を一変する」ことであり，「人民一般の**智徳**」を進歩させることが，人心を改革する鍵を握っているという（33頁）。

　福沢は，「古習の惑溺を一掃して西洋に行わるる文明の精神を取る」ことを掲げた（48頁）。そのためには，西洋文明の精神だけでなく，在来の日本文明の精神をも批判的に検討していく必要があった。福沢がそれらをどのように捉えたのか，それぞれ見ていこう。

Ⅴ　政治の省察

❖「文明」の特徴①──文明的な「自由」と「自由独立の気風」

　まず「文明」から。福沢によれば，文明世界では人間の行動が多岐に分かれ，さまざまな事業が行われ，多様な意見が表明される。「自由」はそこに胚胎する。「自由の気風はただ多事争論の間にありて存する」のであり，たとえ「純精善良」であっても単一性の支配する世界には「自由」はない（37頁）。

> 原典 4　自由は不自由の際に生ず
>
> 「そもそも文明の自由は他の自由を費して買うべきものにあらず。諸の権義［rightの翻訳語］を許し，諸の利益を得せしめ，諸の意見を容れ，諸の力を逞うせしめ，彼我平均の間に存するのみ。あるいは自由は不自由の際に生ずというも可なり」（208頁。［　］は引用者）。

　多種多様なものがぶつかり合うなかから「自由」は生まれる。そして，このような文明的な「自由」を支えるのは独立した個人である。他者に屈することも依頼することもない「不羈独立の風」こそ，西洋文明の中核たる「自由独立の気風」となったのである（194-195頁）。

❖「文明」の特徴②──「智徳の進歩」と「衆論」の形成

　福沢は，「文明とは結局，人の智徳の進歩というて可なり」とする（61頁）。ただし，問題は個々人の智徳ではなく「国中一般に分賦せる智徳の全量」である（76頁）。だとすれば，「文明」を推し進める鍵を握るのは「衆論」である。「国内衆人の議論」であり「普く人民の間に分賦せる智徳の有様を顕わ」している「衆論」を正しく方向づけなければ，「文明」に進むことはできない（100頁）。そして，重要なのは人々の智力を「結合」することである。集団の智力は個々人の智力の単純な総和になるとは限らない。うまく結合できるか否かによって総和以上にも以下にもなるだろう。この点，西洋には「仲間」を結ぶ習慣があった。あらゆるレベルで「仲間の申合せ」が行われる結果，「衆論」は個々人の智力のレベルとは不似合いなほど「高尚」なものとなる。結社を作り議論

する「習慣」が長期にわたって形成されてきたこと、「西洋諸国衆議の法」の存在が、西洋文明を支えているのだ（114-115頁）。これとは反対に、政府の専制のもと、日本人は「無議の習慣」に制せられてきたのである（117頁）。

❖「文明」の特徴③──「国民」の形成

以上から窺われるように、政治的な支配関係に還元されないような「自由」な領域において多彩な「人間交際」（society の翻訳語といわれる）が展開されるのが文明世界の特徴であるが、国家が消滅するわけではない。「文明」には「一国の体裁を成す」という含意があった。そして、文明世界の国家とは近代的な主権国家・国民国家である。対外的に独立を保って他の国家と対等な国際関係を取り結ぶ一方、国内的には責任をもって国家を支える「国民」の形成が求められた。文明的な国家の根幹にあるのは主体的な「国民」なのだ。だが、『学問のすゝめ　四編』（明治7・1874）で「日本にはただ政府ありて未だ国民あらずと言うも可なり」と指摘した福沢は、『文明論之概略』で再びこう述べる。

> **原典 5　政府と国民**
>
> 「故に日本は、古来いまだ国を成さずというも可なり。今もしこの全国を以て外国に敵対する等の事あらば、日本国中の人民にて、たとい兵器を携えて出陣せざるも、戦のことを心に関する者を戦者と名け、此戦者の数と彼のいわゆる見物人の数とを比較して、何れか多かるべきや、預めこれを計てその多少を知るべし。かつて余が説に、日本には政府ありて国民（ネーション）なしといいしもこの謂なり」（220-221頁）。

自由な独立した個人は、政府に依頼しない一方で、国家に関わることに責任を持つ。そのような独立した個人で構成された「国民」なくして、国家的独立は達成できないのである。

Ⅴ 政治の省察

❖日本文明の批判——「権力の偏重」

それでは在来の日本文明を福沢はどのように捉えるのだろうか。福沢が批判する日本文明の特徴は,「権力の偏重」と呼ばれる偏った権力関係である。

> 原典 6 権力の偏重
> 「甲は乙に圧せられ,乙は丙に制せられ,強圧抑制の循環,窮極あることなし。また奇観というべし。固より人間の貴賎貧富,智愚強弱の類は,その有様(コンヂーション)にて幾段も際限あるべからず。この段階を存するも,交際に妨あるべからずといえども,この有様の異なるに従って,兼てまたその権義(ライト)をも異にするもの多し。これを権力の偏重と名るなり」(210頁)。

事実として人間にさまざまな差があることは避けられないが,権利のうえでは対等・平等であるのが西洋文明の「人間交際」である。ところが,日本では事実上の差がそのまま権利上の差になってしまう。ここでは,強い者が弱い者を圧迫し,弱い者はさらに弱い者を抑圧する。治者と被治者とははっきりと区別され,「宗旨も,学問も,商売も,工業も,悉皆政府の中に籠絡」されてしまう(218頁)。政府があって国民がないのもこのためである。

「権力の偏重」は江戸時代に極点に達した。徳川家の政治の巧妙さは「偏重の政治に於ては,実に最上最美の手本と為すべき」(242頁)ほどであり,専制政治が長期にわたったため,「人間の交際」は「枯死」した(244頁)。人々は「敢為の精神を失い尽」くし,「停滞不流の極に沈」んだのである(245頁)。

❖日本文明と西洋文明の接合

このように日本文明を厳しく批判する福沢だが,それを換骨奪胎して「文明の精神」と接合することも試みる。江戸時代を生きた知識人として身につけた儒学的教養を生かしつつ,西洋文明と格闘するのである。

たとえば,福沢は国家的独立に必要な「報国心」を形成することを訴える。

その際，まず，「君臣主従の間柄」を中心とする以前の日本の「人間の交際」のあり方を，西洋の「モラル・タイ」（国民の道徳的紐帯）に読み替えようとする。つまり，「普ねく日本全国の民間に染込」んでいる「身分，家柄，御主人様」は「終身の品行を維持する綱」のようなものであって，「西洋の語にいわゆるモラル・タイなるもの」であるという（264-265頁）。「身分，家柄，御主人様」が「終身の品行を維持する綱」だという表現は，儒学の「三綱」を想起させる。「三綱」は君臣・父子・夫婦の道であり，「君は臣の綱たり，父は子の綱たり，夫は婦の綱たり」などといわれ，「綱」とはものごとをしめくくるもの，つなぐもの，物事の根本となるもののことである。ここで，福沢は，儒学の「三綱」を江戸時代風にアレンジしたうえで，モラル・タイに読み替えているのだと考えられる。さらに，福沢はこれを「報国心」につなげていく。つまり，「身分，家柄，御主人様」に従う風俗は，「君臣の義」「先祖の由緒」「上下の名分」「本末の差別」などさまざまな名称があるが，いずれにせよ日本の「人間の交際を支配して，今日までの文明を達したるものは，この風俗習慣の力」である（265頁）。そして，従来の「君臣の義，先祖の由緒，上下の名分，本末の差別」を，今や「本国の義」「本国の由緒」「内外の名分」「内外の差別」として，「報国心」に組み替えることを主張する（294頁）。「報国心」とは patriotism（愛国心）の翻訳語であるが，このような形で，批判すべき在来の道徳を「文明の方便」（304頁）として，西洋流の patriotism に接合するのである。

❖「文明の太平」と「文明」の現状——「自国の独立」のために

また，福沢は西洋文明を絶対視しない。「文明」の進歩には限りがないのであって，現在の西洋文明に満足すべきではないのだ。「政治」は「人間交際中の一箇条たるに過ぎ」ないとする福沢は，「文明の極度」では「政府も全く無用の長物」になり（72頁），「世界の人民は，あたかも礼譲の大気に擁せられて，徳義の海に浴する」ような「文明の太平」に至るという（177頁）。

しかし，「文明」の現状は到底このレベルにはない。とくに問題なのは国際関係（「外国交際」）である。それは「平時は物を売買して互に利を争い，事あれば武器を以て相殺す」関係である。「今の世界は，商売と戦争の世の中」なの

V 政治の省察

だ（273頁）。このような状況では、文明化の後れは由々しき事態である。なぜならば、「文明に前後あれば、前なる者は後なる者を制し、後なる者は前なる者に制せらるる」からである。「後進国」日本は、「自国の独立」を心配しなければならない状況にいるのだ（263-264頁）。このような外国交際のあり方においては、「一国に私する」「偏頗心」である「報国心」が必要だし（275頁）、「文明」を手段として「独立」を保つしかない。「文明」の現状では、「国の独立は目的」、「国民の文明はこの目的に達するの術」（297頁）とならざるをえないのである。

❖ 『文明論之概略』後の日本の進路――「文明」論の限界と意義

明治の日本は、文明化を推進して「後なる者は前なる者に制せらるる」ことを免れると、未開・野蛮の地にたいして「前なる者は後なる者を制」する立場に回った。これは、「野蛮」の存在を前提とする「文明」論の論理必然的な帰結にも見える。このような「文明」論の限界は、アジアとの関係に問題を抱える現今の日本にとっても他人事ではない。しかし、このような限界に留意しつつも、『文明論之概略』に学ぶべき点はなお存する。

先進国となった今もなお、日本は欧米を模倣しつづけているが、それは、安直に制度を輸入し、「外形」だけを入れて「精神」を学ばない結果になっていないだろうか。また、特殊西洋的なものの受容という問題は、世界中の「後進国」の深刻な課題である。たとえば、民主的な政治制度を導入してもうまく機能しないという例はよく見られる。この点、在来文明を換骨奪胎しながら異質な文明と接合させる『文明論之概略』の姿勢には、学ぶべきものが多いのではないか。そして、自他の文明をともによく理解し、「文明の精神」を探究する姿勢こそ、今、最も求められているのかもしれない。「文明の衝突」が「偏頗」な「愛国心」の噴出につながらないようにするために。

❖❖ 用語解説

(1) **礼** 日常的な立ち居振舞いや礼儀作法、冠婚葬祭のような儀礼・儀式など、さまざ

まな場面で則るべき行為規範を所作として定式化したもので，儒者が強調した。礼を身につけると自ずと社会規範から逸脱する行為をしなくなり，社会秩序が保たれるとされる。また，先王・聖人が定めた統治機構の仕組みも礼と呼ばれる。
(2) **智徳**　福沢は，文明の進歩には「智徳」兼備する必要があるとする一方，「智徳」を，「智恵」「インテレクト」を意味する「智」と，「徳義」「モラル」を意味する「徳」とに区別し（119頁），日本の現状で欠けているのは「徳義」よりも「智恵」であり，これを求めることが急務だとする。
(3) **人間交際**　明治時代に翻訳語を作ることは，日本語の中に対応物を探すだけではすまない困難な作業であった。対応する言葉も概念も発想もない場合があったからである。福沢は，society を「人間交際」と翻訳する一方，「独一個人の気象（インヂヴィヂュアリチ）」（238頁）という表現も使っている。日本には，「世間」はあっても，society も，それを構成する独立した individual も，存在しなかったのである。

❖より深く学ぶために

〈基本文献〉

『文明論之概略』福沢諭吉，松沢弘陽校注，岩波文庫，1995年

『学問のすゝめ』福沢諭吉，岩波文庫，1978年（伊藤正雄校注，講談社学術文庫，2006年には，詳細な注釈・解説等がついている）

『新訂　福翁自伝』福沢諭吉，富田正文校訂，岩波文庫，1978年

『福澤諭吉著作集』全12巻，慶應義塾大学出版会，2002-2003年（ほかに，全集，選集，書簡集など，各種の資料が刊行されている）

〈入門・解説書〉

『「文明論之概略」を読む』全3冊，丸山真男，岩波新書，1986年

『福沢諭吉『文明論之概略』精読』子安宣邦，岩波現代文庫，2005年

『翻訳語成立事情』柳父章，岩波新書，1982年

『近代日本の形成と西洋経験』松沢弘陽，岩波書店，1993年

『一語の辞典　文化』柳父章，三省堂，1995年

『東アジアの王権と思想』渡辺浩，東京大学出版会，1997年

『翻訳と日本の近代』丸山真男・加藤周一，岩波新書，1998年

『新訂　日本政治思想史──「自由」の観念を軸にして』宮村治雄，放送大学教育振興会，2005年

（相原耕作）

人物索引

あ

アーレント　*13*, 301
アウグスティヌス　*22*, *230*, **265**, *301*
アクィナス　*230*, *284*
アドルノ　*51*, **185**
アリストテレス　*23*, *25*, *72*, *195*, *207*, *244*, **253**, *276*, *286*, *287*
アンダーソン　*111*
井上達夫　*216*
ウェーバー　*149*, *150*, **160**
ヴェルカー　*130*
ウォーラス　*90*
ウォリン　*134*
ウォルツァー　*114*, **229**
ウッドハウス　**171**
ウルストンクラフト　*204*
エチオーニ　*181*
エラスムス　*288*
エリクソン　*75*
オークショット　*241*
オストロゴロスキー　*149*
オリョーダン　*222*

か

カッツ　*150*, *158*
カペレッティ　*134*
カント　*13*, *72*, *99*, *189*, *190*, *230*
キケロ　*270*, *280*, *284*, *286*, *288*, *308*
ギゾー　*312*
キムリッカ　**206**
キルケゴール　*13*
キルヒハイマー　*157*
クラウゼヴィッツ　*229*
クリック　**240**
グレーザー　*213*
グロティウス　*230*
ケインズ　*89*
ゲルナー　*111*
コーエン　*108*
ゴルバチョフ　*166*
コンスタン　*66*, *68*–*70*

さ

斎藤眞　*130*
サイモン　*181*
サルターティ　*280*
サルトーリ　*149*, *152*–*155*, *153*
ジェイ　**125**
シドニー　*137*
シュタイン　*262*
シュミット　**3**
シュンペーター　**87**
シンガー　*108*
スキナー　*71*
スペンサー　*67*
スミス　*305*–*307*
盛山和夫　*109*
ソクラテス　*76*, *263*, *295*

た

ダール　*134*, *172*
ダンテ　*279*, *280*
テイラー　*211*
デュ・ヴェール　*289*
デュベルジェ　**148**
ド・メーストル　*6*
ドゥオーキン　**98**
ドービニェ　*289*
トクヴィル　*130*
ドブソン　**218**

な

ニーチェ　*48*, *190*
西川長夫　*216*
ノイマン　*148*

は

バーク　*136*–*138*, *145*, *148*, **299**
ハーシュマン　*94*
バーチ　*139*, *144*
パーネビアンコ　*149*, *153*, *155*–*157*

323

ハーバーマス　*47*, **50**, *96*
バーリン　**65**
ハイデガー　*13*
パキエ　*294*
長谷部恭男　*133*
パスカル　*292*
バックル　*312*
ハミルトン　**125**
ハリントン　*307*, *308*
ビスマルク　*160*
ビトキン　*137*
ヒトラー　*166*
ヒューム　*299*
ビュデ　*288*
フィヒテ　*6*
フィルマー　*31*, *34*
フーコー　*38*
福沢諭吉　*311*
福田歓一　*36*
フクヤマ　*239*
プライス　*139*
プラトン　*76*, *195*, *253-258*, *276*, *286*, *308*
フランクリン　*127*
ブランケット　*241*, *245*, *248*
プリーストリ　*139*
ブルーニ　*280*
ブレア　*241*
プロティノス　*275*
ヘア，リチャード　マーヴィン　*108*
ヘア，トマス　*145*
ベイコン　*279*
ベイトマン　**196**
ヘーゲル　*36*, *305*, *306*, *309*
ベッカリーア　*40*
ペトラルカ　*279*, *288*
ベンサム　*45*, *48*, *67*, *108*, *140*
ボーヴォワール　*196*
ボシュエ　*6*
ボダン　*29*, *86*, *292*
ホッブズ　*6*, **24**, *101*, *137*, *229*, *294*, *307*
ポパー　*309*
ホブソン　*74*
ホブハウス　*74*
ホメーロス　*188*
ポリュビオス　*263*
ホルクハイマー　*51*, **185**

ボルジア　*283*, *284*

ま

マーシャル，ジョン　*132*
マーシャル，T. H.　*243*
マートン　*165*, *169*
マキァヴェッリ　*5*, *6*, *25*, **276**, *289*, *294*, *308*
マクファーソン　*93*
マズロー　*75*
マディソン　**125**
マルクス　*36*, *53*, *305*, *306*, *309*
丸山眞男　*36*
ミヘルス　*149*, *162*
ミラー　**110**
ミル，ジェイムズ　*136*, *139-142*, *145*
ミル，ジョン　ステュアート　*67*, *73*, *76*, *95*, *108*, **136**, *206*, *312*
ムッソリーニ　*11*
ムフ　*204*
メア　*150*, *158*
メドウズ　*221*
モア　*308*
モンテーニュ　*287*
モンテスキュー　*69*, *81*, *134*, **253**

や・ら

ヤスパース　*13*
ラ・ボエシ　*288*
ラスキ　*241*
ラッサール　*60*
ラブレー　*288*
リプシウス　*289*
リプセット　*152*, *158*
リュクルゴス　*83*
リンカーン　*92*, *96*
リンドブロム　**171**
ル・ボン　*90*
ルカーチ　*163*
ルソー　*70*, **76**, *95*, *99*, *101*, *199*, *279*
レイプハルト　**206**
ロールズ　**98**, *133*
ロッカン　*152*, *158*
ロック　**24**, *66*, *79*, *99*, *101*, *199*

キーワード索引

あ
アイデンティティ	72
委任 - 独立論争	136
永続可能な開発	226
エコロジー的近代化	224

か
活動的生活	14
家父長制	199
カルテル政党	150
逆機能	165
教化	241
共和主義	143
共和制	261
籤	258
形式合理性	163
系譜学	40
啓蒙	185
公的領域	16
功利主義	99
国民国家	110
国家理性	294

さ
参加民主主義	95
自己実現	71
自然と作為	25
シティズンシップ	243
支配の諸類型	161
司法審査制	126
社会契約説	25
自由意志	268
終末論	267
熟議民主主義	95
主権	81
思慮	276
人間交際	317
新プラトン主義	270
人文主義	280
人民の，人民による，人民のための政治	92
政治社会	33
政治的相互交流	174
政治的リテラシー	245
絶対王政	52
漸進主義	172
戦争における正義／交戦法規	233
戦争への正義／開戦法規	233
全体国家	9

た
大共和国論	132
多極共存型デモクラシー	208
多文化主義	207
智徳	315
デモクラシー	76
伝統	301
凍結仮説	152
徳	282
特定領域の知識人	39

な
ナショナリズム	110
ナショナル・アイデンティティ	112
ナショナル・ヒストリー	303
ネオコン	238

は
パノプティコン	45
反照的均衡	101
フェミニズム	197
福祉国家	55
ポリス的動物	22

ま
ミメーシス	191
モラリスト	287

や
夜警国家	53

ら
理性	185
リバータリアニズム	68
リベラリズム	11
礼	315
歴史法則主義	305
レトリック	288
連邦制	130

執筆者紹介（＊は編者）

＊岡﨑　晴輝（おかざき・せいき）
1968年生
国際基督教大学大学院行政学研究科博士後期課程修了，博士（学術）
現　在　九州大学大学院法学研究院教授
担当章　Ⅱ-3　デモクラシーⅡ

＊木村　俊道（きむら・としみち）
1970年生
東京都立大学大学院社会科学研究科政治学専攻博士課程単位取得退学，博士（政治学）
現　在　九州大学大学院法学研究院教授
担当章　Ⅴ-3　統治

竹島　博之（たけしま・ひろゆき）
1972年生
同志社大学大学院法学研究科博士課程修了，博士（政治学）
現　在　東洋大学法学部准教授
担当章　Ⅰ-1　政治Ⅰ

石田　雅樹（いしだ・まさき）
1973年生
筑波大学大学院博士課程社会科学研究科法学専攻単位取得満期退学，東京大学大学院博士号取得，論文博士（学術）
現　在　宮城教育大学教育学部准教授
担当章　Ⅰ-2　政治Ⅱ

関谷　昇（せきや・のぼる）
1971年生
千葉大学大学院社会文化科学研究科博士課程修了，博士（法学）
現　在　千葉大学法経学部准教授
担当章　Ⅰ-3　国家と社会

松谷　邦英（まつたに・くにひで）
1973年生
国際基督教大学大学院比較文化研究科博士後期課程修了，博士（学術）
現　在　政治思想研究者
担当章　Ⅰ-4　権力

細井　保（ほそい・たもつ）
1967年生
法政大学大学院社会科学研究科政治学専攻博士課程修了，博士（政治学）
現　在　法政大学法学部教授
担当章　Ⅰ-5　公共性

森　達也（もり・たつや）
1974年生
早稲田大学大学院政治学研究科博士後期課程単位取得退学
現　在　早稲田大学教育学部・専修大学法学部非常勤講師
担当章　Ⅱ-1　自由

井柳　美紀（いやなぎ・みき）
1972年生
東京大学大学院法学政治学研究科博士課程修了，博士（法学）
現　在　静岡大学人文社会科学部准教授
担当章　Ⅱ-2　デモクラシーⅠ

高田　宏史（たかだ・ひろふみ）
1978年生
早稲田大学大学院政治学研究科博士後期課程単位取得退学，博士（政治学）
現　在　法政大学兼任講師
担当章　Ⅱ-4　平等

施　　光　恒（せ・てるひさ）
1971年生
慶應義塾大学大学院法学研究科後期博士課程修了，博士（法学）
現　在　九州大学大学院比較社会文化研究院准教授
担当章　Ⅱ-5　ナショナリズム

片　山　文　雄（かたやま・ふみお）
1972年生
東北大学大学院法学研究科博士課程単位取得退学，博士（法学）
現　在　東北工業大学工学部准教授
担当章　Ⅲ-1　立憲主義

小田川　大　典（おだがわ・だいすけ）
1967年生
神戸大学大学院法学研究科博士後期課程単位取得退学
現　在　岡山大学大学院社会文化科学研究科教授
担当章　Ⅲ-2　代議制

篠　原　　　新（しのはら・はじめ）
1982年生
九州大学大学院法学府博士後期課程単位取得退学
現　在　九州大学大学院法学研究院助教
担当章　Ⅲ-3　政党

野　口　雅　弘（のぐち・まさひろ）
1969年生
早稲田大学大学院政治学研究科博士課程単位取得退学，ボン大学哲学部博士号取得
現　在　立命館大学法学部教授
担当章　Ⅲ-4　官僚制

嶋　田　暁　文（しまだ・あきふみ）
1973年生
中央大学大学院法学研究科博士後期課程単位取得退学
現　在　九州大学大学院法学研究院准教授
担当章　Ⅲ-5　政策形成

馬　原　潤　二（まはら・じゅんじ）
1976年生
同志社大学大学院法学研究科政治学専攻博士後期課程修了，博士（政治学）
現　在　三重大学教育学部准教授
担当章　Ⅳ-1　近代・啓蒙・理性

山　田　竜　作（やまだ・りゅうさく）
1967年生
日本大学大学院法学研究科博士後期課程中退，シェフィールド大学大学院社会科学研究科博士課程修了，Ph. D.（政治理論）
現　在　創価大学学士課程教育機構准教授
担当章　Ⅳ-2　フェミニズム

長谷川　一　年（はせがわ・かずとし）
1970年生
同志社大学大学院法学研究科博士課程修了，博士（政治学）
現　在　島根大学法文学部准教授
担当章　Ⅳ-3　多文化主義

渡　邉　智　明（わたなべ・ともあき）
1977年生
九州大学大学院法学府博士後期課程単位取得退学
現　在　九州大学グリーンアジア国際リーダー教育センター助教
担当章　Ⅳ-4　エコロジー

早　川　　　誠（はやかわ・まこと）
1968年生
東京大学大学院法学政治学研究科博士課程修了，博士（法学）

現　在　立正大学法学部教授
担当章　Ⅳ-5　戦争と平和

蓮　見　二　郎（はすみ・じろう）
1973年生
慶應義塾大学大学院法学研究科後期博士課程単位取得退学，ケンブリッジ大学大学院教育学研究科博士課程修了，Ph. D.
現　在　九州大学大学院法学研究院准教授
担当章　Ⅳ-6　市民教育

安　武　真　隆（やすたけ・まさたか）
1968年生
九州大学大学院法学研究科博士後期課程修了，博士（法学）
現　在　関西大学政策創造学部教授
担当章　Ⅴ-1　国制

鏑　木　政　彦（かぶらぎ・まさひこ）
1965年生
東京大学大学院法学政治学研究科博士課程単位取得退学，博士（法学）
現　在　九州大学大学院比較社会文化研究院教授

担当章　Ⅴ-2　宗教

宇　羽　野　明　子（うばの・あきこ）
大阪市立大学大学院法学研究科後期博士課程単位取得退学
現　在　大阪市立大学大学院法学研究科教授
担当章　Ⅴ-4　人間

犬　塚　　　元（いぬづか・はじめ）
1971年生
東京大学大学院法学政治学研究科博士課程単位取得退学，博士（法学）
現　在　東北大学大学院法学研究科教授
担当章　Ⅴ-5　歴史

相　原　耕　作（あいはら・こうさく）
1970年生
東京都立大学大学院社会科学研究科政治学専攻博士課程単位取得退学，博士（政治学）
現　在　神奈川大学非常勤講師
担当章　Ⅴ-6　文明

はじめて学ぶ政治学
──古典・名著への誘い──

2008年3月25日 初版第1刷発行	検印省略
2014年3月20日 初版第5刷発行	定価はカバーに表示しています

編 者	岡﨑 晴輝
	木村 俊道
発行者	杉田 啓三
印刷者	田中 雅博

発行所 株式会社 ミネルヴァ書房
607-8494 京都市山科区日ノ岡堤谷町1
電 話 (075) 581-5191番
振替口座 01020-0-8076番

Ⓒ岡崎・木村, 2008　　　創栄図書印刷・清水製本

ISBN978-4-623-05054-3

Printed in Japan

村松茂美・小泉尚樹・長友敬一・嵯峨一郎 編
はじめて学ぶ西洋思想　　A 5 ・288頁　本体2,800円

中谷　猛・足立幸男 編著
概説　西洋政治思想史　　A 5 ・404頁　本体3,000円

大塚健洋 編著
近代日本政治思想史入門　　A 5 ・360頁　本体2,800円

関　静雄 編著
近代日本外交思想史入門　　A 5 ・336頁　本体2,800円

足立幸男 編著
現代政治理論入門　　A 5 ・304頁　本体2,600円

岡本幸治・木村雅昭 編著
現代政治を解読する　　A 5 ・368頁　本体3,000円

河田潤一 編著
現代政治学入門　　A 5 ・328頁　本体2,800円

河田潤一 著
比較政治と政治文化　　A 5 ・240頁　本体2,400円

梅津　實・森脇俊雅・坪郷　實・後　房雄・大西　裕・山田真裕 共著
新版　比較・選挙政治　　A 5 ・280頁　本体2,800円

足立幸男・森脇俊雅 編著
公共政策学　　A 5 ・408頁　本体3,200円

―― ミネルヴァ書房 ――
http://www.minervashobo.co.jp/